希特勒的
克里斯玛

[英国]劳伦斯·里斯——著　王吉美　孙越——译

THE CHARISMA OF ADOLF HITLER

译林出版社

图书在版编目（CIP）数据
希特勒的克里斯玛／（英）劳伦斯·里斯（Laurence Rees）著；王吉美，孙越译．—南京：译林出版社，2020.4
书名原文：The Charisma of Adolf Hitler
ISBN 978-7-5447-8110-7

I.①希… II.①劳… ②王… ③孙… III.①希特勒（Hitler, Adolf 1889–1945）－人物研究 IV.①K835.167=52

中国版本图书馆 CIP 数据核字（2020）第 012252 号

著作权合同登记号　图字：10-2017-192号

希特勒的克里斯玛　[英国] 劳伦斯·里斯 / 著　王吉美　孙　越 / 译

责任编辑　陈　锐
装帧设计　水玉银文化
校　　对　戴小娥
责任印制　单　莉

原文出版　Ebury Press, 2012
出版发行　译林出版社
地　　址　南京市湖南路 1 号 A 楼
邮　　箱　yilin@yilin.com
网　　址　www.yilin.com
市场热线　025-86633278
排　　版　南京展望文化发展有限公司
印　　刷　上海中华商务联合印刷有限公司
开　　本　652 毫米 ×960 毫米　1/16
印　　张　21.75
插　　页　4
版　　次　2020 年 4 月第 1 版　2020 年 4 月第 1 次印刷
书　　号　ISBN 978-7-5447-8110-7
定　　价　68.00 元

纪念我的母亲和父亲

玛格丽特·茱莉亚·里斯(1927—1977)

艾伦·威廉·里斯(1924—1973)

我的一生就是在不断努力去说服他人。

——阿道夫·希特勒

一个人可以在实现其野心的道路上走得很远，而且重要的是，他可以找到数百万自愿的工具和帮手；这是一个在未来几个世纪都需要世人去思考的现象。

——康拉德·海登

目　录

致　谢

我要感谢很多人。英国广播公司二台主管贾尼斯·哈德洛和英国广播公司历史频道专员马丁·戴维森对我的想法都很感兴趣，感谢他们的支持。

教授伊恩·克肖爵士是这部电视系列片的历史顾问，他读过这本书的草稿，并提出了自己的想法和评论。近二十年来，他一直是我的朋友和同事，我在其他地方也曾经写到过我对他的谢意，但在这里，我要重申对他的感激之情。能够与近百年来最为出色的历史学家之一密切合作，是我极大的幸运。但是，我要补充一点，这本书中所表达的观点和看法完全由我负责。

我的另一位老朋友兼同事德特勒夫·西伯特多年来一直与我合作制作有关纳粹主义的电视系列片，他既聪明又慷慨，在读过这本书后给出了评论意见。

为了创办我的教育网站 WW2History.com，我曾经与全世界最优秀的历史学家们进行过长时间的讨论并从中获益。当然，我还要感谢英国广播公司，特别是我的前任上司基思·肖利，感谢他允许我使用我之前关于纳粹主义的电视系列片的文本资料。

作为制作总监，安·卡蒂尼保证了我们的电视系列片的质量稳定性。在德国，弗朗克·斯图克博士是一位优秀的联合制作人，两位有才华的年轻德国学者法比安·温德勒和茱莉亚·皮奇的档案研究让我受益匪浅。马丁·帕特莫尔是一位出色的摄影师，过去二十年里我所有的作品几乎都是由他拍摄的，艾伦·莱戈、杰米·海和西蒙·霍兰德都是十分优秀的电影编辑。莫妮卡·鲁贝尔和她在慕尼黑24帧电影公司的团队，对电视系列片中戏剧部分的制作给予了巨大的帮助，忍受了我作为戏剧导演的许多缺点，这令我非常感动。图像设计师约翰·肯尼迪和他的儿子克里斯托弗的工作相当出色，特别值得一提。

伊伯里出版社的编辑艾伯特·德佩特里罗和出版商杰克·林伍德多年来一直很支持这个项目，我们是很好的朋友。我的美国出版商潘塞恩图书出版公司的丹·弗朗克提出了许多富有洞察力的见解。我的著作代理人安德鲁·纳伯格对我的工作生涯一向重要。我的妻子海伦娜利用她丰富的商业技能管理着我们的独立制作公司，并一直支持着这本书的写作和出版。我的孩子奥利弗、卡米拉和本尼迪克特都特别支持我。他们一生都生活在我对这一主题的痴迷之中，这是一段漫长的时间。我的长子奥利弗刚刚从剑桥大学毕业，我的女儿卡米拉在牛津大学学习历史（但她研究的不是这段历史……）。

谨以此书献给我的父母，他们都在四十九岁时就去世了。现在，我已经五十多岁了，想到他们去世的时候还那么年轻，想到他们去世时的光景，我就越发难受。

导　言

我的父母对阿道夫·希特勒的看法很坚定。他们都经历过第二次世界大战,我父亲的兄弟就是在大西洋战役中丧生的。他们认为,希特勒是所有邪恶的化身。但我记得,我在小时候就想过,如果希特勒是披着人皮的魔鬼,那他是如何让那么多人对他唯命是从的呢?可以说,这是我一直在思考的问题,也是我在本书中试图去回答的问题。

阿道夫·希特勒给人的第一印象,绝不可能是一位欧洲中心地带复杂大国的领导人。他难以拥有正常的人类友谊,无法理智地与人辩论,充满了仇恨和偏见,失去了真正去爱的能力。他很"孤独"[1]。毫无疑问,他是"一个可悲的人"[2]。然而,他在三个最具毁灭性的决策中发挥了最重要的作用:入侵波兰导致了第二次世界大战的爆发,入侵苏联,以及屠杀犹太人。

然而,如此极度的恐怖并不是希特勒独自营造的。尽管他个人有很多不足之处,但他的确具有强大的说服力。值得注意的是,他自己也曾在1942年时说过,"我的一生就是在不断努力去说服他人"[3]。我遇到过很多生活在那个年代的人都证实了希特勒的这一说法。当我问到为什么这样一个怪人会具有如此强大的说服力时,他们说出了一大堆理由，包括当时的形势以及他们的恐惧和希望等。但也有很多人简单地认为，希特勒就是对他们有着强大的吸引力——一种源于他的“克里斯玛”的吸引力。

但究竟什么是“克里斯玛”呢？这个词源于希腊语，意为神所赋予的魅力或偏爱。但我们如今所使用的这个词已不再是“神圣的”天赋，而是一种“中立的价值”[4]，坏人可以和好人一样拥有克里斯玛。按照原意，克里斯玛是一种绝对的品质，在某一个人身上要么绝对存在，要么绝对不存在。但阿道夫·希特勒的克里斯玛不是绝对的，它只存在于他和他的追随者之间。当两个人同时遇到希特勒，其中一个人发现他拥有克里斯玛时，另一个人可能只会觉得他很愚蠢。

我们对“克里斯玛”这一概念的现代理解始于德国社会理论家马克斯·韦伯。在上一个世纪之交，他在自己的著作中对“克里斯玛型领导”[5]进行了阐述。尽管其著作的问世时间远在希特勒成为德国总理之前，但人们在研究纳粹主义，特别是研究希特勒时，还是能从中发现种种相关性。尤为关键的是，在韦伯看来，“克里斯玛型领导”是一种特定的统治方式，而不是一种大众明星或政客所具备的个人品质。韦伯认为，克里斯玛型领导者必须具备强烈的“传教士”特质，几乎可以算得上一个准宗教人物。这类领导者的追随者所寻求的，不仅仅是减税或更好的医疗保障，还有更广泛的精神救赎。克里斯玛型领导者很难在正常的官僚机构中出现，他是被个人使命感所驱动。从这些方面来看，希特勒就是典型的“克里斯玛型领导者”。

克里斯玛是在个体间互动中产生的，理解这一点非常重要，我认为这一重要性尤其不能被低估。因此，能遇到曾经生活在那个非常时期的人并向他们提问，使我受益匪浅。很幸运，在写这本书的时候，我已经做了二十多年的历史题材制片人，对数百名目击者和当事人进行过采访，因而得以拥有了独特的一手资料。这些资料中只有一小部分曾经出版过，因此，这本书中所引用的绝大多数证词都是首次以文字的形式面世。

很荣幸，我能够环游世界，去与那些人见面。他们当中有人曾和希特勒亲密共事，有人曾为帮助希特勒达到目的而杀人，有人曾经受到希特勒的伤害，也有人最终帮助毁灭了希特勒。我也有幸能在“柏林墙”倒塌之后，成为第一批前往东欧前共产主义国家的人之一，对曾经生活在“铁幕”背后的人们进行了真实公开的采访，记录下他们口中的纳粹主义。他们所说的往往都让人诧异，也很令人震惊。

为了给自己创办的教育网站WW2History.com搜集资料，我与当今世界上许多最伟大的学术史学家进行过长时间的探讨，同时还对档案和其他传统研究资源进行了研究，这些都让我受益颇多。但关于希特勒吸引力的本质，为我提供了最佳线索的，还是我与那些见过希特勒并在他的统治之下生活过的人们的当面交谈。（我必须小心谨慎地处理这些目击者的证词，也曾经在其他地方写到过我们在搜集这些资料时采用的很多标准和保护措施。[6]）

研究那个时期一卷卷的档案胶片，尤其是希特勒的演讲录像，也让我学到了很多。二十年前，当我开始对纳粹主义进行研究时，我曾经想过，在这些影像中，希特勒的“克里斯玛”或许还依稀可见。然而，我很快就发现，至少在我看来，在现在的电影屏幕上，希特勒绝不是一个拥有克里斯玛的人。当然，这也正是问题所在。我丝毫感受不到希特勒的克里斯玛，因为我不是那个时代的人，也不是一个已经倾向于接受希特勒的克里斯玛感召的人。我没有忍受饥饿，我没有在战败后受到羞辱，我没有失业，我不害怕街上随处可见的暴力，我没有因为我所身处的民主制度未能兑现诺言而感到背叛，我不害怕银行破产后我的存款消失不见，我也不需要被告知这一切的混乱都是别人的错。

同样要着重强调的是，那些接受领导者的克里斯玛的人绝不是“被迷惑了”。他们知道正在发生什么，并且完全能够为自己的行为负责。某人选择追随一个拥有克里斯玛的领导者的事实，不能被用作辩解或托词。

但必须说明的一点是，希特勒不只是一个拥有克里斯玛的领导者，他也用威胁、杀戮和恐怖去达到自己的目的。而我试着去展现的，正是这些方面如何共同成就了他的权力崛起和统治的历史。当然，有些人只是出于恐惧才会去执行希特勒的命令，就像有些人从来都没有发现希特勒拥有克里斯玛。

最后，我想说的是，虽然这本书是关于希特勒的，但我确信它也与今天相关。那种在危机中对一个强有力的领导者的渴望，那种对自我存在的使命感的追求，那种对“英雄”和“名人”的准崇拜，那种对拯救和救赎的渴望：这一切，在1945年4月希特勒死亡之后，从未改变。

人类是群居动物，我们需要归属感；不然，生命就是一场极其冰冷的体验。只有理解了那些寻求权力的人是如何试着去影响我们的，理解了我们是如何积极地参与了对自己的操控的，我们才能最终理解，如果我们放弃了理性和怀疑，而把全部信仰都寄托在某个拥有克里斯玛的领导者身上，将会面临怎样的危险。

第一篇
权力之路

第一章

发现使命

1913年，阿道夫·希特勒二十四岁。那时，从他身上，人们丝毫看不到未来德国克里斯玛型领导者的影子。看职业，他只是一个在慕尼黑街头靠为游客画画而勉强维持生计的画家。看住所，他栖身在施莱斯海默尔街34号三层的一个小房间里，并且，那间位于慕尼黑中央车站北边的房子还是他从一个名叫约瑟夫·波普的裁缝那里租来的。看穿着，他那传统的资产阶级黑色套装既保守又不体面。看长相，他无疑毫不讨喜，脸颊凹陷，牙齿变色，留着一撮散乱的小胡子，黑色的头发耷拉在前额。看情感，他根本没办法维持长久的友谊，而且从来没交过女朋友。

他最与众不同的特质在于他恨的能力。曾经在多年前与他在奥地利同住的奥古斯特·库比泽克写道："他与整个世界为敌。不论在哪里，他都能看到不公正、仇恨和敌意。他批判一切，对所有事情都感到不满……他为仇恨所窒息，到处发泄愤怒，所有不理解他、不欣赏他和迫害他的人都是他的敌人。"[1]

这个二十四岁的平凡人，日后是如何成为世界历史上最强有力且最臭名昭著的人物之一，一个以他的“克里斯玛”而闻名的领导者的？

毫无疑问，社会环境在其中发挥了重要作用。但值得注意的是，那个在1913年迈着沉重的步伐游走在慕尼黑街头的古怪画家希特勒所具有的许多关键性格特质，那些曾经令他无法在事业上和生活上获得成功的性格特质，后来不仅伴随了他的一生，而且还被视为长处而不是弱点。例如，希特勒极为偏执，无法与人辩论，如果自己所表明的观点遭到系统的质疑或批判，他就会大发雷霆。然而，他在1913年发出的被视为无知口号的叫嚣，却在日后被当成了其远见卓识的证明。并且，他对自己能力的过度自信极为严重。几年前，在维也纳，他曾向他的室友宣布，他决定要写一部歌剧，即使他既不识乐谱也不会谱曲。这令他的室友颇为费解。而后来，他的这种过度自信却被看作了天才的标志。

在来到慕尼黑之前，希特勒早已失意多年。1889年4月20日，希特勒出生在德奥边境奥地利因河畔的布劳瑙，他的父亲是当地的一名海关官员。他与年迈的父亲相处得并不好，经常挨打。1903年1月，他六十五岁的父亲过世。四年后，在1907年12月，他年仅四十七岁的母亲又死于癌症。他十八岁便孑然一身，漂泊在奥地利北部城市林茨和首都维也纳之间。1909年，他曾经有好几个月穷得身无分文，直到一个姑姑给了他一点钱，他才有机会去做个画家。希特勒不喜欢维也纳，觉得那座城市肮脏不堪，充斥着卖淫和腐败。但他不得不待在那里，直到在二十四岁生日那天拿到父亲留给他的八百多克朗遗产。那笔迟到的遗产让他得以离开奥地利前往慕尼黑，他后来曾说他爱这座“德国”城市“胜过世界上任何一座城市”。[2]

但是，即使最终得以生活在自己所热爱的城市，希特勒似乎还是在通往绝对阴暗的道路上徘徊。尽管十一年后，他试图通过自传《我的奋斗》说服读者，想让人们相信他那时已经初具政治家的风范[3]，但1913

年的希特勒就是一个社交和情感能力不足，随波逐流而没有方向的人。至关重要的是，二十四岁的他缺乏历史上其他很多克里斯玛型领导者在他这个年龄就已经具备的个人使命感。直到第一次世界大战结束后，他才发现，他狂热的信仰就是他的使命。如果没有这一重大的历史事件，他大概会继续留在慕尼黑，在历史上默默无闻。

1914年8月3日，希特勒开始了他终将为世界所知的人生旅程。作为一名奥地利人，他志愿申请加入巴伐利亚军队。而两天前，也就是8月1日，德国刚刚对俄国宣战。希特勒现在热切地希望能为德国这个他所钦慕的国家效力。1914年9月，他如愿以偿，成为巴伐利亚预备步兵团第16团（也称“李斯特团”）的一名普通士兵。接下来的一个月，他参加了伊普尔战役，第一次直面战场。在写给慕尼黑朋友的信中，他这样描绘了当时的场景：“左右弹片横飞，英军的子弹不时呼啸而过。但我们并不在意……炮弹在我们头顶咆哮，炸飞的树干和树枝溅落在我们身边。落入树林的手榴弹炸得碎石满天，尘土飞扬，一切都被笼罩在黄绿色的恶臭烟雾之中，令人作呕……我常常想起慕尼黑，我身边的每个人都希望将我们的敌人彻底粉碎。我们要竭尽全力，不惜一切代价……”[4]

说出这些话的希特勒是有所发现的。在这场与他人肩并肩的战争中，他不仅第一次找到了一种目标感，更对生存的戏剧般的可能性有了真正意义上的了解。这场战争不仅影响了希特勒，也影响了其他很多人。同样身为第一次世界大战老兵的恩斯特·荣格写道：“战争是万物之父，也是我们的父亲。他锤炼我们，凿打我们，让我们变得坚强，成为现在的样子。只要我们的生命之轮仍旧旋转，战争就将是其永恒的轴心。我们为战争而训练，只要一息尚存，就永远是一名战士。”[5]

希特勒、荣格和在西线作战的数百万将士所经历的是一场前所未有的战争。在这场战争中，机关枪和带刺铁丝网等防御性武器的运用，使战场成为狭小的血腥杀戮之所。在这场战争中，火焰喷射器、烈性炸药和毒气肆虐。因此，对于希特勒来说，战争的“浪漫”很快就被“恐怖”所取代了。[6]

希特勒认为，生命是一场永恒的残酷斗争。他会形成这样的观点并不足为奇。在第一次世界大战中，每一名普通士兵的生命都是如此；但它并不只是如此。尤其对于阿道夫·希特勒来说，这次战争经历也是一场考验，让英雄主义成为可能。尽管近来已有学者证实，作为步兵团的通信员，第一次世界大战中的希特勒并没有待在前线的战壕里，而是在后方的团部服役[7]，但无可争议的是，他的确是一名英勇的战士。1916年10月，希特勒在索姆河战役中负伤。两年后，他被授予一级铁十字勋章。提名授予他这一勋章的是犹太军官雨果·古特曼，而步兵团司令埃梅里希·冯·戈丁则在官方推荐信中表示：“作为一名通信员，无论是在堑壕战还是在运动战中，他［即希特勒］都是沉着冷静、刚毅坚忍的典范。他时刻准备着，自愿冒着巨大的生命危险，在最困难的情况下传递消息。”[8]

然而，尽管希特勒在战场上表现英勇，但跟他战前结识的朋友们一样，他在步兵团的战友们也觉得他有些怪异。他的战友巴尔萨泽·布兰德迈尔后来曾回忆说：“希特勒这个人有点古怪。”[9]他从来不想酗酒或是嫖妓；他在闲暇时不是在看书就是在画画，或是偶尔就自己感兴趣的话题冲着身边的人高谈阔论一番；他孑然一身，似乎既没有家人也没有朋友。所有这些在他的战友们看来都很奇怪。[10]至于“克里斯玛”，则似乎和希特勒毫不沾边。

但是，希特勒完全致力于战争，并且，其自身的勇敢和全力以赴让他坚信，几乎所有在前线作战的人都跟他有着同样的想法。从前线回到德国后，希特勒在《我的奋斗》中写道，那些想要从士兵的牺牲中获利的人“背叛”了在前线作战的部队。他认为，远离战场的人辜负了前线士兵团结一致的同志情谊，辜负了前线共同体。这一谬论在当时颇为盛行。1918年10月，在伊普尔附近的一场战斗中，希特勒最后一次负伤。当时，出于种种原因，德国已经战败。现实是，德国的战败与后方的“背叛”无关，它是被对手强大的战斗力所击垮的、尤其是在1917年4月美国参战之后，战场上又多了成千上万与德军作战的生力军。此外，协约国军舰对德国的封锁造成了大范围的食物短缺，1918年春天大规模流感的爆发更是雪上加霜。

那年秋天，德军中的很多人都已经意识到了战败的结局。10月，海军上将弗朗茨·冯·希佩尔手下的士兵拒绝离开港口对协约国做最后的无谓抵抗。随后，兵变在基尔海军基地爆发，并蔓延至吕贝克、不来梅和汉堡。在一年前俄国布尔什维克革命胜利的鼓舞下，一场大规模的革命似乎正在德国酝酿。显然，德国的政治家们需要尽快结束这场战争，并且考虑到协约国的种种要求，不论德国的未来如何，最先决定参战的德皇威廉二世都不可能继续当国家首脑。威廉·格罗纳将军向威廉二世告知了这个他并不想听到的消息。1918年11月9日，德国成为共和国。

国家首脑的突然离去让许多德国军官沮丧至极。当时在陆军最高指挥部服役，后来成为德国陆军参谋长的路德维希·贝克写道：“在战争最糟糕的时刻，我们被人从背后捅了一刀。在11月9日和10日这两天里目睹的一切，让我感到前所未有的失望。这种卑劣、懦弱、毫无人格力量的深渊是我之前从没想到过的。在短短几个小时里，五百年的历史被彻底粉碎；皇帝就像个小偷一样被驱逐到了荷兰。对于一个杰出高尚、品行正直的人来说，这一切发生得太快了。”[11]

前线的很多普通士兵当时还没有意识到德国已经无力再继续这场战争了。对于威廉二世的迅速下台，以及1918年11月11日停战协定的签署，他们同样感到困惑。在西线作战的赫伯特·里希特说："前线的部队觉得自己并没有被打败。我们不明白，为什么停战来得如此之快，为什么我们不得不匆忙撤退，因为我们还在敌国的领土上。我们觉得这一切都很奇怪……我们感到愤怒，因为我们觉得自己的力量尚未耗尽。"[12]

德国似乎正在分裂。有人像贝克和里希特一样，认为军队遭到了背叛；也有人像拒绝继续作战的海军士兵一样，接受了德国的战败，希望彻底颠覆现有的社会秩序。1919年1月，柏林工人总罢工发展成了社会主义起义。十几岁的巴伐利亚少年弗里多林·冯·斯鲍恩前往首都见证了这些历史事件。"正在发生的一切让我异常兴奋，因为我在报纸上看到了柏林发生革命的消息。我必须自己去看看革命是怎样进行的。出于好奇，我去了柏林。一到那里，我就陷入了骚乱当中，整个城市都极度疯狂。成千上万人在大街上奔跑呼喊，一会儿支持一方，一会儿又支持另一方。其中有一个左翼派别，一个名叫卡尔·李卜克内西的人对这个派别有着决定性的影响。我有幸亲眼见到了他……当时，正在人群中的我突然听到一声大喊，然后，一辆卡车开了过来，人们已经给它留出了一条通道。车子经过的时候，所有人都在大喊'李卜克内西，李卜克内西！'他们欢呼着。但是我看不到他，因为他被一大群人包围着，身边还有各种荷枪实弹的保镖……后来，这位传奇人物——卡尔·李卜克内西——出现在了楼上的窗边，在那里发表了激动人心的演说。时间不是很长，也就十五分钟或是半个小时，我记不清了。这个演说给我留下了深刻的印象，让我自此成了一个坚定的反布尔什维克主义者。因为他的言论愚蠢至极，其煽动性令人难以置信……我发现，他对为工人创造一个天堂根本不感兴趣。事实上，他只对权力有欲望。所以，当我离开广场的时候，我已经成了一个对左派思想完全免疫的反布尔什维克主义者。十四天后，李卜克内西先生就从这个世界上消失了。他的反对者抓住了他和他的同伙——波兰女人罗莎·卢森堡，并处死了他们。或许这听起来很冷酷无情，但我没办法为他们流泪。他们受到了应有的惩罚。”[13]

在1919年1月的柏林，弗里多林·冯·斯鲍恩为他所察觉的卡尔·李卜克内西的“权力欲”而感到十分震惊。随后，他加入了自由军团，以打击共产主义革命者。第一次世界大战结束后，社会秩序遭到破坏，为镇压左翼革命，一些准军事团体自由军团开始形成。这些自由军团主要由响应前指挥官号召的退伍士兵组成。1919年1月，正是它们——而不是德国的军队或警察——在镇压柏林革命中发挥了最重要的作用。后来，它们又成为新成立的魏玛共和国的首批拥护者。很多日后臭名昭著的纳粹分子，包括海因里希·希姆莱、鲁道夫·胡斯和格雷戈尔·施特拉塞尔在内，当时都活跃于自由军团。但值得注意的是，阿道夫·希特勒并不在其中。

在《我的奋斗》中，希特勒写道，1918年11月，因毒气袭击而暂时失明[14]的他，躺在帕泽瓦尔克一家医院的病床上，满脑子想着的是，战争结束的情形代表着“本世纪最大的恶行”[15]。在他看来，马克思主义者和犹太人已经联起手来，想要推翻他的祖国。他写道，正是在那一刻，他决定“进入政界”。

在希特勒神话的缔造中，这样一个戏剧性故事的吸引力是显而易见的。被腐败自私的政客出卖后，高尚的前线战士决定奉献自己的一生去拯救他的国家。一切都合情合理，但现实很少会像虚构的故事情节那样发展。希特勒的伟大“使命”在当时根本就没有形成。

1918年11月17日，希特勒出院，回到慕尼黑。他发现这座城市正在发生翻天覆地的变化。十天前，也就是11月7日，社会主义政治家艾哈德·奥尔在特蕾西娅草坪公园组织的示威导致了革命的爆发。点燃导火索的是反战记者库尔特·艾斯纳。他煽动参加示威的士兵叛变并控制了兵营。他们成立了“工人委员会”和“士兵委员会”以维持革命秩序。维特尔斯巴赫王朝结束了统治，巴伐利亚的世袭君主制被推翻。在库尔特·艾斯纳的领导下，当时的慕尼黑已经成为一个社会主义共和国。

希特勒后来在《我的奋斗》中表达了对于这些发生在他所挚爱的慕尼黑的事件的厌恶。这不足为奇，因为库尔特·艾斯纳既是犹太人又是社会主义者。不过，希特勒当时的行为与此大相径庭。当时，包括弗里多林·冯·斯鲍恩在内的成千上万的德国人加入了对抗共产主义革命的准军事团体自由军团，而希特勒却决定继续留在军队。1919年初，在完成短暂的战俘营守卫任务后，希特勒回到仍在库尔特·艾斯纳控制之下的慕尼黑，继续服役。[16]几个星期后，命途多舛的巴伐利亚“苏维埃共和国”在欧根·列维涅（跟艾斯纳一样，也是犹太人）等狂热的共产主义者领导下宣布成立。有资料显示，希特勒当时被选为其所在营的代表。[17]如果说他曾反对过共产主义革命，这是绝不可能的。

在当时，希特勒完全可以做出其他的选择。他可以试着离开军队，加入自由军团，或者至少尽量远离慕尼黑的共产主义政权。但希特勒并没有这样做，这就让人对他在《我的奋斗》中提到的在1919年初就已经具有的狂热政治“使命”产生了强烈质疑。不过，几个月后，在那年秋天，希特勒写下了他的第一份政治声明，字里行间充满了对犹太人的仇恨，这与他余生中一直在表达的观点倒是一致的。

从1919年4月表面接受慕尼黑共产主义革命，到9月公开表达对犹太人的仇恨，与希特勒的改变相伴随的，是政治局势的变化。1919年5月1日，自由军团进入慕尼黑，要重新夺回这座城市。在共产党人处死了约二十名人质后，巴伐利亚"苏维埃共和国"很快就土崩瓦解了。在自由军团的大范围血腥报复中，至少有一千人遇害。经历了左翼革命极大创伤的城市马上就接纳了右翼势力。阿道夫·希特勒也是如此。在巴伐利亚共产主义政权垮台后不久，希特勒就成为新成立的士兵委员会的一员，负责调查他所在的团是否有人曾对该政权给予过实际支持。自此，希特勒与左翼之间短暂的逢场作戏永远结束了。

最近发现的一些证据表明，希特勒与慕尼黑左翼革命并没有什么关系。由此，一些人开始从不同角度尝试着解释他的行为，这也是可以理解的。或许希特勒后来成了"变节者"[18]，他的行为是一种"极度困惑和不确定"[19]情境的体现，同时也表明他的生命轨迹仍然可能"朝着不同的方向发展"[20]。

那么，我们怎样才能对希特勒在这一时期的行为有最恰当的理解呢？他对巴伐利亚社会主义革命的默认支持是否有可能只是一个幌子？或许希特勒在心里一直坚持着之前的极右翼信仰，他的做法只是顺势而为，以在暗中最大限度地了解敌人？毫无疑问，如果要被迫做出解释，希特勒本人肯定会这么说。他会非常害怕他的这段过去被用来作为证据，证明他只是像其他大多数人一样随风倒。

然而，没有任何有说服力的证据可以证明，希特勒在第一次世界大战结束后几个月里的行为是出于某种权谋而做出的。事实恰恰相反。慕尼黑军队"信息"部门负责人卡尔·迈尔上尉（他负责在社会主义革命后对士兵进行"再教育"）在1919年春天见过希特勒，后来他清楚地回忆道："当时的希特勒会拥护任何善待他的人。他从来都不具备那种'为德国，毋宁死'的殉道者精神，尽管这种精神后来常被用作对其进行宣扬的口号。他也有可能为犹太人或法国人效力，就像他愿意为日耳曼人效力一样。当我第一次见到他时，他就像一只正在寻找主人的疲惫的流浪狗。”[21]

迈尔是一个不同寻常的人物。他后来从一名极右翼德国政客变成了一个社会民主党人，成了希特勒一个强有力的竞争对手，最终在1945年死于纳粹集中营。尽管他后来对希特勒的一些攻击似乎已经夸张到了荒谬的地步，比如他声称希特勒愚蠢到无法自己写演讲稿，但人们好像并没有什么理由怀疑他在1919年5月第一次见到希特勒时的印象。事实上，正是这些印象对希特勒当时的行为做出了最有说服力的解释。

由此看来，1919年初的希特勒还不是一个狡猾精明的政客。那时，他只是一名普通的士兵，因为一场失败的战争而意志消沉，对自己未来的命运感到困惑和不确定。军队是他唯一的家，军人是他唯一的职业，他愿意一直留在部队里。这并不是说他是一张白纸，当时的他确实已经有了一定的政治信仰，如泛日耳曼主义，并且，战前在维也纳生活的那段经历尤其让他受到了各种致命的反犹主义影响。但是，真正让他形成具体想法的，还是接下来几个月在迈尔手下从事“再教育”指导的经历。

希特勒的任务是告诉其他士兵共产主义的危害和民族主义的好处。为了完成这一任务，希特勒于1919年6月5日至12日在慕尼黑大学参加了一门特殊课程的学习。在那里，他听了很多“正确的”反布尔什维克的讲座，包括“战争政治史”和“我们的经济形势”。[22]据说，希特勒热切地接受了讲座的全部内容，并于8月向奥格斯堡附近一个营地里的德国士兵进行了传达。

希特勒尤其爱在演说中发泄强烈的反犹主义，将犹太人与布尔什维克主义和慕尼黑革命联系在一起。他并不是第一个这样想的人，当时，德国很多右翼极端分子都抱有同样的观点。这种简单无知地将犹太人与共产主义画等号的看法，正是第一次世界大战后反犹偏见形成的主要根源。同样强烈反犹的弗里多林·冯·斯鲍恩说："如果你去看看慕尼黑革命参与者的名字就会发现，到巴伐利亚建立共产主义政权的那些人几乎都是犹太人。当然，我们也知道，在俄罗斯，犹太人也极具影响力……为列宁建立政权提供了思想基础的马克思主义理论也是源于一名犹太人[卡尔·马克思]。"[23]

希特勒以前也曾从其他人那里接触过激烈的反犹言论，维也纳市长卡尔·鲁伊格就是其中之一。但与希特勒在《我的奋斗》中所表达的观点相反，目前并没有令人信服的证据可以证明，他在第一次世界大战结束之前就是一个坚定的反犹主义者。1919年8月的希特勒无疑清楚地表达了强烈的反犹主义观点，但那时他已经参加了迈尔组织的讲座，并见证了很多慕尼黑人对曾在这座城市短暂存在的苏维埃共和国的情绪。

但是，也没有迹象表明，希特勒对犹太人的仇视只是逢场作戏。他表达反犹观点时所迸发的完全是一个成熟的反犹主义者所具有的力量。

根据历史资料，在1919年夏天，已经步入而立之年的希特勒，终于开始展现出他可能具备的"克里斯玛"特质。在奥格斯堡军营，很多士兵都对希特勒的演讲能力给予了积极评价。其中一位名叫汉斯·柯诺登的炮兵写道："希特勒是一位充满激情的演讲天才，他能让所有听众都紧跟他的思路。有一次，他的演讲很长，没能在规定的时间内讲完，当他询问大家是否有兴趣在当天的任务结束之后再继续听他讲的时候，所有人都立即表示愿意。很明显，大家的兴趣都被他激发起来了。"[24]

希特勒一直都讨厌辩论，他只想发表演讲。然而在战前，没人愿意去听他关于歌剧或建筑的高谈阔论。但现在,有人想要听取他对德国战后困境的看法。希特勒一贯坚信自己的判断,不愿意听取其他人的看法。而在这场危机中,很多人都乐于接受这种坚定不移。

希特勒当时的许多观点,都与后来德国人民的元首的那些观点一致。例如,1919年9月16日,应迈尔上尉的要求,希特勒写了一篇极度令人厌恶的反犹声明。他说:“犹太人‘引发了各国的种族结核病’,必须以‘将犹太人彻底清除出德国’为目标。”[25]

在撰写这份声明的四天前,希特勒参加了在慕尼黑斯特恩内克啤酒馆举行的一次政治会议。迈尔上尉给他布置了监视边缘政党并进行汇报的任务,而再没有哪个政党比“德国工人党”更加“边缘”了。1919年1月,三十五岁的锁匠安东·德雷克斯勒和记者卡尔·哈勒一起成立了这个也就只能算是个讨论俱乐部的政党。他们都想推动反犹主义、反布尔什维克主义和支持工人等常见的右翼议程。德雷克斯勒曾经是沃尔夫冈·冯·卡普在两年前成立的“祖国党”的一员。跟“德国民族主义保护与反抗联盟”和“修黎社”一样,“祖国党”也是当时德国众多的右翼团体之一。

那天晚上参加会议的只有几十个人。当希特勒表示反对巴伐利亚脱离德国独立时,大家很快就对他有了深刻印象。德雷克斯勒发现了希特勒的语言天赋,并力劝他加入自己的小政党。在那一刻,阿道夫·希特勒和纳粹党的前身走到了一起。

在接下来的几个星期里,希特勒表示,他肩负着一项“使命”,去宣告能够使德国从失败的废墟中得到重建的途径。但他那时还没有宣称自己就是会亲自完成这项任务的伟大领导者。不过,在9月16日攻击犹太人的声明中,他已经指出德国有必要成为一个由专制的人统治的独裁国家。他说:“德国要走向复兴,不能靠受党派教条或无良媒体影响的不负责任的多数派政治领导人，也不能靠国际新造的标语和口号，而只能靠具有国家领导能力和内在责任感的个人的坚决行动。”[26]这个人似乎已经发现了他的使命，但这一使命并不是上天提前安排给他的。

希特勒的人生在斯特恩内克啤酒馆发生了改变。长期被抛在暴风骤雨的海面上的他，现在找到了一个港湾。在余生，他将一直佯装自己注定要到达这里。

第二章

建立联系

希特勒的演讲能力让他成功走上了权力之路，赋予了他极具克里斯玛的领导力。曾经在1922年听过希特勒演讲的库尔特·吕德克写道："希特勒恳切地伸出双手，铁青色的双眼中燃烧着激情的火焰，恳求的言辞充满胁迫的力量，看起来狂热极了。他的话就像鞭子一样。当他说到德国所遭受的耻辱时，我恨不得马上扑向敌人。他对德国人勇气的呼唤就像是战斗的召唤，他所传播的信仰就是神圣的真理。他就像是又一个路德。我忘记了一切，只记住了他。环顾四周，我发现他的吸引力已经将成千上万的听众团结在了一起。"[1]在第一次世界大战后的慕尼黑，活跃着很多小型极端政治团体，但没有哪个团体的代言人能像他一样点燃听众的激情。

彼时的希特勒已经成了一个经验丰富的政治说教者，尽管之前并没有人觉得他是"又一个路德"。在维也纳旧友奥古斯特·库比泽克的印象中，战前的希特勒能够"流利"[2]表达自己的观点，也会大声咆哮，看上去很"不稳定"[3]。但时代已经变了，战后的德国远远不同于战前舒适富裕的维也纳。德国人不得不面对战争失败的创伤，面对旧的君主制政体的崩溃，面对共产主义革命的恐惧，面对要求他们承认发动战争“罪行”的屈辱的战后和约，面对1921年1月赔款委员会在巴黎确定的德国要向战胜国支付的2200多亿金马克的赔款。

因此，希特勒在发表演讲时所面对的是绝望的听众。当时，德国的经济形势十分恶劣，以至于在1923年恶性通货膨胀爆发时，整个国家的金融基础似乎都要崩溃了。在战后成长起来的布鲁诺·哈赫内尔说：“它们［协约国］想长期限制德国的经济和工业发展。通货膨胀十分严重，买个面包都要花几十亿［马克］。”[4]而对于跟赫伯特·里希特一样从战场归来的士兵而言，最令人心碎的莫过于目睹战争苦难之外的经济困境了。他说：“我的父母只有存款。他们没有土地，也没有房子。他们的财富就像阳光下融化的雪一样，消失不见了。之前我们一直很富有，而现在突然就什么都没有了——我们成了穷人。”[5]

德国人正在经历的不仅仅是一场经济危机，也是一场政治危机，并且在很多时候，还是一场精神危机。在这样的情况下，就不难理解为什么德国人会问自己：谁该为这场恐怖的灾难负责？为什么自己要被迫承受这么多苦难？希特勒说，这些问题他都可以回答。他在演讲中告诉越来越多的听众该如何看待自己正在经历的生活，告诉他们怎样做才能让情况变好。

希特勒的早期演讲都是经过精心组织的，他这么做不只是为了控制听众的情绪，最重要的是要激发他们在情感上的回应。就像1922年4月12日的演讲一样，他通常是以概述德国的困境开头。希特勒说：“实际上，德国已经不再是一个政治上独立的共和国，我们已经成为外部世界的殖民地。”[6]

接着，他就会问，谁应该对这场噩梦负责。而对于现场听众而言，从他那里得到的将是令人满意的回答。因为，在希特勒看来，德国人所遭遇的不幸并不是他们自己造成的。他声称,一切都是犹太人的过错:是他们导致了第一次世界大战的爆发,是他们滥用了资本主义并造就了新的共产主义革命信仰,是他们在幕后指使"十一月罪人"在1918年签署了结束战争的停战协议。希特勒认为,犹太人并不忠于任何民族国家,他们只忠于跨越国界的犹太人群体。在他幻想的世界里,犹太人甚至试图同时支持劳资纠纷的双方,同时支持工人和雇主,以扰乱社会。"他们[即犹太人]有着共同的政策和唯一的目标。一方面,摩西·科恩在鼓励他的协会拒绝工人的要求;而另一方面,他的兄弟艾萨克却在工厂煽动工人,大喊着'看看他们吧!他们只想压迫你们!挣脱你们的枷锁吧……'而实际上,正是他的兄弟在工厂里时时提防,让工人们无法挣脱枷锁。"[7]

希特勒同样清楚,巴伐利亚是天主教的核心教区。因此,他甚至特意做了准备,在演讲中谈到反犹斗争时,将新生的纳粹运动比作耶稣和他的门徒。1922年4月,希特勒说:"我那基督徒的直觉指引我成为我主的斗士。我曾经无人追随,孤掌难鸣,直到察识了犹太人的丑恶面目并召集了人们奋起反抗之后我才明白,上帝的至高意志需要我们成为斗士,而不是受害者!在我主的博爱中,作为一个有着血肉之躯的基督徒,我[从《圣经》中]知晓了主最终如何将带来灾祸的毒蛇逐出神殿。"[8]

实际上,当时的希特勒极不可能像他所说的那样是一名基督徒,但听他演讲的大量听众肯定是。并且,他们也有可能在耶稣和希特勒之间做出亵渎神明的对比。例如,这两位领导者的"使命"都是在三十岁之后才开始,并且,他们都允诺了从当下的苦难中救赎。不出所料,为了证实这些观点,纳粹分子置历史记载于不顾,声称耶稣不是犹太人。

希特勒将德国的不幸归罪于犹太人的做法并没有什么稀奇。当时，很多极右翼分子都把犹太人当作方便且容易被接受的替罪羊。正如克里斯托弗·布朗宁教授所解释的："从赔款到犹太资本家的掠夺，再到国耻，德国的几乎所有问题都能跟犹太人挂上钩。犹太人也被刻画成了后方的软肋，是从未战斗却在战争中获利的奸商。自由主义被视为犹太教的产物，解放、法律面前人人平等、苏维埃和犹太布尔什维克主义，都让更为激进且广泛盛行的反犹主义产生了政治影响。所以，当希特勒执着于针对犹太人时，没有警告信号亮起，也没有警钟响起，因为他只不过是以一种极端的形式说出了早已存在的观点。无疑，对于想要走出经济困境，打破政治僵局，让德国在国际社会变得强大和自信，并阻止德国文化瓦解的德国人来说，希特勒是有吸引力的。而对于希特勒来说，这一切都与反犹紧密相连。"[9]

从一开始，希特勒就蔑视民主，嘲笑"民治"[10]。他说，德国需要的不是民主，而是需要一位意志坚定的人站出来，恢复对德国强有力的领导。他明确表达了自己的核心政治理念，认为这位强有力的领导人应该追求基于种族的和超阶级的国家复兴，以拯救德国。希特勒要求取消所有"非雅利安人"的德国国籍。(同样，认为"雅利安人"是高加索人的独特分支，是一个"优越种族"的观点也不是希特勒的原创，在第一次世界大战之前，一些种族理论家就已经提出了这样的观点。) 根据希特勒的说法，当时绝大多数德国人都是"雅利安人"，而当德国只有"雅利安人"时，德国就能够成为一个单一"种族"的国家，在这一过程中，所有的阶级区别都可以被消除。"然后，我们就可以对自己说：没有阶级了，不可能再有了。阶级意味着种姓，而种姓意味着种族。"[11]

对于像埃米尔·克莱因这样的巴伐利亚年轻人来说，呼吁"所有真正的德国人"共同创造一个新德国的号召尤其具有吸引力。他说：

"这个政党想要根除阶级差别。[现有秩序] 将人分为工人阶级、资产阶级和中产阶级。这些根深蒂固的概念分裂了这个国家。所以，在我看来，'所有人必须团结一致！'很重要，我喜欢这一点。不言而喻，并没有工人阶级和中产阶级之分。对于我这样的年轻人来说，这一点已经很清楚了。"[12] 与这一观点紧密相连的是，必须消除"国际高端金融，犹太人的金融权力"。埃米尔·克莱因对希特勒兜售的幻想深信不疑，他确信犹太人的金融权力在某种程度上源于纽约，"华尔街经常被提及"。

埃米尔·克莱因和其他听过希特勒早期演讲的人发现，听希特勒演讲就像是跟随他踏上一段旅程：先是因他所概述的这个国家正面临的问题而感到绝望，然后是认识到自己并不需要为当前的困境负责，最后是看到一个美好的愿景。一旦一位强有力的领导人从德国人中脱颖而出，在全国性的革命中获得权力，德国就将成为一个更美好的无阶级世界，在这个世界里，所有的问题都会被纠正。对于正在经济危机的冲击下挣扎的人们来说，这很有吸引力。

希特勒经常被指责为"演员"，但其早期吸引力的一个重要部分却在于，在啤酒馆的支持者都认为他是完全"真诚的"。例如，埃米尔·克莱因就曾说："当我第一次在皇家啤酒馆 [慕尼黑的一个大型啤酒馆] 见到希特勒发表演讲时，他散发着一种克里斯玛，能够让人们相信他所说的一切。而今天，当有人说他是一个演员时，我不得不说，如果德国人在战争中始终这样看他，那么他们真都是愚蠢至极……直到今天，我仍然相信，希特勒坚信他能够实现自己所宣扬的一切。他实实在在地相信自己……并且，最重要的是，所有与我一起的人，众多在各地的政党会议上听过他演讲的人，都相信他。他们只能相信他，因为显然他也相信自己。他的话语充满坚定，而这正是那时所稀缺的。"[13]

很多人在希特勒的演讲中看到了他真挚的情感，而这正是他散发克里斯玛吸引力的一个必要前提。1920年1月，后来在第二次世界大战中统治着波兰大部分纳粹占领区的汉斯·弗朗克在听了希特勒的演讲之后深受感染。他说："希特勒给人的第一感觉是真诚，他不会试图让你相信那些连他自己都不完全相信的东西……在演讲的停顿之处，当他用右手向后捋头发时，他蓝色的眼睛闪烁着激情的光芒……一切都发自内心，他引发了我们所有人的共鸣……他说出了在场所有人的心声，丰富的经历让他能清楚地理解那些正在经历痛苦、期待一个计划的人的共同愿望……不仅如此，他还给所有曾经经历毁灭的人指明了道路，一条唯一的道路，那就是通过勇气、信念、行动准备、勤奋工作和奉献，从前所未有的深渊中艰难地重新开始，实现一个伟大光辉的共同目标。虽然我不是一名党派成员，但从那天晚上开始，我便确信，如果有人能够掌握德国的命运，那个人一定是希特勒。"[14]

听希特勒演讲时，汉斯·弗朗克只有十九岁。在德国陷入绝望的那段日子里，像他这样敏感的年轻人被希特勒的言辞深深影响并不足为奇。但让人不那么容易理解的是，为什么赫尔曼·戈林也会在1922年秋天第一次见到希特勒后，就向他宣誓效忠。要知道，在第一次世界大战中，这位曾多次被授勋的空军老兵是著名的里希特霍芬中队的指挥官，而希特勒不过是一名普通的士兵。

在遇到希特勒时，戈林已经将近三十岁了。在此之前，他早已成为别人钦佩的对象。作为德国空军的先驱之一，他英勇善战，获得过很多勋章，其中不仅有铁十字勋章，还有德意志帝国的最高荣誉蓝马克斯勋章。1918年11月11日，德国政府结束战争的决定让他愤怒不已，停战协定签署后仅仅八天，他便告诉自己手下的士兵："捍卫自由、原则、道德和祖国的新战斗已经开始。前路漫长而艰难，但真理的明灯将始终为我们照亮。我们必须为这一真理和我们所做的一切而感到自豪。我们必须相信,我们的时代还会再来。”[15]

第一次世界大战结束后,戈林在斯堪的纳维亚半岛生活了一段时间。他先是当特技飞行员,后来又在瑞典的斯文斯克—卢夫特拉菲克航空公司做民航飞行员。1922年2月,他与刚刚离婚不久的卡琳·冯·坎绍男爵夫人结婚。同年秋天,他回到德国,在慕尼黑大学学习政治学。他成熟世故,冷酷强悍,极为自信。然而,在初次见到阿道夫·希特勒的那一刻,戈林就深深记住了他。1946年,在纽伦堡接受战争罪审判期间,戈林说:“1922年10月或11月的一个星期天,我作为旁观者参加了一次抗议示威。在活动的最后,人们开始呼喊希特勒的名字,请他出来讲话。我以前曾经听人提到过他,也很想听听他会怎么说。但他拒绝发言,而我当时恰好站在他附近,听到了他拒绝的理由……他认为发动背后没有力量支撑的抗议是毫无意义的。这给我留下了深刻的印象。他的想法跟我不谋而合。”[16]

出于好奇,几天后,戈林去听了希特勒的演讲。“希特勒谈到了《凡尔赛条约》。他说,只有在权力的支持下,抗议才能成功。这一信念简直就像是从我灵魂深处逐字逐句道出的一样。”戈林由此决定找机会直接和希特勒见面。“一开始,我只是想看看是否能为他提供一些帮助。他很快就见了我。在我介绍完自己之后,他说,我们的见面是命运的非凡转折。我们马上就开始谈论那些我们所关心的话题——我们祖国的战败……《凡尔赛条约》。我告诉他,在我看来,对抗《凡尔赛条约》是压倒一切的头等大事,为此,我和我所拥有的一切全都凭他调遣。”

戈林的证词表明,希特勒并不需要去说服他相信什么,因为他们对德国的问题已经有了同样的看法。这是对希特勒早期“克里斯玛”的深刻解读,其本质在于,希特勒让戈林(和其他很多人)获得了十足的强化感,肯定了他们对这个世界的看法是正确的。[17]

就“克里斯玛”而言，希特勒还得益于他在演讲中所显示出的另一个显著性格特质，那就是一种绝对的确信。希特勒的分析不容置疑。他在做出选择时从来不会有丝毫的犹豫。多年来，希特勒在独白时一直在用这样的技巧。比如，他读一本书，然后会大声阐述对这本书的“正确”结论。奥古斯特·库比泽克说：“他对‘其他观点’并不感兴趣，也无意就这本书进行任何的讨论。”[18]

希特勒还擅于用“非此即彼”的表达，认为不是“敌人”（他通常是指“犹太人”）被毁灭，就是“其他人”被毁灭。在希特勒看来，世界非黑即白。生命是一场永恒的斗争，没有人能选择退出。他在1922年4月说道：“他们［没有积极参与政治的人们］从来都不明白，哪怕自己不与犹太人为敌，也会被犹太人拖向绞刑架。俄国就是个例证。他们不明白，只要自己不是犹太人，就肯定会被推上绞刑架。”[19]

对于其早期支持者来说，希特勒显然拥有“克里斯玛”；但这些支持者必须首先具有一定的性格特征和政治观点，才容易被他的“克里斯玛”所感染。[20]听过希特勒许多演讲的康拉德·海登写道：“根本就不需要问他靠什么征服了大批民众。他的演讲就是大众灵魂的白日梦……他的演讲总是以深切的悲观情绪开始，以令人狂喜的救赎结束，结局带着胜利的喜悦；通常，他的演讲都可以用理性来驳斥，但人们遵循潜意识的强大逻辑，它是任何反驳都无法触及的力量……希特勒的演讲说出了当时民众无言的恐惧……”[21]

纳粹早期支持者格雷戈尔·施特拉塞尔的兄弟奥托·施特拉塞尔说：“我只能将希特勒作为一名演说家的成功归因于他异乎寻常的敏锐洞察力，他能够准确无误地判断出听众正在经历的痛苦……在灵魂的驱使下演讲……很快就成为本世纪最伟大的演说家之一……他的话像利箭一样直击目标，触及了每个人伤口上的痛处，解放了民众的潜意识，表达了其最深的渴求，说出了其最想听到的东西。”[22]

曾在20世纪30年代后期担任英国驻德国大使的内维尔·亨德森爵士也赞同这一分析，说“他［即希特勒］之所以能够在权力斗争中胜出，是因为他是他们［即他的支持者］潜意识的反映，他用言语表达了他们潜意识里想要的东西”[23]。

如果那些遇到希特勒的人不是早就拥有了“内心最深的渴求”，并因此容易被希特勒的言语所打动，那么他们根本就发现不了希特勒内在的“克里斯玛”。例如，曾于20世纪20年代初在慕尼黑皇家啤酒馆听过希特勒演讲的约瑟夫·费尔德就没有被他所征服。作为社会民主党的坚定支持者，他觉得希特勒的观点令人厌恶。“我非常认真地听了希特勒的演讲，并注意到他在极力煽情。他总是习惯在听众面前抛出自己的看法。演讲的一部分集中谈论了1919年社会民主党的背叛和《凡尔赛条约》的签署。他从‘十一月革命’和‘十一月耻辱’开始谈起，接着自然提出了反对《凡尔赛条约》的理论。然后，他又通过一些极具攻击性的言论，进一步强调犹太人的活动是导致一切问题的唯一根源。由此，他就把演讲的基调转向了反犹……他提出了一些根本就站不住脚的说法。在演讲结束后的小组讨论中，我对我的朋友说，‘听过这次演讲，我的认识是，但愿希特勒永远都不要掌权’。当时，我们都认同这一点。”[24]

1921年，第一次世界大战的老兵赫伯特·里希特在慕尼黑的一家咖啡馆遇到过希特勒，他对希特勒的反感更为强烈。希特勒“刺耳的声音”和对一些“真的、真的很简单的”政治观点的“叫嚷”让他“立刻心生厌恶”。里希特还觉得，“希特勒可笑的小胡子”让他的外表看起来“非常滑稽”，并得出结论认为，希特勒“令人毛骨悚然”，也“不是很正常”。[25]

赫伯特·里希特和约瑟夫·费尔德等人的证词提醒我们，当时希特勒在慕尼黑政治舞台上的出现还算不上一个分水岭。尽管他逐渐吸引了一些追随者，但那些人只占潜在选民的一小部分。事实上，最近的一项研究显示，在1919年，慕尼黑绝大多数（超过70%）士兵投票支持的都不是右翼团体，而是社会民主党。[26]

但是，在右翼小党，即所谓的“民族”团体当中，希特勒无疑造成了强烈的影响。他很快便占据了德国工人党的重要位置，不仅成为该党的明星演说家，还当上了宣传负责人。他与安东·德雷克斯勒一同讨论“党纲”，并于1920年2月24日的会议上提交了“二十五点纲领”。此后不久，德国工人党就更名为“民族社会主义德国工人党”（NSDAP），因此他们的对手简称其为“纳粹”。

“二十五点纲领”反映的都是希特勒在演讲中反复强调的主题：要求废除《凡尔赛条约》和《圣日耳曼和约》，要求剥夺犹太人的德国国籍，不再允许外国人移民到德国，只有拥有“日耳曼血统”的人才应当被视为真正的公民。另外，还有一些针对资本主义的措施：要求分配大企业的利润，要求将大型百货商店收归国有，以让小商贩能蓬勃发展。

至于未来的纳粹政府如何才能将“二十五点纲领”落到实处，该纲领本身并未提及。整个“纲领”刻意模糊了细节。后来的事实证明，这种模糊在许多方面是对希特勒有利的。在希特勒成为领导人之后，他可以最大限度地按照自己的意志解释纳粹政策；纳粹可以将自己定位为一场“运动”，而不是一个仅限于规划和制定政策的普通政党。同时，纳粹还能够获得广泛的群众支持，因为像“驱除犹太人”这样的提议可以有很多不同的解读，包括通过立法防止犹太人进入某些专业领域，把犹太人强制驱逐出德国，以及其他可能更为恶劣的行径。

那种认为纳粹应该代表德国的“憧憬”而不是大量详细政策的

观点并不罕见。例如，奥勃朗特自由军团也希望看到德意志“第三帝国”的建立（继“第一帝国”神圣罗马帝国和于1918年倒台的由俾斯麦在1871年建立的德意志“第二帝国”之后），其成员对详细的定义不屑一顾。一位支持者说：“没有什么比建立第三帝国的想法更能代表奥勃朗特精神了。这些人的内心深处有一个令人难以理解的神秘梦想，一旦有人想要在具体的政治纲领中准确定义它，它就被贬低了。”[27]而且，跟纳粹一样，奥勃朗特自由军团也呼吁：“个人应从属于整个国家的需要。”[28]

到1921年8月，希特勒已经能够在羽翼尚未丰满的纳粹党内独断专行了。安东·德雷克斯勒时代的委员会会议和文件讨论已经一去不复返。但这时，希特勒还没有声称自己就是德国的救世主，只是提到德国需要一个救世主。

曾在20世纪20年代活跃于纳粹党内的布鲁诺·哈赫内尔说：“最初那几年，我们没有高呼‘希特勒万岁’，从来没有人这样说过，也没有人这样想过。那时，希特勒还没有像后来那样走到权力中心，他只不过是民族社会主义德国工人党的主席。”[29]

同样显而易见的是，从希特勒加入德国工人党开始，从他要单独与两三个人说话开始，他在一群人面前演讲时所展示出的力量和确信似乎就消失不见了。正如他后来对摄影师海因里希·霍夫曼所说：“我从来不知道在一个亲密的小圈子里该说些什么……在家庭小聚会或是葬礼上，我根本就不知道该怎么说。”[30]

其他人也注意到了希特勒这种奇怪的不一致，注意到了他在公众场合和私人场合行为的巨大差异。最早“发现”希特勒演讲天赋的迈尔上尉注意到，希特勒在营房里跟其他士兵在一起时是“害羞和自我的”[31]，但在啤酒馆里，他却能鼓舞大批听众。迈尔随后表示，为了达到自己的目的，那些更聪明的极右翼分子后来正是利用这一点控制了希特勒。迈尔写道："作为一名领导人，希特勒可能是世界上被愚弄过的最有名的人。"[32]

然而，尽管在政治上显然更为精明的赫尔曼·戈林和曾在第一次世界大战期间担任德军上尉的恩斯特·罗姆等人确实在早期就加入了纳粹党，但希特勒并不曾被他们所控制。无疑，希特勒的大部分观点确实来源于他人，比如要求结束"利息奴隶制"的政治经济学家戈特弗里德·费德尔，但到1921年夏天，他已经成为纳粹党公认的领导人。在某种程度上，希特勒的极度怪异，特别是他很难有"正常的"社交却能鼓动大量民众的事实，让人愈发意识到他是一位与众不同的政治领导人。他在早年间的一个旧相识回忆说："他的性格里总有些东西让人捉摸不透。他有着让人猜不透的秘密，在许多方面对我来说始终是个谜。"[33]

希特勒常常能够通过强化听众已有信仰的演讲方式，在自己与大量支持者之间建立起联系，但他无法单独与人进行正常的日常交往，这两者的特殊结合正是希特勒作为演说家的"克里斯玛"形成的核心。几乎令人难以置信的是，希特勒可以与听众亲密无间，却与单独的个人生疏不已。

与希特勒同时代的夏尔·戴高乐认为，对于政治领导人来说，制造"距离"是至关重要的。戴高乐写道："首先，没有神秘感就没有威望，因为熟悉会滋生轻蔑。所有宗教都有它们的至圣之地，没有人是其贴身男仆的英雄。领导人的行为举止和精神活动必须始终保有某些其他人不能完全理解的部分，能让他们感到困惑，能刺激他们并吸引住他们……[34]对那些将要承担于凡人来说过于沉重的负担的人而言，与威望相伴随的，是超然、个性和冷静……他［领导人］必须接受孤独，即法盖所说的'优秀之人的不幸'。"[35]

戴高乐和希特勒年龄相仿，但他们两个有很多不同之处。其中之一就是，戴高乐认识到了与其追随者之间制造距离的价值，并且有意识地去制造距离，而希特勒给人的距离感却是出于被动。他始终难以单独与其他人建立联系，无法拥有“正常的”友谊；只是这一点现在对他是有利的。希特勒的很多追随者都知道，他显然没有对于个人亲密关系的需求，并认为这是一个拥有克里斯玛的人的标志。确实，这是英雄的标志。

第三章

寻找英雄

英雄主义和克里斯玛是紧密交织的。因此，马克斯·韦伯认为，“个人英雄主义”是“真正克里斯玛”最重要的标志之一。[1]由此看来，希特勒声称他对纳粹党的领导权在很大程度上是源于他过去的“英雄”事迹，也就绝非偶然了。

在第一次世界大战后的德国，很多人都期盼着出现一位英雄——如纳粹支持者埃米尔·克莱因所说的“强人”[2]——能够带领着他们走向更加光明的新世界。从1919年到1923年，阿道夫·希特勒稳步成为他们英雄般的领导人，而这正是基于一种强有力的个人英雄主义传统。这一传统曾在19世纪因现代德国的建立而兴起。例如，为了纪念统一德国的俾斯麦宰相“英雄的”领导，全德国竖立起了二百多座俾斯麦塔。阿瑟·叔本华等德国哲学家也崇尚个人而非政府的统治，弗里德里希·尼采更是充满激情地宣扬英雄在无神世界的重要性。尼采把拿破仑当作英雄崇拜，将其视为“高尚理想的化身”[3]。

现在，受到激发的德国人开始更进一步回顾自身的历史，以在其中寻找个人英雄的例证。德国最受欢迎的旅游景点之一，就是建成于

1875年的赫尔曼纪念碑。该纪念碑位于条顿堡森林，是为了纪念近两千年前阿米尼乌斯（或称赫尔曼，是切鲁西人的首领）带领日耳曼部落战胜罗马将领瓦卢斯率领的三个罗马军团而修建的。

第一次世界大战前，德国青年普遍参与的“候鸟运动”的很多成员都在呼唤一位英雄领导人的出现，希望他能够将德国从逐步加深的工业化进程中解救出来，引领德国回归自然。其中一个“候鸟运动”团体的成员彼得·维雷克写道：“在篝火的映衬下，他们热切、紧张、年轻的面孔容光焕发，有人还在读着自己最喜欢的诗人写的诗。早在1907年，尼采或斯特凡·格奥尔格就已经发出恳求：‘人啊！行动啊！所有人都渴望看到这样的人！这样的行动！……或许在你们的监狱中，在你们的杀人凶手中，就会有这样一个人站出来并有所行动。’”[4]

“候鸟运动”兴起于1901年，在年轻外交官赫尔曼·霍夫曼·福尔克萨姆布的鼓舞下发展成为战前德国最受欢迎的青年运动。后来，布鲁诺·哈赫内尔等“候鸟运动”成员带着他们年轻的理想主义加入了纳粹党。“[在乡下，]到了晚上，我们就会聚在一起，这对我们来说可是大场面，我的妻子后来也加入了进来；相遇时，我们都很年轻。后来，我们总是回想起之前的那段日子，因为对我们而言，那是生命中一段美好的时光。我们经常会唱歌，我们有歌唱团，也有民间舞蹈团，我和我的妻子都参加了民间舞蹈团。以‘候鸟运动’的信条为基础，我们有一种真正的归属感。我们在对抗着资产阶级世界。”[5]

后来成为阿道夫·希特勒忠实信徒的弗里多林·冯·斯鲍恩也是“候鸟运动”的成员，他的话证实了哈赫内尔的说法。他说：“‘候鸟运动’是对威廉皇帝时代的反抗，在那个时代，一切都以工业和商业为中心。他们都很年轻，彻底厌倦了那个时代，想要走进自然，在自然环境中寻找无法在自己生活的环境中得到的东西。第一次世界大战期间，出于偶然，我加入了埃尔伯费尔德的一个团体。我们一起漫步……我们一起唱歌，一起烹饪美食，一起玩耍，也一起运动……那是一场精神运动。”[6]

理查德·瓦格纳也是“精神运动”的支持者和“资产阶级世界”的反对者。他是许多“候鸟运动”成员眼中的英雄，也是阿道夫·希特勒心中的英雄。瓦格纳的很多歌剧作品都是伟大的斯堪的纳维亚和日耳曼神话传说的回归，《尼伯龙根的指环》中的史诗级作品“诸神的黄昏”就是其中之一。希特勒极度痴迷于瓦格纳作品的“英雄”本质。战前在维也纳生活时，他看过“不下十次”[7]以圣杯骑士为主题的歌剧《罗恩格林》。他甚至还尝试过自己创作名为《铁匠维兰德》的英雄歌剧，但没有成功。

在维也纳时，希特勒最喜欢读的是《日耳曼英雄传说》。据他的室友奥古斯特·库比泽克说：“那个消失时代的伟人引发了希特勒的共鸣。没有什么比他们那样的生活更值得为之奋斗了，他们的生活满是影响重大的勇敢行为，是最英雄的生活……”[8]

第一次世界大战期间，为了彰显个人“英雄”的重要性，一些军官用自己的名字为所指挥的部队命名。例如，希特勒所加入的巴伐利亚预备步兵团第16团在战争开始时由尤利乌斯·冯·李斯特上校指挥，因此便以“李斯特团”而著称。第一次世界大战结束后，随着准军事团体自由军团的形成，这种以指挥官的名字命名军事团体的倾向得到了更进一步加强。其中最有影响力的是以其指挥官格哈德·罗斯巴赫的名字命名的“罗斯巴赫自由军团”，以及由前帝国海军上尉赫尔曼·埃尔哈特领导的“埃尔哈特旅”。自由军团成员弗里多林·冯·斯鲍恩说：“这些部队完全依赖于其指挥官的性格和能力。”[9]此外，路德维希·吉恩格勒也写道：“[自由军团] 的指挥官常被称为元首。志愿军们把他们当作偶像崇拜，视他们为自己想要拥有的所有品质的具体化身。元首也是一个抽象，是指众所期待之人。”[10]

除了这种崇拜个人“英雄”的历史倾向之外，20世纪20年代初墨索里尼在意大利的上台，也为希特勒和纳粹党提供了具体的证据，证明了“众所期待之人”是如何影响整个国家的。和希特勒一样，贝尼托·墨索里尼也曾在第一次世界大战中负伤，后来便活跃于暴力的极端民族主义政治活动中，并于1919年组建了一个法西斯政党，以对抗社会主义者和共产主义者的影响力。墨索里尼的经历是“英雄的”领导人从默默无闻到脱颖而出的例证。

在那些年间，在阿道夫·希特勒成为“德国的贝尼托·墨索里尼”的道路上，给予他最大帮助的，是一位常年醉醺醺的作家，他的名字叫迪特里希·埃卡特。1919年秋，希特勒在参加德国工人党第二次会议时初次见到了埃卡特。这位五十岁出头的秃头作家看上去比实际年龄更老，暴躁易怒，是一个恶毒的反犹主义者。与希特勒一样，他认为战争的结束方式和《凡尔赛条约》的签订都让德国遭受了背叛。他对犹太人极度仇视，说他想“把所有的犹太人都塞进一列火车，然后把这列火车开进红海”[11]。但与希特勒不同的是，埃卡特在慕尼黑复杂的社交圈中人脉极好，也相对富有，他的戏剧作品，尤其是他改编的易卜生的《培尔·金特》，让他赚得盆满钵满。他一直在等待一个像希特勒这样的人。1919年，埃卡特曾说，德国需要一位领导人，“他要能够忍受把乌合之众吓到半死的机枪声。他不能是官员，因为人们对官员已经不再有任何的尊重。他最好是一个很会说话的工人……他不需要太聪明，因为政治是世界上最愚蠢的事情”[12]。所以，不出所料，埃卡特很快就看到了希特勒所拥有的潜力。他是一个普通的士兵，即使在被打败后一无所有，发出的声音仍旧大胆坚定。并且，他是一个被渲染了英雄主义色彩的普通士兵，曾经获得过铁十字勋章。初次见到希特勒后，埃卡特就说："这就是德国众所期待之人，有一天，整个世界都会谈他。"[13]

埃卡特向慕尼黑那些富有的潜在资助人介绍了希特勒。在一定年龄的女性面前，希特勒也成为极具吸引力的存在——有一个寡妇一直围着他转来转去，大家都叫她"希特勒的妈妈"。在1923年因心脏病去世之前，埃卡特还在经济上为希特勒和羽翼未丰的纳粹党提供帮助，筹集资金买下了《人民观察家报》，用以宣传纳粹的观点。

1921年夏天，当阿道夫·希特勒在纳粹党内的主导地位受到威胁时，埃卡特站在了他的一边。这可能是埃卡特对希特勒最实际的帮助。当时，安东·德雷克斯勒有意将纳粹党与德国社会主义党（DSP）等类似团体合并，认为这无疑是纳粹党迅速发展的途径。1921年夏天，奥格斯堡大学哲学教授奥托·迪克尔的著作给德雷克斯勒留下了深刻印象。在其《西方的复兴》一书中，迪克尔教授表达了与前一年通过的纳粹党"二十五点纲领"相似的观点，只是他的表达方式更为学术。在听过迪克尔教授的演讲之后，德雷克斯勒和纳粹党内的其他人都被某种形式的"西部联盟"的观点深深触动了。

这一切发生时，希特勒并不在慕尼黑。后来，当他发现在自己缺席的情况下讨论的这些事情时，他气愤不已。在一次与迪克尔的会面中，希特勒愤怒离场并退出了纳粹党。这再次表明，希特勒既不愿也无法与人进行学术辩论。

最初，埃卡特也对迪克尔能够为纳粹党所带来的新东西感兴趣，尤其是知识分子的体面。但是，在希特勒辞职后，埃卡特竭尽全力说服他重回纳粹党。希特勒也确实回来了，但是按照他自己所提出的条件，以纳粹党无可争议的独裁者的身份回归。随后，埃卡特在《人民观察家报》[14]头版显著位置发文，表达了对希特勒的支持。

这是希特勒人生旅途中的一个重要时刻：他不再为一个未知的德国未来领导人竭力争取支持，他现在已经将自己定位为那位潜在的领导人。希特勒已经表明，他并不打算分享权力，并且会对因他拒绝合作而造成的任何后果负责。同样重要的是，其他人也开始接受希特勒的自我定位。例如，迪特里希·埃卡特本来更希望看到迪克尔教授参与纳粹党的事务，但希特勒的拒绝让他不得不被迫做出选择。在这一过程中，他也接受了希特勒对纳粹运动无可争议的领导权。现在，希特勒能把自己刻画成一个"英雄"，这在一定程度上是因为其他人可以将他的不妥协视为"英雄"之举。希特勒是个很难相处的人，而这可能正是其强大吸引力的所在。毕竟，有谁会指望"英雄"通情达理呢？

接下来的一年，也就是1922年，纳粹党开始通过吞并成长壮大。1922年10月，希特勒设法说服了纽伦堡德意志事业共同体的支持者，让他们成为隶属于纳粹党的一部分。一年前，他们的想法还是与纳粹党结成松散的联盟，但现在，他们承认希特勒是他们的领导人。希特勒一直十分感谢他们的领导人对此做出的安排，这个人就是尤利乌斯·施特赖歇尔。

一年前，施特赖歇尔曾经听过希特勒的演讲并深感震撼。后来，他在第二次世界大战后的审判中出庭作证时说："我之前从没有见过这个人。我默默地坐在一群人中间，谁也不认识。临近午夜时，我见到了他，在三个小时的演讲过后，他大汗淋漓，却光芒四射。坐在我旁边的人觉得在他的头上看到了一个光环，而我则觉得自己因他而体验了超凡。"[15]

施特赖歇尔是个可怕的角色。1923年，由他担任主编的《先锋报》开始出版发行，这份残虐的半色情报纸专门刊登最令人作呕的反犹图片和故事。施特赖歇尔只是跟随在希特勒身边的一众人等之一。当时，纳粹党内其他有影响力的人物包括：曾经在夜总会当保镖的克里斯蒂安·韦伯，激进的犹太迫害者赫尔曼·埃塞尔，以及放荡不羁的德军上尉恩斯特·罗姆。罗姆后来写道："我渴望效忠于一个战斗的民族，而不是一群诗人和梦想家。"[16]这群声名狼藉的暴徒后来都在纳粹党内担任了高级职务。在第二次世界大战后接受战争罪审判时，赫尔曼·戈林说，他在20世纪20年代初加入纳粹党是因为自己是一位"革命者"，而毫无疑问，这些暴力的社会底层人物都会认同他的观点。奥托·施特拉塞尔认为，简单来说，"希特勒喜欢这些人陪伴在他的左右，因为他们让希特勒对人性本恶更加坚信不疑"[17]。

在纳粹发展早期，恩斯特·罗姆是一位尤为关键的人物。在某种程度上，这是因为他帮助纳粹党羽翼未丰的准军事部队冲锋队筹备了武器。冲锋队正式成立于1921年11月，但几乎是从纳粹党成立开始，很多士兵出身的纳粹暴徒就一直在啤酒馆举行纳粹会议时"保卫安全"，他们会赶走所有会让希特勒难堪的人，而冲锋队正是以这些人为基础发展起来的。[18]

1922年10月，贝尼托·墨索里尼成为意大利总理。当这个消息传来时，这群下流的暴徒、纳粹党内的所谓革命家受到了极大鼓舞。如果一个极端民族主义领导人能在意大利突然掌权，那在德国为什么就不行呢？1922年11月3日，墨索里尼在意大利成功上台后没有几天，赫尔曼·埃塞尔就在纳粹分子常常集会的慕尼黑皇家啤酒馆向一群人表示，"阿道夫·希特勒就是德国的墨索里尼"[19]。一个月后，也就是1922年12月，《人民观察家报》发表了一篇文章，宣称阿道夫·希特勒不只是一名"鼓吹者"，更是能拯救德国的领导者。[20]

接下来的一年，也就是1923年，希特勒抓住机会，证明了自己是一位英勇的革命者。而与以往在权力之路上迈出的每一步一样，这一次，为了证明自己，希特勒需要利用德国的一场危机。对他来说，幸运的是，1923年的德国正面临着一场危机，法国人占领了德国西部的鲁尔工业区。根据《凡尔赛条约》，德国不能在这一地区驻兵，所以法国军队在1923年1月11日进入德国领土时并没有遭遇什么抵抗。而法国总理雷蒙·庞加莱决定采取这一极端行动的原因是，德国拖欠了作为赔偿的煤炭和木材。

无疑，法国的占领是极其不受欢迎的。当时只有十几岁的尤塔·吕迪格说："那时，我们看到了法国人的铁腕统治，一旦有什么他们看不惯的，比如你走在人行道上，他们就会拿着马鞭走过来，而你就不得不离开人行道，走到马路上去……法国人对我们的骚扰相当多。"[21]而在应付占领鲁尔工业区的法国人的同时，德国人还要承受恶性通货膨胀的巨大压力。吕迪格回忆说："在1923年，买一个练习本差不多都要花上三十亿马克。"

希特勒没有呼吁他的支持者参与一些德国人针对鲁尔法国占领军的消极抵抗。他所关注的仍然是如何在德国放大墨索里尼在意大利上台执政的影响，鼓动德国人支持他掌权。但他意识到，要推翻柏林现政府的统治，他至少需要得到德国武装部队魏玛国防军的暗中支持。然而，1923年5月，当纳粹党人迈出全国性革命的第一步，试图煽动在慕尼黑欧伯维森菲尔德游行的魏玛国防军士兵时，他们遭到了全然的拒绝。尽管如此，希特勒仍然坚信，他必须有所行动。谁知道危机能持续多久呢？所以，在1923年11月，他发动了啤酒馆暴动。这次事件的发展尽管与希特勒的预期不符，却让他第一次获得了全国上下的关注。

并不是每个参与策划暴动的人都清楚，希特勒是否真的是如墨索里尼一般的"英雄"领导人。希特勒虽然与德国在第一次世界大战坦能堡战役中获胜的英雄埃里希·鲁登道夫将军谈到希望他参与纳粹发起的这场革命，却从来没有明确过鲁登道夫的角色。鲁登道夫只是这场革命的军事领导人，而希特勒才是政治领导人？抑或鲁登道夫是真正的“英雄”，希特勒只是在为他铺路？

但显然，到1923年底，希特勒决定掌握主动权。计划很简单，就是逼迫巴伐利亚独裁政府的领导人宣布支持纳粹领导的“进军柏林”，打倒掌权的“十一月罪人”。很明显，纳粹需要巴伐利亚州安全部队以及巴伐利亚政治领导人的帮助，或者至少是他们的默许。因此，希特勒决定在巴伐利亚州“州长”古斯塔夫·冯·卡尔在慕尼黑贝格勃劳凯勒啤酒馆的集会上发言时发动政变。卡尔是在1923年9月获得任命的，以应对不断的革命威胁引发的柏林政府危机，他实际上是巴伐利亚州的独裁者。

当时，有些迹象表明，希特勒的策略可能会取得成功。例如，巴伐利亚政府似乎比德国其他州的政府更同情纳粹。一年前，德国犹太裔外交部长瓦尔特·拉特瑙遇刺后，纳粹在德国大部分地区遭到禁止，但依旧能在巴伐利亚活动。并且，卡尔和希特勒一样对柏林政府充满了蔑视。

在卡尔的集会上发动政变对纳粹是有利的，因为巴伐利亚警察局局长汉斯·冯·赛瑟尔和驻巴伐利亚国防军司令奥托·冯·洛索夫将军也都将出席。希特勒的冒险假设是，面对既成事实，这三位领导人都会同意他的革命计划。

于是，在1923年11月8日晚上八点二十分左右，当卡尔正对着几千名听众讲话时，希特勒和包括赫尔曼·戈林、鲁道夫·赫斯以及阿尔弗雷德·罗森贝格在内的十几名支持者闯入了贝格勃劳凯勒啤酒馆。而在啤酒馆外，冲锋队守住了各个出口。在对着天花板开了一枪后，希特勒宣布革命已经开始。然后，他和他的同伴们一起将三位关键执政者——卡尔、冯·赛瑟尔和冯·洛索夫赶入了旁边的一个房间。

但随后，希特勒的问题便来了，这三个人都对支持纳粹事业不感兴趣。直到鲁登道夫到达啤酒馆，他们才不太情愿地同意。希特勒夸张地向卡尔他们宣称，如果这场政变不成功，他就自杀。然后，他就到慕尼黑的其他地方去试图巩固对政变的支持，而留下鲁登道夫在啤酒馆控制局面。不过，在卡尔、冯·赛瑟尔和冯·洛索夫以自己的名誉保证支持革命后，鲁登道夫这个老派的军官便决定释放了他们。当天晚些时候，回到啤酒馆的希特勒发现三个人已经不见了时，就意识到这是一个致命的错误。这三个人现在已经否认了对希特勒的支持，并积极反对这场纳粹发动的政变。

希特勒并没有彻底想清楚革命的策略，所以在第二天，当一群纳粹分子抢劫了一个印刷十亿元面值马克的印钞厂之后，一场游行迅速在慕尼黑爆发了。埃米尔·克莱因参加了这场游行，并且记得纳粹支持者抵达慕尼黑市中心的战争纪念堂统帅堂时，是如何遭遇了巴伐利亚的安全部队，以及枪声是如何响起的。他说："当时首先想到的就是，希特勒受伤了吗？鲁登道夫受伤了吗？大家都分散开了。当然，如果有枪声响起，你必须要隐蔽自己。我们是训练有素的冲锋队员，当然知道枪声响起时该怎么办……人们站了起来，四处张望想知道发生了什么。现场一片混乱，这在一定程度上是因为所有头脑清醒的人（这些人都穿着制服）都不知道正在发生什么。但有一件事我们知道。那就是卡尔已经背弃了整个协议，他们没有信守承诺。在卡尔和他的同事们食言之后，希特勒显然成了孤家寡人。"[22]

没有人知道到底是谁开了第一枪。在统帅堂枪战中，站在希特勒旁边的欧文·冯·舍伯纳里希特被打死。希特勒趴倒在地上。他的批评者随后表示，这是他胆小怯弱的证据。[23]但是，埃米尔·克莱因强烈反对这一看法，他说希特勒“总是”显得很勇敢，“一直让我感到惊讶的是，他出门时只带着几个保镖，而且还总是坐着敞篷车”。

鲁登道夫在枪战中继续游行，毫发无损地突破了警察的封锁线，显现出了他的英勇。但当天共有十六名希特勒的支持者被打死，还有四名巴伐利亚的安全部队成员丧生。很多人都受伤了，包括赫尔曼·戈林在内，他的腹股沟被击中，在其他人的帮助下离开了统帅堂，简单处理伤口后便越过德奥边境，到奥地利因斯布鲁克的一家医院治疗去了。

枪战发生后仅仅两天，希特勒就被捕了。他对整个行动的处理极为不当，在啤酒馆暴动之后没能牢牢控制住卡尔、冯·赛瑟尔和冯·洛索夫，也没有事先做好严密的计划，没有想好如果巴伐利亚的领导人对暴动不那么热衷该怎么办。此外，希特勒显然没有履行如果革命失败就自杀的承诺，因为他现在正被巴伐利亚当局关押，等待审判。这肯定不是“克里斯玛型英雄”之举。

对希特勒的审判于1924年2月26日在慕尼黑开始。从一开始，希特勒采取的就是在外界看来风险很大的策略——不但承认了自己所做的一切，还对此引以为荣。不仅如此，他还在法庭上公开阐述了自己将在日后的斗争中发挥的作用。他说：“我决心成为马克思主义的驱逐者。”他说自己曾经一度是个“鼓吹者”，而现在“在争取政治斗争中的领导权”。因此，他宣称自己是能拯救德国的“英雄”：“我们所渴望的那个组织的领导人，你内心深处渴望的那个组织的领导人，必须是那个所有德国青年眼中的英雄，那个被召唤的英雄。”[24]

在巴伐利亚的希特勒支持者认为，他在审判中的表现彰显了领导人的人格力量。埃米尔·克莱因说：“我跟自己说、他表现得很好，在法庭上表现得十分得体。一个人一定要能站起来为自己辩护，即使是在做错了事情的时候，这很重要。我认为，希特勒在这次审判中做到了这一点。”[25]这次审判被广泛报道，希特勒由此而首次在整个德国广为人知。跟埃米尔·克莱因一样，现在很多人都认为希特勒是一个正直、勇敢、有胆量的人，是一个“克里斯玛型英雄”。这主要是因为，在强有力的证据表明他错误估计了政变形势的情况下，面对法庭对他的叛国罪指控，希特勒仍然敢于反抗。

但希特勒在审判前就知道法官可能会对他宽大处理，因为主审法官格奥尔格·奈特哈德对以往案件[26]的审理表明，他是同情希特勒和纳粹事业的。希特勒也知道，卡尔和巴伐利亚当局在这次暴动中所扮演的角色可能会让法庭感到尴尬。卡尔本人不是曾经当着啤酒馆内那么多人的面同意参与这一“叛国”行动吗？

对于那些了解这些情况的人来说，法庭会做出宽大裁决绝不意外。伦敦《泰晤士报》报道说，“整个慕尼黑都在嘲笑这一判决”，因为它表明，“违反德国宪法的行为在巴伐利亚都不算重罪”。[27]

希特勒被判处了最轻的刑罚——五年监禁，并且很可能会提前出狱。同时，他还能在服刑期间有所收获，有时间思考如何把自己明确刻画成一个“克里斯玛型英雄”，承担着拯救德国的“使命”。

第四章

规划愿景

真正的克里斯玛型政治领导者必须对未来有清晰的愿景，在独到洞察现实本质的基础之上，清晰勾画出世界应有的面貌。正如马克斯·韦伯所说，克里斯玛型领导者不仅要是“英雄”，还要是“先知”。[1] 1924年，希特勒曾试图在《我的奋斗》中证明自己拥有这些特质。尽管这本书写得真的很粗糙，其写作风格实在是令人震惊，但对于了解希特勒作为一个克里斯玛型领导者的成长而言，《我的奋斗》还是至关重要的。

三年前，当纳粹党内的高层人物有意与《西方的复兴》的作者迪克尔教授合作时，希特勒面临着很多问题。现在，尽管希特勒已经战胜了这一挑战，他的权威已经得到加强，他已经开始崛起，但曾经因为这位知识分子的出现而让自己显得缺乏政治思维的记忆仍会让他感到刺痛。他写《我的奋斗》的目的，就是要表明自己不仅是啤酒馆里的煽动者，还是极具远见的政治思想家。

这本书确实展现了希特勒对世界的清晰愿景，虽然这一愿景非常骇人听闻。在希特勒看来，我们生活的世界冷酷无情，永恒不变的唯有斗争。斗争的结果不是你死就是我亡。在残酷的霸权之争中，没有道德可言。希特勒说："想活下去的人就去战斗吧，在这个永恒斗争的世界上，不想战斗的人就不配活下去。"[2]

《我的奋斗》忽略了基督教的影响，并且这一事实并没有得到应该得到的承认。一千多年来，德国一直是一个基督教社会，对基督上帝和死后基督救赎的信仰是数百万德国人生活的中心。但在《我的奋斗》中，希特勒几乎没有谈到这一慰藉。尽管他后来根据时间和形势的变化改变了关于宗教的说辞，但关于宗教他在《我的奋斗》中只说了一句："如果不相信死后某种形式的生存，日耳曼人的宗教就是无法想象的。"[3]他的核心信仰在这里都表达了出来。这本书的实质是一种荒凉的虚无主义。希特勒既没有详细描述死后可能的生存"形式"，也没有说明他自己是否相信这一点。因此，对于《我的奋斗》，最合乎逻辑的解读就是，尽管希特勒准备相信最初的造物主上帝，但他并不接受传统基督教对天堂和地狱的看法，也不接受人死后"灵魂"的继续存在。他后来的很多私人声明都证实了这一分析。[4]在希特勒看来，人能经历的只有当下。我们都是动物，跟动物一样面临着杀戮或被杀戮的抉择。

希特勒用具体而又悲凉的细节描述，强调了人类的动物本质。五十年后，欧内斯特·贝克尔在其普利策奖获奖作品《死亡否认》(*The Denial of Death*)中探讨了这一观念的影响。在书中，贝克尔说道："生物的日常活动就是用各式牙齿撕裂别的生物——用磨牙咀嚼鲜肉、茎秆、骨头，带着欣喜把嚼烂的食物急不可待地送入咽喉，将其中的精华融合进自己的组织，然后排泄出散发恶臭的残留物。弱肉强食是普遍的法则。"[5]

希特勒无疑是赞同贝克尔所表达的观点的。他认为，生命就是弱肉强食。但他不会赞同贝克尔在此基础上得出的结论。贝克尔认为，要让人类去想象一个自己注定会在经历一生的兽性斗争后消亡的世界，实在是让人难以承受。“……你能体会到，对于动物来说，这是多么难以忍受的处境。有人认为，人会因为完全理解自己所处的境遇而发疯，我认为这种看法是正确的，字面上非常正确。”[6]与贝克尔不同，希特勒认为，生命弱肉强食的本质极为振奋人心。他是一个准达尔文主义者，也是一个种族主义者。在他看来，不仅强者应该消灭弱者，优越种族也应该团结起来消灭劣等种族。希特勒曾经写道，“雅利安”种族是一个对“全部人类文化”负有责任的“优越”种族。[7]他的核心思想是，个人因为是“种族”的一部分而有意义。个人只有从属于种族“共同体”的利益才能过上最好的生活。你的生命也因此而有了意义——在你死后，你可能无法再以个体的方式存在，但如果你过了正确的一生，你所属的种族共同体将会繁荣兴旺。

在希特勒看来，犹太人是这场种族霸权之争的主要对手。《我的奋斗》几乎无处不流露着仇恨，而他的仇恨针对的主要就是犹太人。希特勒写道：“他［即犹太人］是典型的寄生虫，就像有毒的细菌一样，只要遇到有利的环境就会不断滋生。”[8]尽管并没有呼吁杀光所有犹太人，但希特勒的话说得已经很清楚，如果“一万二千或一万五千名品质恶劣的希伯来人能被关进毒气室……”，第一次世界大战期间德国士兵在前线的“牺牲”就“不是徒劳的”。[9]希特勒还把犹太教与马克思主义联系在一起，说“命运”召唤德国人在“俄国及其周边附庸国”开拓殖民地。[10]他呼吁他的读者“永远不要忘记俄国现在的统治者是沾满血污的臭名昭著的罪犯”[11]。

希特勒的看法冷酷而又暴力，这种看法的形成受到了很多方面的影响。从社会达尔文主义者那里，他获取了生命的本质就是斗争的思想；从《论人类种族的不平等》一书的作者阿瑟·德·戈比诺及其追随者那里，他接受了雅利安人具有种族优越性的观点；受第一次世界大战结束前德军曾在东线从新生的苏联手中夺取农业用地的启示，他认为应该在东方建立一个帝国；出生在波罗的海国家的纳粹分子阿尔弗雷德·罗森贝格则促使他认为，犹太教与布尔什维克主义是联系在一起的。他将这些有害的思想元素融合在一起，形成了自己独特的致命哲学。他的想法现在已经很明确了。

希特勒的观点是：生命就是各个种族争夺生存空间的斗争；犹太人是雅利安人在这场斗争中获胜的最大威胁；苏联被犹太人控制着，而苏联又拥有雅利安日耳曼人需要的最佳农业用地。因此，在苏联西部的农业发达地区建立一个雅利安日耳曼帝国可以同时解决三个问题——消除布尔什维克主义的威胁，消除犹太人的威胁，并为德国赢得宝贵的“生存空间”。

在这一似是而非的观点中，各要素是相互支撑的，这就让希特勒的愿景显得极为有力。如果你不认同犹太人是一个威胁，不认同犹太人控制了苏联，或是不认同希特勒政治思维的任何一个方面，那么他只会认为是你的“错”，认为你没能看清眼前的形势，而不会考虑你的意见。而你一旦接受了其观点中的一部分，就会进入一个无限的循环，一个接一个地全盘接受他的所有看法。

以仇恨、斗争和征服为核心，希特勒想要通过自传讲述一个连贯的故事，表明他的观点自始至终都是一致的。但正如我们所看到的，过去二十年的历史研究已经表明，其自传中的很多内容完全是在粗暴地篡改历史。在《我的奋斗》中，希特勒自称在1919年之前就已经形成了明确的观点，但事实并非如此。

尽管如此，《我的奋斗》仍然是一部离奇的作品，尤其是并没有证据表明大多数德国人认可支撑希特勒愿景的两大思想支柱：系统性地迫害犹太人，占领苏联西部领土并将其变为德国的殖民地。毕竟，要把苏联的部分领土“殖民地化”肯定会引发另外一场战争。

那么，什么样的政治家会提出可能导致自己无法当选的政策呢？有人可能会说，是那些信念坚定的政治家，那些会先阐明自己不受青睐的政策，再说服公众支持自己的政治家。但希特勒显然不是这样的政治家。1929年，当纳粹党开始有机会取得政治上的突破时，希特勒仍旧十分谨慎，他并没有竭力推行这两项政策中的任何一项。当然，他依旧反犹，依旧仇视苏联，他从未公开摒弃这些观点，但他力图强调其他一些更受欢迎的观点，比如拒绝承认第一次世界大战结束时签订的和约，呼吁建立一个团结一致的新德国。

但是，即使希特勒后来并没有竭力推行他在《我的奋斗》中提到的核心议程，这本书仍然留存于世，任何对阿道夫·希特勒的观点感兴趣的人都可以读到它。许多纳粹支持者说，他们并不认为希特勒所说的就是他所想的，这不足为奇。支持纳粹某些政策的经济学家约翰内斯·察恩说：“读《我的奋斗》就像读《圣经》一样，没有人相信自己能百分之百地按照它的要求去做。”[12]外交官曼弗雷德·冯·施罗德认为，《我的奋斗》是一本很容易被人嗤之以鼻的书。“你要知道，没有人会觉得《我的奋斗》很重要。就是一个年轻人写了一本书而已。政治家们会怎么看他们二十年前写的东西呢？没有人会当真。我还是个学生的时候就曾经读过这本书，觉得它没什么意思，后来就再也没有翻开过。也许有人会再读它，但我们没有。”[13]曾经参加过第一次世界大战，后来加入了德国外交部的赫伯特·里希特说，他刚开始读这本书时就发现，书里面所写的内容实在是太疯狂了，让人没法继续读下去。“大多数受过教育的人都会有这种感觉。”[14]

这些在第二次世界大战后做出的评论，可能会让人觉得有自利的考虑。但即使是在战前，也有很多人觉得《我的奋斗》即便不是完全没法读，也很难让人读下去。贝尼托·墨索里尼就是一个例子，他觉得这本书实在太过枯燥乏味，根本没办法读完。[15]同样，对于书中谈到"将犹太人关进毒气室"的部分，读者必须谨慎对待，因为书中其他部分虽然也充满了对犹太人的仇恨，但只是呼吁迫害犹太人并剥夺他们的公民身份，而并没有说要对犹太人进行集体屠杀。

然而，尽管并没有证据表明20世纪20年代的大多数德国人支持希特勒在《我的奋斗》中所表达的疯狂观点，却有大量证据显示，跟约翰内斯·察恩一样，很多德国人认为犹太人在德国的影响"过大了"。跟赫伯特·里希特一样，他们认为第一次世界大战结束后战胜国对德国的处置过于严厉，德国失去的领土，尤其是东部的领土，应该被归还。所以，当希特勒呼吁迫害犹太人并夺取苏联的土地时，他不过是又一次以极端的方式表达出了许多德国人的心声，不同的只是普通德国人的观点较为温和罢了。[16]

迄今为止，任何读过《我的奋斗》的人都会觉得它的作者是个偏执到近乎精神错乱的人。这在一定程度上是因为整本书都弥漫着暴力的气息。康拉德·海登写道："他所有的计划，甚至包括他的友谊在内，都充满了血腥的暴力，这让他的外交政策有了邪恶的意味。不论是谈及艺术、教育还是经济，他总是会看到血腥。"[17]同样，《我的奋斗》也体现了希特勒巨大的野心和极度的自负。写这本书时，希特勒三十五岁，刚刚因为带领一小撮支持者在巴伐利亚发动了一场毫无希望的革命而被定罪。但在书中，他却用了大量篇幅谈论德国的外交政策。要知道，德国可是欧洲最重要的国家之一。值得注意的是，除了他自己之外，希特勒不相信任何人能担当起纳粹党的发展重任。他不仅视自己为各种事件的核心人物，还认为自己是这些事件的唯一策划者。在《我的奋斗》

中，希特勒写道：“在这个世界上，鲜少有人能够集理论家、组织者和领导者的才能于一身，这样的人都是伟人。”[18]毫无疑问，希特勒现在想让全世界都认为他就是这样的“伟人”。

《我的奋斗》共两卷，先后于1925年和1926年出版。它的销路并不是很好，至少最初情况如此。例如，到1929年时，第二卷的销量还不到一万五千册。后来，希特勒的成功上台让这本书的销量达到了出版界的巅峰，到1945年时，仅在德国就卖出了一千万册。[19]

1924年12月20日正午刚过，希特勒就从兰茨贝格监狱被释放了。他被判刑五年，而实际服刑的时间还不到三十八周。巴伐利亚州的检察官曾反对提前假释希特勒，但巴伐利亚最高法院却下令释放他。

在希特勒短暂离开的那段日子里，纳粹党已经开始瓦解。阿尔弗雷德·罗森贝格被希特勒选中在其被监禁期间负责监管纳粹运动，但他根本无力控制党内的各个派系。罗森贝格既软弱又充满学者气，希特勒任命他暂时代替自己的位置恰好证明了一点，那就是，希特勒永远不会让任何人对他的权威构成严重的威胁，即使这意味着他所任命的人并不能胜任。

离开兰茨贝格监狱后，希特勒已经不仅仅是纳粹党的领导人，还成为民族运动的主要领导者。并且，他现在坚信纳粹应该试着通过选举这一新的方式来获得权力。[20]他曾经公开表示：“比起杀光他们，以多数票击败他们要花更长的时间，但至少这个结果将得到他们自己的宪法的保证！”

然而，尽管在出狱后被允许重建纳粹党，但几乎是在整个德国，希特勒都被禁止公开发表演讲。不过，他的政治对手似乎也在逐渐淡出。1925年3月，在德国总统选举中，希特勒在啤酒馆暴动中的合作伙伴埃里希·冯·鲁登道夫仅获得了略多于1%的选票。这场惨败摧毁了鲁登道夫的政治力量，再也不会有人说希特勒不如鲁登道夫了。

希特勒在努力巩固自己的领导地位。在刚刚出狱后的那几个月里，他面临的最大挑战来自格雷戈尔·施特拉塞尔。应希特勒的要求，施特拉塞尔已经离开他在巴伐利亚的药店，搬到了德国北部，帮助组织纳粹党。他借此机会在北方发起了一场关于纳粹政策确切内容的辩论。他的一个年轻追随者约瑟夫·戈培尔也参加了这场辩论。戈培尔拥有德国文学博士学位，在1924年年底才加入纳粹党，是党内的一名新人。

施特拉塞尔并没有想要推翻希特勒对纳粹党的领导，但他建议改变纳粹党的政策，这在希特勒看来是非常危险的。从表面上看，施特拉塞尔和希特勒的分歧在于，纳粹党是否应该走更接近于社会主义的发展道路；但这并不是问题的关键。一个更为宽泛的问题是，纳粹到底是一个允许内部辩论的“普通”政党，还是一场由一位克里斯玛型领导者独立领导的“运动”。

希特勒面临的另一个问题是，施特拉塞尔和德国北部的其他纳粹党领导人，与慕尼黑纳粹党领导层（希特勒除外）的意见似乎并不一致。而希特勒处理这一分歧的方式，表明了他解决党内高级成员之间争议的首选办法。他的办法就是什么都不做。在他看来，这是个聪明的办法。他的直觉告诉他，不论支持哪一方，都会疏远失望的另一方。这种领导风格与他的深刻信念是相悖的，因为在他看来，人们应该为解决问题斗争到底。这样的不作为也符合他那有点懒散的性格。最重要的是，他一定觉得，就算格雷戈尔·施特拉塞尔和一些北方的纳粹分子受不了巴伐利亚的尤利乌斯·施特赖歇尔和赫尔曼·埃塞尔，又有什么关系呢？

然而，一旦希特勒觉得自己作为纳粹党绝对独裁者的个人权威受到了质疑，他的态度就不会这么轻松了。1925年11月，北方的纳粹领导人让格雷戈尔·施特拉塞尔提议修订希特勒和德雷克斯勒在1920年制定的党纲。施特拉塞尔乐意效劳，但他提出的一些新政策，比如重新分配土地，威胁到了希特勒想让纳粹党对商界更有吸引力的意愿。因此，希特勒于1926年2月14日在巴伐利亚北部的班贝格召集了一次特殊的党内会议。施特拉塞尔和戈培尔参加了这次会议，一同出席的还有希特勒在慕尼黑的忠实支持者埃塞尔、施特赖歇尔和费德尔。

不出所料，希特勒并没有与施特拉塞尔辩论。他花了两个小时的时间，用说教的方式表明了，他和纳粹党对于施特拉塞尔及其支持者想要重新讨论的所有政策问题都坚决反对。这让戈培尔很是抓狂。希特勒认为，纳粹主义的任务是摧毁布尔什维克主义，但戈培尔想与苏维埃合作对抗西方的犹太势力。而让戈培尔失望的并不止于此，还有这次会议的进行方式。希特勒一发完言，他的支持者们就点头表示赞同，与会者短暂地交换了一下意见，施特拉塞尔简短地说了几句，会议就这样结束了。党纲还是跟1920年制定时的一样，一个字都没变。

戈培尔写道，他觉得自己和施特拉塞尔根本就不是“那群蠢猪”的对手，他再也“不能完全相信希特勒了”。[21]他很“绝望”，但他还有一种感觉，那就是，希特勒在某种程度上受制于慕尼黑的那些党内领导人，而施特拉塞尔及其支持者的唯一出路就是直接与希特勒交换意见。

戈培尔认为，只要希特勒远离了他的那些“流氓”顾问，事情就能够得到解决。他的这种想法后来在纳粹德国极为普遍。这种“只要希特勒真的知道了”，那么一切问题就都可以解决的意识，将成为纳粹政权转移对领导人的批评的重要安全阀。但有趣的是，戈培尔表达这种看法不仅是在纳粹党的发展早期，而且在直接面对了强有力的反面证据后也是如此。在班贝格，批评施特拉塞尔和戈培尔观点错误的，并不是纳粹党内的"流氓",而正是希特勒本人。那么,戈培尔为什么还会认为找希特勒交换意见是一个有希望的出路呢?要知道,即使在当时,在自己认为重要的事情上,阿道夫·希特勒也是这个世界上最不可能改变看法的人。

无疑,答案在于,戈培尔把阿道夫·希特勒设想成了自己希望看到的那个人。戈培尔明白,自己身处于一个赋予了领导人绝对权威的政治体系,要想改变党的政策,唯一的办法就是相信党的领导人的看法是可以改变的。

希特勒了解这一切。他也想修复与戈培尔的关系。显然,他意识到了这个二十八岁的激进知识分子对纳粹党的潜在价值。所以,希特勒给戈培尔写了一封信,并邀请他于1926年4月到慕尼黑发表演讲。在此之后,戈培尔对希特勒的态度就彻底转变了。他不再试图说服希特勒改变对那些在班贝格会议上引发不安的关键问题的看法,而是完全陶醉在了阿道夫·希特勒的克里斯玛之中。他在日记中写道:"我热爱他。他已经想清楚了一切。如此才华横溢的他足以成为我的领导者。我愿意听命于更伟大的政治天才。"[22]不久之后,他又写道:"阿道夫·希特勒,我热爱您,因为您既伟大又纯粹。这就是所谓的天才。"[23]

戈培尔的批评者[24]认为,他之所以会改变对希特勒的看法,是因为与北方的施特拉塞尔等人相比,慕尼黑纳粹党,尤其是希特勒拥有更多的特权和权力,他被这些所吸引了。但是,戈培尔的日记和他当时的行为却对此给出了完全不同的解读,那就是,戈培尔全心全意地接受了纳粹党不是一个政党而是一场"运动"的观点,认为希特勒更像是一位准宗教先知而不是一名政治领导人。戈培尔已经决定放弃施特拉塞尔关于政策细节的辩论,转而信赖希特勒对所有重大事件的判断。

正如希特勒所说,要理解纳粹党成员当时的行动,"信仰"的重要性是关键。他曾在1927年说过："放心，我们也把信仰而非认知放在第一位。人必须信仰一项事业。只有信仰才能造就一个国家。是什么激励着人们为宗教思想而战斗？不是认知，是盲目的信仰。"[25]希特勒对"信仰"的至关重要性的强调，与贝尼托·墨索里尼是一致的。1912年，墨索里尼曾写道："我们想要相信，我们必须相信；人类需要信条。信仰可以移山，因为它让我们有了山的确会移动的幻想。这种幻想可能是生活中唯一真实的东西。"[26]

鲁道夫·赫斯是当时最为接近希特勒的人之一，他也认为让追随者对纳粹形成一种超出传统政党预期的忠诚至关重要。他在1927年时说过："伟大的民众领导人就像是伟大的宗教创始人，他必须向听众传达绝对肯定的信仰。只有这样，大批追随者才能被引领到应该被引领到的地方去。即便日后遇到挫折，他们也依旧会追随自己的领导人；但前提是他们必须无条件地相信自己的人民是绝对正确的。"他还说，希特勒"一定不能像学者一样权衡利弊，他绝对不能让他的听众自由地去认为其他事情是对的"[27]。

在赫斯表达出这些观点时，希特勒早就已经这么做了。希特勒会自然而然地展现出赫斯所提到的"伟大的民众领导人"的众多特质。其中最重要的一点就是，他坚信自己的判断是正确的，就像他在班贝格让戈培尔看到的一样。同时，他也坚信，终有一天，所有事情都会向着有利于纳粹的方向发展。本质上，"保持信仰"的必要性，是他想传递给追随者的最重要的信息。

显而易见的是，希特勒的追随者并非人人都接受这一点。格雷戈尔·施特拉塞尔和奥托·施特拉塞尔就肯定没有接受。格雷戈尔坚持把希特勒视为一个"普通的"政治领导人，并公开提出质疑，认为他的判断会导致进一步的冲突。但当时加入纳粹党的大多数支持者几乎别无选择，他们只能听命于希特勒，就像班贝格会议后的戈培尔一样。纳粹党的结构和制度已经不可改变，一切都表明，作为党的领导人，希特勒"绝对不能让他的听众自由地去认为其他事情是对的"。借用欧内斯特·贝克尔的话，纳粹支持者对希特勒无所不能的坚信，换来的是"牢固的集体救赎意识"[28]。

1927年1月，萨克森首先解除了对希特勒的演讲禁令，同年3月，巴伐利亚紧随其后。1928年9月，随着普鲁士对这一禁令的解除，全德国对希特勒的演讲禁令都逐渐解除了，这主要是因为希特勒看起来似乎不再是个威胁了。然而，尽管希特勒又可以公开发表演讲了，尽管纳粹党的党员人数在1928年时已经达到了十万人左右，但客观上，纳粹党似乎并没有取得突破的机会。在1928年5月的选举中，纳粹党仅获得了2.6%的选票，其支持率降到了最低点。超过97%的德国选民仍然拒绝接受阿道夫·希特勒和他的政策。

在1928年的选举中，纳粹党共获得了德国议会的12个席位，戈培尔和戈林占据了其中两个。对于自己在这个民主国家的议会中的责任，戈培尔认识得很清楚："我们进入议会的目的，就是要在民主的兵工厂里，用它的武器来支援我们自己……如果民主愚蠢到为我们这样做提供免费的车票和工资，那这就是它的事情了……我们蔑视臭气熏天的粪堆中的合作。我们到这儿来是要清除污秽的……我们不是朋友，也不是中立者。我们是敌人。我们来到这里，就像是狼闯入了羊群。"[29]

对民主充满仇恨的不止戈培尔一人，极右翼分子普遍如此。同样参加了1928年议会选举的冯·埃普上校就是一个例子。作为最臭名昭著的自由军团之一的昔日指挥官，他宣称："我就应该成为一名议员。你会怀疑我是否具备做议员的能力。我并不具备，也永远不会具备，因为没有什么取决于这些能力。”[30]当选后，他在日记里写道，议会就是“各种烂泥企图治理国家的地方。教会是一摊烂泥，资产阶级是一摊烂泥，军队也是一摊烂泥”。

但对于纳粹来说，事实就是，民主的“烂泥”赢得了1928年的选举。实际上，在当年，纳粹的资金极为短缺，他们甚至无力为在纽伦堡举行的党的集会筹措经费。[31]不过，当时德国社会中的骚动又给显然需要通过危机来取得政治进展的纳粹党带来了些许希望。全球市场的食品价格下跌让德国农民苦不堪言。由于魏玛政府的相对繁荣一直是建立在利用美国的贷款向英国和法国支付战争赔款的基础之上，因此德国的经济十分脆弱。而现在，这一脆弱的经济体系已经显现出了崩溃的迹象。

德国外交部长古斯塔夫·施特雷泽曼一直在努力稳定德国的形势。1928年8月，他说服德国政府签署了《白里安—凯洛格公约》，承诺德国将和平解决国际问题。1929年2月，他又通过可以减轻德国赔偿负担的“扬格计划”的谈判进一步表达了善意。

在这一历史时期，施特雷泽曼是不同寻常的。作为一个资深的政治人物，他对希特勒和纳粹党有着强烈的担忧。西奥多·埃申伯格回忆说：“我经常和当时的外交部长施特雷泽曼在一起。他是个自由派，右翼自由派。我记得很清楚，那是在1929年的圣灵降临节。那天晚上，施特雷泽曼开始谈论希特勒，说‘他是德国最危险的人物。他言辞邪恶，对大众的心理有着其他人所不具备的直觉。退休后我会在德国四处游历，远离这个人’。当时还有几个外交部的人也在场，我们并不明白施特雷泽曼的意思，还说‘就这么个小党？让这家伙瞎嚷嚷去吧’。”[32]

1929年10月3日，就在华尔街股灾爆发前不久，古斯塔夫·施特雷泽曼因中风去世。在新一轮的经济危机中，数百万德国人首次响应了希特勒富有克里斯玛的领导。现在，当希特勒发出呐喊时，人们会去倾听了。

第五章

在危机中提供希望

1929年至1933年间，数百万德国人背弃了他们之前的党派信仰，转而支持阿道夫·希特勒和纳粹党。在做出这样的选择时，他们完全了解，希特勒不仅想要破坏德国的民主制度，还支持可耻的暴力行为。

1932年发生的两件大事可以说明，那时发生在这个欧洲中心地带文明国家的一切都是不同寻常的。在一次竞选演说[1]中，希特勒嘲讽了德国的多党民主，以及当时与纳粹党对立的三十多个党派。他宣称自己的“一个目标”就是要“把这些党派全部逐出德国”。他骄傲地吹嘘道，纳粹党是“没有包容性的”，“与仅仅成立一个新的联合政府相比，[在大选中] 还有更迫切的事情需要完成”。对于建立一个极权国家的意愿，他的表达可以说是再明确不过了。那次演说也是最早的同步录音录像的演说之一。第二件事发生在8月份，希特勒对五名纳粹冲锋队队员表达了“无限的忠诚”[2]和支持。他们由于在西里西亚的波滕帕谋杀了一个共产党的支持者而刚刚被判处死刑。希特勒既没有否认这场谋杀，也没有质疑他们的罪证。他只是说，对他们的判决是“骇人听闻的”。就这样，渴望成为德国总理的希特勒公然表示了自己对于法外处决的支持。

在这样的情况下，为什么还有那么多德国人愿意支持希特勒执政呢？希特勒的被人认为的“克里斯玛”又是如何帮助纳粹党在大选中获得绝对胜利的呢？

民主政体显然无力应对经济危机，是希特勒支持率上升的最重要前提。1930年3月，联合执政的社会民主党和自由人民党因无法就应对危机的最佳途径达成一致而分崩离析。在像布鲁诺·哈赫内尔一样的众多纳粹支持者看来，这说明是时候该做出彻底的改变了。哈赫内尔和他的朋友们把德国议会称作“闲聊圈”，因为他们认为很多政党都是特定利益集团的代表，所有政党都是只说不做。“我们认为应该由一个强人来统治德国，而我们的确有这样一个人……现在，人们总是在谈论魏玛共和国，但它其实是个灾难，至少对于我们来说是个灾难……1929年之后，我敢和包括我父亲在内的任何人打赌，纳粹党人终有一天会执政。”[3]

在当时的德国，一种意识开始形成，那就是在“强人”的统治之下，整个国家终将团结起来。人们认为，需要通过“团结”来控制“困难的(经济) 形势”。1930年，正是在这种想法的带动下，十八岁的学生弗里茨·阿尔特加入了纳粹党。受其兄长的影响，阿尔特之前曾一度想信奉马克思主义，但后来他觉得马克思宣扬的超越国界的“社会主义团结”是不可能实现的，因为每一个国家都在追求自己的国家利益。弗里茨·阿尔特说：“国外的社会主义者抛弃了我们，所以我认为 [纳粹主义] 这个解决办法更好。并且，纳粹思想的代表实际上更可靠。他们之前曾经是士兵，是工人，是你们所说的‘按照自己的信仰生活的人’。现在听起来，这可能像是宣传鼓动，但其实并不是。这就是我对纳粹的看法……我们的小组里有一个砖瓦匠，有一个工厂主，还有一个贵族。

我们就是一个很简单的团体，彼此相互支持。纳粹的第二个特点就是你们所说的‘我们必须相互分享’。换句话说，就是民族共同体。富人接济穷人。那个时候德国真的是太贫穷了。”[4]

弗里茨·阿尔特对纳粹主义的“正面”描绘与阿道夫·希特勒想要说的完全一致。但阿尔特也知道，纳粹主义的核心理念之一就是种族主义，即这个新的“民族共同体”不包括其他德国人，尤其是犹太裔德国人。十年后，作为纳粹党卫军的一员，阿尔特在波兰的纳粹种族清洗中发挥了主导作用。他说：“我认为种族主义这个词用得并不正确。”他更喜欢说纳粹信仰“自然秩序”，反对“多元文化主义”。他说：“根本没有什么［种族］融合理论，这样的理论从来就没有存在过。”

1930年1月，在华尔街股灾爆发四个月后，德国失业人口的数量超过了三百万。如果再把兼职工人统计在内，这一数字可能会达到四百万。在这种危机之下，许多德国人愿意听希特勒说“团结”和国家统一。在1930年9月的大选中，纳粹党实现了引人注目的突破，其得票率从之前的2.6%猛增到了18.3%，成为议会第二大党，拥有超过一百个席位。或许，更重要的是，纳粹党根本没有向选民介绍详细的政策纲领，就收获了如此非凡的战果。德国民众似乎完全是出于感性，出于阿道夫·希特勒个人的克里斯玛而投票支持了纳粹党。

当阿尔贝特·施佩尔在一个啤酒馆听到希特勒对学生们发表演说时，他所形成的就是这样的印象。“我完全被他的热情所吸引，他所说的每一句话都充满了热情……到了最后，希特勒好像已经不是在说服我们，而是在表达着听众对他的期待，那时，所有听众已经团结成为一体。”[5]

希特勒的演说深深打动了施佩尔。演说结束之后，施佩尔在松树林里走了很久，思考着自己刚刚听到的那些内容。他总结道：“于我而言，这是希望。”[6]施佩尔在他的自传中强调，他决定成为“希特勒的追随者”，而不是纳粹党的成员（尽管他在1931年1月加入了纳粹党），这是一个感性而非理性的决定。“今天回想起来，我常常觉得当时有什么东西猛地把我从地上拽了起来，让我脱离了之前所有的根基，赋予了我许多不可思议的力量。”[7]

但是，与很多被希特勒的演讲所打动的人一样，施佩尔本来就倾向于接受他的观点。施佩尔将他的老师海因里希·特森诺教授当作英雄一样崇拜。特森诺教授曾经说过，面对城镇化的大肆扩张，恢复单纯的“农民”美德至关重要，他也渴望能有一个“简单的”人物出现以领导德国。在施佩尔看来，这些话所指的就是“先驱希特勒”[8]。

当然，在纽伦堡审判中，施佩尔为自己辩护时表示，他只是为希特勒个人所陶醉，而不是冷血地支持纳粹党的种族主义和反犹政策。但是，施佩尔几乎肯定知道纳粹对犹太人实施大屠杀的情况，并且他也参与了纳粹政权之后的暴行（战后，他拒绝承认这些），这些早期的证据看起来还是真实的。这不仅是因为1931年时的施佩尔还只是一名建筑师，而不是纳粹的军备部长，还因为在当时及后来，其他很多德国人也都表达过类似的观点。对于包括施佩尔在内的这些德国人来说，20世纪30年代初，希特勒的克里斯玛吸引力的关键成分在于一种联系感。希特勒能够明确地说出他们的需求，而他们也用感激给予回应。

1930年至1932年间，经济危机持续恶化。到1932年初，德国的失业人口已经超过了六百万。赫伯特·里希特说：“看到那么多人游荡在街头，寻找着各种卑微的工作，这真太令人沮丧了。当你走下火车时，仅仅为了挣几个硬币，他们就会帮你拿行李。”[9]

当时还很年轻的经济学家约翰内斯·察恩说：“六百万人失业，这意味着什么？这意味着，按照每个家庭有三个人来计算，六百万人失业就等于一千八百万人没有饭吃！而当时一个男人只要没有工作，就只能选择加入共产党或者纳粹的冲锋队。”[10]到1932年初，纳粹冲锋队的成员人数已经超过了二十五万，是一年前的三倍。身穿褐色衬衫，手持纳粹旗帜的冲锋队队员在德国随处可见，他们不仅在德国的城镇游行，还与共产党的青年团体战斗。经济上的绝望诱发了街头的暴力冲突。支持纳粹的人越来越多，支持共产党的人也越来越多，在政治上，德国社会似乎正在分裂。

阿洛伊斯・普法勒是与纳粹战斗过的众多年轻共产党员之一。20世纪30年代早期，还在做油漆工和装饰工学徒的普法勒，在巴伐利亚加入了德国共产党，因为他不仅鄙视纳粹的反犹政策，还认为纳粹根本就不关心全体德国人的福祉。“他们游行的时候，你会发现，他们根本不是代表工人的利益、人民的利益。他们本来应该在工作，或是做些其他有用的事情，可是他们只是在呼喊支持他们的元首，谈论他们想要建立的那个伟大帝国。”[11]

显然，冲锋队早就准备好了要向共产党宣战。有一次，普法勒在慕尼黑的贝格勃劳凯勒啤酒馆租了一间房子用来开会。他提早到达会场时，发现冲锋队的人已经占了两张桌子。“每个冲锋队队员面前都有一个大啤酒杯，那实际上是准备用来投掷的武器，你已经能想到攻击将会怎样开始，他们想要阻止会议的召开……我简直大吃一惊，该死！我马上派人骑着自行车去寻求帮助……增援。”

在更多的同伴到达之后，普法勒试着宣布会议开始。但是，第一位发言者刚要走向讲台，冲突就爆发了。纳粹冲锋队队员和共产党的支持者打了起来，椅子、酒瓶和杯子都成了武器。阿洛伊斯・普法勒在被击中后退出了战斗。“我跑进了洗手间，我的头受伤了，我在流血。为了避开警察，我从洗手间的窗户翻了出去，顺着排水槽往前爬，然后跳到一个棚子上，再跳到地上。接下来，我就消失了。我的脸上全是血，我必须到街上去坐有轨电车。但是，那里也有冲锋队的人，我觉得太危险了，就试着自己［走］回了家。战斗相当激烈，许多人被送进了医院，其中包括一些冲锋队队员，他们的面部都受伤了，当然也有一些是我们自己的人，很多人都受伤了。”

在公民的不满声中，希特勒试图把自己定位为一个可以引领德国人走出混乱的政治救世主。在这种不满的形成过程中，纳粹无疑起到了推波助澜的作用。正是在这样的背景下，希特勒强调的都是国家复兴的主题。他说要取消民主制，称民主制导致了德国的衰落。他说要“纠正”《凡尔赛条约》的“错误”。但是，希特勒并没有突显他对于弥漫在《我的奋斗》字里行间的反犹主义的执着。尽管仍然坚持认为德国的“犹太人问题”需要得到解决，但希特勒在1930年10月15日的表态是：“我们并不反对正派的犹太人；然而，他们一旦与布尔什维克主义合作，就会被视为我们的敌人。”[12]

1931年7月，庞大的德国达姆施塔特国民银行倒闭。[13]在德国，处于水深火热之中的已经不仅仅是数百万失业人口，还有大量中产阶级。尤塔·吕迪格家就是受到影响的家庭之一，她的父亲被迫接受了降薪。在这样的情况下，她很容易被阿道夫·希特勒的克里斯玛吸引力所打动。1932年，在一次选举集会上听过希特勒的演讲之后，她坚信希特勒就是她的救世主。“周围一片寂静，他平静地开始讲话，非常平静。他声音洪亮，语速缓慢，沉浸在他的热情里。他描述着将如何帮助德国人，如何带领他们走出阴霾。集会结束后，我的感觉是，这个人没有私心，他考虑的并不是自己的利益，而只是德国人民的福祉。”[14]

希特勒一直在推销一种强有力的理想主义的特殊纽带。据说，在第一次世界大战中，正是这种理想主义让在前线服役的德国士兵团结在了一起。[15]希特勒呼吁恢复战壕中的“同志情谊”，呼吁所有“真正的”德国人一起奋斗。尤塔·吕迪格说：“我听说，这位曾经在前线服役的士兵曾说过，‘在真正需要帮助的时候，贵族背景和金钱都没有用。唯一重要的是同志情谊，那种愿意相互帮助、相互支持的情谊。今天，在德国，如果我们发现自己遇到了麻烦，就必须团结一致。正如常言所说，所有人的劲儿都要往一处使’。”[16]

希特勒把自己在第一次世界大战中的“英勇”事迹，以及为回应前线作战的高尚士兵遭到“背叛”而后所承担的“使命”，与当前德国社会面临的困境联系在了一起。这可以帮助他实现自己的目标。在他看来，德国当前的困境是犹太人所鼓动的民主“空谈”造成的，并被从德国战败中获益的国家所束缚着。所以，汉堡的《回声周报》于1932年11月29日发表的一篇文章——称希特勒在第一次世界大战中的事迹多为他自己所编造——给希特勒正在不断提高的声誉带来了相当大的威胁。[17]这篇文章由第一次世界大战中希特勒所在团的一名军官撰写并匿名发表，称希特勒根本没有在前线服役，而是在远离战壕的后方做通信员，他之所以能够获得铁十字勋章，是因为他认识为士兵授勋的军官。希特勒意识到，这种对他的“英雄气概”的攻击可能会严重破坏他的形象。希特勒本能地知道，正如纳撒尼尔·谢勒教授在1902年时所说：“至少对于真正的文明人而言，为了信仰而勇敢地自我牺牲是至高无上的英勇。”[18]希特勒的克里斯玛吸引力是建立在他个人的“英勇”之上的，因此他承受不起对它的挑战。

于是，希特勒马上就对《回声周报》提起了诽谤诉讼。只有一名军官（不是该篇文章的作者）站出来支持《回声周报》，而纳粹却搜集到了许多证据准备捍卫希特勒的荣誉。由于这篇文章是匿名发表的，并且其中有一个很明显的错误，声称希特勒曾经是奥地利军队的逃兵，因此

《回声周报》输掉了这场官司。由此，希特勒利用这一本来可能损害其克里斯玛形象的事件为自己加了分。他在法庭上“证明了”自己是第一次世界大战中的“英雄”。

但是，希特勒所遭遇的不仅仅是对其战时表现的指控。此前一年，也就是1931年，社会上出现了一些关于其私生活的谣言。由于当时德国人是否会投票支持纳粹党在很大程度上取决于阿道夫·希特勒个人的克里斯玛吸引力，因此纳粹党要想获胜，至关重要的是，希特勒的私生活要和他的战时表现一样无可非议。

然而，对希特勒性生活的质疑要比对其战时功勋的质疑复杂得多。1931年9月19日，希特勒的外甥女格莉·劳巴尔被发现死于希特勒在慕尼黑摄政王广场16号的公寓。她用希特勒的手枪结束了自己的生命。包括多年来一直在猛烈批评希特勒和纳粹的《慕尼黑邮报》在内，多家报纸开始就希特勒在其中可能的牵连提出了一系列令人尴尬的问题。这些问题可能会破坏希特勒小心翼翼建立起来的作为“单身”男人，一个为了德国人民的福祉而牺牲了个人幸福的克里斯玛单身英雄的形象。

格莉是希特勒同父异母的姐姐兼管家安吉拉的女儿。希特勒对她十分痴迷。她曾经反抗舅舅令人感到窒息的关注，并和希特勒的司机埃米尔·莫里斯建立起了友谊，或许还有性关系。希特勒发现这些的时候勃然大怒，这把莫里斯吓坏了，他害怕希特勒甚至会杀了他。[19]

但关键问题在于，希特勒和格莉到底是什么关系？这个问题即便没有被直接提出，也已经不言而喻了。许多间接了解信息的人，主要是那些对希特勒心存怨恨的人，站出来称希特勒和格莉有性关系，并且这种性关系已经到了变态的地步，以至于让格莉决定结束自己的生命。

尽管并没有直接证据表明希特勒和格莉有任何不当的性行为——

如果有这样的证据，希特勒在20世纪30年代初可能就无法取得政权了，但格莉的死显然对希特勒造成了灾难性的影响。莱妮·里芬施塔尔在自己的回忆录中描述了1935年圣诞节和希特勒在其慕尼黑的公寓会面的场景。当时，希特勒打开了一扇锁着的房门，房间里面有一个“用鲜花装饰的”格莉的半身像。[20]希特勒告诉里芬施塔尔，他“非常爱”格莉，“格莉是他唯一想娶的女人”。1931年，在格莉死后不久，情绪激动的希特勒一直依赖格雷戈尔·施特拉塞尔来帮助自己走出危机。讽刺的是，后来指控希特勒性行为不端的正是施特拉塞尔的兄弟。

希特勒对格莉的痴迷，并不意味着他突然就想要拥有平等的亲密关系。他并不想和格莉建立起友谊或是情感关系。相反，他想要完全控制格莉。格莉的这段插曲不仅没有显示出希特勒的性格中也有温柔的一面，反而进一步证明了他无法以正常的方式和其他人亲密交流。

与《回声周报》事件一样，在格莉事件中，希特勒也设法维护了自己的形象，尽管他的外甥女是在他的公寓里自杀的。关于希特勒和格莉之间性关系的谣言，仍然仅仅是未经证实的传闻。格莉死后，希特勒恢复了他的镇定，但正如里芬施塔尔所发现的，他把格莉的房间变成了纪念她的圣地。希特勒决定继续和在海因里希·霍夫曼的照相馆认识的年轻、头脑简单的金发女郎爱娃·布劳恩调情，但这种调情是极为偶尔的。跟多年来一样，希特勒把大多数时间都花在了政治事务上。

现在，希特勒迫切需要回答的政治问题是，他是否要在1932年的总统选举中向保罗·冯·兴登堡发起挑战。这并不是说希特勒赢得胜利的可能性很大，即使当时纳粹在近期的选举中获得了一定的胜利，但作为国家领导人的兴登堡在广大德国民众中还是拥有更高的人气。尽管选举的失利会很丢人，但一场喧闹、激烈的竞选活动还是可能有助于提升希特勒的公众形象。对于希特勒而言，这是一个艰难的选择，一连几周，他都没能做出决定。

通常，克里斯玛型领导者不该犹豫不决，但毫无疑问，这是希特勒的一个性格特质。例如，戈培尔就曾经在1930年时抱怨希特勒迟迟不做出是否要将奥托·施特拉塞尔开除出纳粹党的决定。他在1930年6月25日的日记中写道："这就是典型的希特勒的风格，今天他又退缩了……他做出了承诺，却并没有履行。"[21]但是，正如我们已经看到的，希特勒的犹豫不决并不意味着他缺少根本性的决心。对于大事和最终的目标，他一向很清楚；而对于处理问题的具体方法，他通常较为模棱两可。在推迟做出决定的过程中，他可以等待并观察事件的进展，在他看来，这样更可能做出正确的最终决定。1930年夏天，在将奥托·施特拉塞尔开除出纳粹党的问题上，希特勒就是这么做的。在犹豫不决中，希特勒了解了党内其他高层人士的想法，也让施特拉塞尔反纳粹党的行为有了更加清楚的展现。

同样，是否竞选总统的决定也是希特勒有条不紊地做出的。他最终认为，同避免这场竞争相比，与兴登堡竞争能让他获益更多。约瑟夫·戈培尔尤其期待这场竞选。1930年4月，戈培尔被任命为纳粹宣传部门的负责人；两年后，他想要向世人证明自己已经成为一位令人敬畏的政治操盘手。希特勒的总统竞选将会远近闻名，因为他会乘坐飞机往来于各个会场，戈培尔想要借此为他打造一个就像准上帝一样从天而降的元首形象。1934年，莱妮·里芬施塔尔把这个场景用在了她的宣传影片《意志的胜利》的开头。但是，戈培尔在1932年所做的工作可远远不止于此。他要协调全德国的新闻报道，负责所有会场的舞台监督，还要使用革命性的海报，用黑色的背景映衬希特勒的头像。这些都是纳粹首创的宣传技巧的一部分，而所有宣传手段的创新，都是为了围绕阿道夫·希特勒个人打造克里斯玛的神秘性。

二十岁出头的军官约翰—阿道夫·格拉夫·冯·基尔曼斯埃格，是在竞选活动中听过希特勒演讲的人之一。“那时，希特勒是第一个，也是唯一一个使用了所有现代交通工具的政治家。其他政治家都只是出现在新闻短片里或是报纸上，而希特勒是亲临各地，从一个地方飞到另一个地方，从一个会场抵达另一个会场。”

“有一场集会是在卡塞尔举行的。当时，我正好在卡塞尔驻防，可以说仅仅是出于兴趣和好奇而与另外一个同伴开车去了会场。我想去看看希特勒，听听他讲话。那是一个很大的帐篷，据说里面有七千人……我发现，希特勒竟然还没到。当时你是意识不到的，但是今天我们知道了，那是他的手段。他是故意要让人们等。所以我们等了两三个小时。通常情况下，人们等待的时候，都会不耐烦，但是等待希特勒却让人们异常平静。这一点令我印象深刻。”[22]后来，希特勒到了，他讲话时，站在听众席后面的基尔曼斯埃格并没有觉得内容有什么特别。他说，希特勒说的都是“能在报纸上读到的那些东西”。但是，让基尔曼斯埃格久久不能忘怀的，是耐心等待希特勒到来时人们的样子。他认为，很明显，人们“在期待着一位救世主”。

希特勒对德国军官的吸引力更为直接。与向大众承诺的模糊笼统的国家救赎不同，希特勒带给他们的是战败“耻辱”中的救赎，是第一次世界大战后受损声誉的恢复。乌尔里希·德·梅齐埃当时是一位年轻的军官，他说：“我出生于1912年，所以我的思想观念是在20年代形成的，那时，魏玛共和国面临着严重的经济问题，整个德国背负着耻辱的《凡尔赛条约》。我们失去了领土，还要支付战争赔款，而最重要的是，我们忍受着无法接受的责备，被指控对第一次世界大战负有责任……现在，一个宣布要发动一场民族革命的人出现了。”[23]

在这段时间里，西奥多·埃申伯格也第一次参加了希特勒的集会。

正如我们已经了解到的，1929年时，埃申伯格是将希特勒视为政治威胁的；但现在，他的想法已经发生了改变。“在［柏林］体育宫，他以使人着迷的方式控制了整个群众集会，我再也没有经历过这样的场面。这让我极为钦佩，也让我心生恐惧。希特勒入场时，我坐在那里，左边、右边和后边的纳粹分子都在尖叫着、呐喊着。他就像上帝，像救世主。这真是令我既钦佩又恐惧。”[24]

埃申伯格认为，听众之所以会如此充满激情地回应希特勒，有两个原因：“一方面，他们对当时的经济危机感到绝望；另一方面，希特勒是洞悉群众心理的天才。”极为重要的是，作为一个老练的政治批评家，埃申伯格发现：“希特勒并没有做出任何承诺。他总是说‘一切只为德国人民’，说‘我们必须把人民从马克思主义中解放出来’；但他没有做过任何具体的承诺。我很容易就能看穿这一点……我很佩服他的技巧。”

在总统竞选中向兴登堡发起挑战的决定让希特勒得到了好处。和预想的一样，他没能获胜，但他在1932年3月13日举行的第一轮选举中获得了30%的普选票，在4月与兴登堡的直接决胜选举中也获得了近37%的选票。他已经走上了德国政治的中心舞台，成为仅次于兴登堡总统的重要政治人物，但他所面临的问题似乎是无法解决的。兴登堡认为，希特勒不是德国总理的合适人选。尽管总统选举结束三个月后，希特勒带领纳粹党在1932年7月的大选中获得了惊人的胜利，纳粹党也由此成为德国议会的第一大党，其所拥有的二百三十个席位占据了全部议席的近38%，但兴登堡并不想邀请希特勒组建政府。

兴登堡是排斥希特勒的，但这并不是因为他作为总统决心维护德国的民主。在过去的两年里，德国议会已经成为一个无关紧要的机构，根据《宪法》第48条的规定，总统通过发布总统令统治着德国。并且，兴登堡身边的很多重要人物都不支持民主，其中就包括国务秘书奥托·迈斯纳和1932年5月底接替布吕宁成为德国总理的贵族弗朗茨·冯·帕彭。他们都赞成通过某种形式的独裁解决德国当前的问题，既应对经济危机，又阻碍共产党的发展。他们并不反对背离民主，只是认为希特勒不是他们想要的德国总理。

国务秘书奥托·迈斯纳称，8月13日，兴登堡对希特勒说："在上帝面前，在良知面前，在祖国面前，他［即兴登堡］无法将政府的权力全部交给一个政党，尤其是一个对与其看法不一致的人存有偏见的政党。"[25]

希特勒成功的曙光似乎又暗淡了。五个月后，他是如何克服兴登堡毁灭性的评价而成为德国总理的呢？这是过去一百年中最引人入胜的政治故事之一。

第六章

坚定不移

某些纳粹分子认为，希特勒最终得以消除兴登堡总统对他的排斥心理并成为德国总理的这段历史，并不能证明一切都是“命运”使然。相反，这显示出了人们对希特勒的克里斯玛的不同感知。一方面，希特勒的克里斯玛影响了他的忠实追随者；而另一方面，仍然有很多人全然不为他的吸引力所动。

希特勒之所以能够成功，一个首要的原因就是他从不妥协。他拒绝接受总理之外的任何职务，即使他当上总理的可能性曾经非常渺茫。他确信一切都会好起来，这对他的追随者是一种鼓舞。1932年8月13日与兴登堡总统的会面对希特勒来说非常糟糕，在此之后，他与自己的纳粹同僚讨论了这件事的后果。戈培尔在日记中写道：“希特勒十分镇定，完全凌驾于阴谋之上。我真的太热爱他了。”[1]

对于兴登堡的排斥，希特勒的反应或许是平静的，但他周围的很多人就不一样了。他们提出，如果兴登堡在纳粹党是议会第一大党的情况下仍然抵制纳粹，那么他们为什么还要拥护选举而不采取暴力革命呢？作为纳粹党内的高层人士，格雷戈尔·施特拉塞尔尤其想要通过一种务实的方式来对付总统。

但是，希特勒是不会在其最重要的要求上妥协的，那就是他应该被任命为德国总理。1932年10月，时任总理弗朗茨·冯·帕彭在慕尼黑发表声明指出，希特勒不是一个“正常的”政治家，纳粹也不是一个“正常的”政党。他说纳粹运动是一种“政治宗教”[2]，其追随者都对希特勒有一个“神秘的救世主信念”。

尽管冯·帕彭承认当时数百万德国人都视希特勒为“神秘的救世主”，但他本人完全不觉得希特勒有什么克里斯玛。他第一次见希特勒是在1932年的夏天，当时觉得希特勒“普通得奇怪”[3]。尽管“之前听很多人说过希特勒的眼睛具有磁性”，但他根本就感受不到。冯·帕彭写道，他“根本察觉不到任何能够解释希特勒在民众中惊人吸引力的内在特质”。

冯·帕彭是贵族出身，再加上自身性格使然，1932年6月，当希特勒这个卑劣的蛊惑者站在他面前时，他充满了优越感。第二次世界大战结束后，帕彭对那次见面的描述仍然流露着傲慢与自负，尽管正是他的这些性格特点在战前推动了希特勒的上台。他就像个校长一样评论着自己见过的众多名人。例如，他对墨索里尼的评价是：“我认为这位意大利独裁者和希特勒截然不同。他身材矮小，但气质威严，大大的头显示着性格的刚毅。”与希特勒不同，墨索里尼是一个“极具魅力”的人，而希特勒总是有一丝“不确定”的气质。帕彭认为，“墨索里尼将对希特勒产生好的影响”。[4]

冯·帕彭对阿道夫·希特勒的个性和领导素质的判断是极为错误的，而这也是希特勒能够成为德国总理的第二个重要原因。和众多德国上层人士一样，帕彭严重高估了自己控制希特勒的能力。曾经做过军官和外交官的帕彭，以为自己知道该如何通过操控希特勒和纳粹党去满足德国上层人士的需求。那些上层人士想要废除民主制，在民众支持的基础上，建立一个新的独裁政权。帕彭推断，希特勒和纳粹享有民众的支持，而自己和朋友们有能力控制他们。帕彭认为，利用希特勒的最佳方式就是让他以某种从属身份进入政府，或许可以让他担任副总理。在帕彭看来，由于希特勒把自己定位为“神秘的救世主”，所以他很快就会妥协，听命于帕彭。但不幸的是，纳粹并不像帕彭所想的那样愚蠢。

根据赫尔曼·戈林在战后审判中的回忆，“[当] 帕彭被提名担任德国总理，有人认为希特勒应该成为这一届内阁的副总理。我记得当时我告诉冯·帕彭先生，希特勒可以担任任何级别的职务，但永远不会做副手。如果他担任某一职务，那自然必须是最高的职务，把我们的元首放在第二位是绝对不能忍受且难以想象的。”[5]

因此，1932年秋，德国的形势很有意思。虽然许多普通德国人认为希特勒是一个拥有克里斯玛的领导人，但德国上层的关键人物几乎都对他嗤之以鼻。同样具有启发意义的是，冯·帕彭和他的密友们认为，由于阶级不同，他们可以轻而易举地贬低希特勒的才能。希特勒不是军官，也没有接受过正规的教育，在冯·帕彭看来，“完全是个小资产阶级，留着小胡子和古怪的发型”[6]。兴登堡总统同样对希特勒不屑一顾，他把希特勒称为“波希米亚下士”[7]。

冯·帕彭的麻烦在于，他和他的内阁在选举中没有从民众那里获得继续执政的支持。1932年9月12日，新当选的德国议会主席（类似于英国下议院议长的角色）戈林精心推动策划了一场成功的不信任投票，以显著的方式证明了冯·帕彭政府缺少支持。在这场自私到惊人的政治战中，纳粹党和共产党这一对死敌共同投票羞辱了冯·帕彭。

新一轮选举将于11月举行。希特勒再次开始在德国各地发表演说，为纳粹事业争取选票。但他很快就发现，人们对纳粹的支持已经达到了顶点。那些忠实的追随者仍然十分热情，十多万年轻支持者参加了在波茨坦举行的集会。但是，在其他一些地方举行的集会却出现了现场不再爆满的情况。对于纳粹党来说，部分问题在于，希特勒拒绝加入冯·帕彭政府的行为表明，他在这场民族危机中是毫不妥协的。这种不妥协的态度在纳粹的核心支持者看来是好的，但在摇摆中的选民看来则不然。并且，希特勒对冯·帕彭政权的攻击让纳粹看起来并不像是中产阶级的支持者，而如果没有中产阶级的支持，纳粹党的得票率将是很脆弱的。同时，在11月选举前，纳粹对柏林交通局罢工的支持几乎可以肯定是一个战术错误。

1932年11月6日的选举对于希特勒和纳粹来说是一场失败的战斗。与当年早些时候进行的那场选举相比，共产党获得的选票增加了近3%，而纳粹党获得的选票却减少了二百万张，总体得票率下降了4%，降到了33%。然而，尽管纳粹党获得的选票减少了，但冯·帕彭政府面临的根本难题仍然没有得到解决，它依然缺少民众的支持。当时，冯·帕彭草率采取了一个简单而又激进的解决办法，那就是用某种形式的独裁取代魏玛宪法。但这种做法十分危险。德国军队的高层人物担心，同时将纳粹党和共产党这两大民众运动排除在政府之外会导致两者之间爆发内战。

1932年11月17日，冯·帕彭内阁辞职。在接下来几个星期的谋划中，库尔特·冯·施莱歇从幕后走向了前台。施莱歇是一位偏爱政治阴谋的将军，于六个月前被任命为国防部长。他对第一次世界大战刚结束时的革命性动乱记忆犹新，也深知德国面临着士兵走上街头示威的危险。面对眼下的僵局，他倾向采取的解决方法是，尝试说服右翼和左翼政治力量同时加入他领导下的内阁。寄希望于这样一个妥协政府的建立,兴登堡不情愿地让冯·帕彭辞了职,任命施莱歇担任新总理。

施莱歇知道,希特勒不会接受其政府中的职位。所以,在1932年12月3日,他会见了格雷戈尔·施特拉塞尔。他邀请施特拉塞尔担任副总理兼位置重要的普鲁士总理。第二天,也就是12月4日,在德国中部图林根州的地方选举中,纳粹党获得的选票减少了40%。这令希特勒感到恐慌。但他仍然十分坚定,于12月5日和7日先后两次在柏林凯斯霍夫酒店同施特拉塞尔见面,明确禁止施特拉塞尔接受施莱歇的邀请。

希特勒现在面临着一场潜在的危机。如果施特拉塞尔加入施莱歇的内阁,那么希特勒作为纳粹领导人的威望将大大受损。然而,得知希特勒对施莱歇邀请自己进入内阁一事大为愤怒之后,施特拉塞尔决定辞去自己在纳粹党内的职务,并完全退出了政坛。他既不想为希特勒服务,也不想为施莱歇服务。12月8日上午,前一天刚刚与希特勒会面的施特拉塞尔在议会大厦向纳粹高级领导人发表了讲话。当时在场的海因里希·洛泽在战后记录了施特拉塞尔的讲话内容。

施特拉塞尔强调,自从当年夏天冯·帕彭政府成立以来,他就觉得希特勒"只清楚一件事,那就是他希望成为德国的总理"[8]。但在施特拉塞尔看来,希特勒"应该已经意识到这样一个事实,那就是所有人都坚持拒绝他担任这一职务,并且在可以预见的未来,他是没有希望实现这一目标的"。施特拉塞尔说,他拒绝"等到希特勒就任德国总理,因为到那时纳粹运动将会垮台"。施特拉塞尔认为,希特勒的错误在于拒绝接受冯·帕彭提供的副总理职位。在这次讲话中,施特拉塞尔并没有提及施莱歇刚刚邀请他担任副总理,但他显然是在暗示,自己之所以要辞职,是因为希特勒的做法是不理性的。

接下来,施特拉塞尔透露,他因为一个"个人方面的问题"而感到沮丧。他抱怨说,"希特勒身边的"一些人在"侮辱"他。他还声称,戈林、戈培尔、罗姆和其他人都收到了与希特勒会面的邀请,而他却没有收到。他说,他认为这种"轻微的个人耻辱是我不应该蒙受的,我再也不要忍受这种耻辱了。并且,我也已经筋疲力尽了。我已经辞去了党内的职务,准备到山中休养了"。在对希特勒的克里斯玛型领导的调查研究中,施特拉塞尔的这份抱怨格外引人关注。

施特拉塞尔的讲话是他在国家紧急关头发表的一份非同寻常的声明,更多的是遭到漠视之后回忆往事的情绪爆发,而不是一系列关于政治战略的理性思考。格雷戈尔·施特拉塞尔并不是一个懦弱的人。他曾经因为在第一次世界大战中表现英勇而获得铁十字勋章,也参加过啤酒馆暴动,并一步步挤入了纳粹党的最高层。他之前曾经承认,政治是"一项艰难的事业……特别是在我们这种具有强烈激进导向的运动中"[9]。

然而,施特拉塞尔不仅离开了纳粹党,还放弃了担任德国最重要的公职之一的机会。部分原因在于,他觉得希特勒没有邀请他参加一些重要活动,也没有给予他足够的关注。而在所有纳粹高层人物中(恩斯特·罗姆可能是个例外),施特拉塞尔似乎是对阿道夫·希特勒个人的克里斯玛最具抵抗力的人。例如,在所有纳粹高层人物中,施特拉塞尔是唯一一个在私下称希特勒为"长官"或"同志",而不是"元首"的人。[10]

正如一位专门研究格雷戈尔·施特拉塞尔的历史学家所写:"具有讽刺意味的是,虽然施特拉塞尔始终公然否认对希特勒这位准神秘元首的崇拜,尽管他表面上显示出了一种虚张声势的自信,但天生敏感的他实际上已经被希特勒的克里斯玛特质所强烈吸引。因此,他成了这个元首神话中最不知情的受害者。"[11]

一听说施特拉塞尔已经于上午向纳粹党的高级成员发表了讲话，希特勒立即于中午在凯斯霍夫酒店召开了他自己的会议。在会上，他向所有那些刚刚在几个小时前听过施特拉塞尔发言的纳粹高级成员发表了讲话。他冷静而理性地回应了施特拉塞尔的异议，指出：如果他之前接受了帕彭内阁副总理的职位，那么“在上任的第一周”就会与冯·帕彭产生“严重的分歧”。[12]然后他就不得不辞职，他的地位也会遭到严重削弱。他还说，再进行一次暴动是不可能的，因为同情纳粹的德军军官冯·赖歇瑙上校告诉他，如果纳粹企图发动武装叛乱，军队将别无选择，只能向冲锋队开火。赖歇瑙曾“力劝”希特勒“遵守法律”，因为“总有一天权力会落入你的手中”。至于施特拉塞尔声称自己没有如愿经常受邀与希特勒见面，希特勒的说法是，“任何想和我谈话的人”都可以随时来找他。

希特勒信心十足地表示，一切都会好的。他说自己仍然打算继续等下去，直到被任命为总理。他承诺，“这一天终将到来，或许会比我们想象的来得更快”。成功取决于“我们的团结和我们对胜利不可动摇的信念；也取决于我们的领导力”。与以往面临潜在危机时的惯常做法一样，希特勒在讲话的最后发出了对忠诚的呼吁。

希特勒设法避免了纳粹高层内部的危机。并且重要的是，在为了达到这一目的而发表的讲话中，他并没有对如何如愿当上总理做出合乎逻辑的解释。“信念不动摇”就足够了，做出情感上的承诺就足够了。

然而，希特勒也知道，如果没有施特拉塞尔的加入，施莱歇将军的总理地位并不会比冯·帕彭的更稳固。施莱歇之所以能够成功取代冯·帕彭，是因为他告诉兴登堡自己可以建立一个民众基础更广泛的政权，而这是冯·帕彭做不到的。并且，冯·帕彭现在已经把他当作敌人了。(在德语中，施莱歇意为“鬼鬼祟祟的人”，当时很多人认为这个名字对于将军来说再合适不过了。)

冯·帕彭开始与希特勒磋商组建新政府的问题，并于1933年1月4日在库尔特·冯·施罗德位于科隆的家中与希特勒见面进行了初步讨论。一如既往，希特勒坚持只有由他担任总理，他才会积极参与新政府，但他会采取灵活的方式组织内阁，并准备吸纳大量非纳粹人士参与。

希特勒深知时机在政治决策中的重要性。他随即命令纳粹大力为1月15日在利珀—代特莫尔德举行的州选举做准备。在这样一个很小的行政区，纳粹的投入似乎不成比例，但希特勒的策略奏效了。根据公布的选举结果，纳粹的得票数从三万三千张增加到了三万九千张，增幅达到了20%。这向德国的政治精英们传达了一个很明确的信息——纳粹党不会退出。冯·帕彭由此决定，只要他自己可以担任副总理，也就可以接受希特勒当总理。他们现在面临的问题是，要让兴登堡相信，这才是解决德国政治危机的正确途径。

兴登堡对希特勒仍然无动于衷。尽管如此，他现在也开始考虑让希特勒担任总理的可能性了。促成他想要改变主意的原因有很多，并且这些原因都是务实的，与希特勒的"克里斯玛"全然无关。第一个原因是冯·帕彭的态度。在1932年夏天和秋天与冯·帕彭密切合作时，兴登堡就对冯·帕彭颇有好感。在冯·帕彭辞去总理职务的时候，兴登堡曾经赠了一幅自己的画像给他，上面写着"我曾有个战友"[13]——这句话来自一首感人的军歌。而现在，正是他所信任的冯·帕彭说，眼下最好的办法就是让希特勒当总理，这样德国的其他精英人物才能成功约束希特勒。

第二个原因是，施莱歇支持在德国东部可能进行的土地改革，而德国的许多贵族（包括兴登堡本人）都在那里拥有大片土地。如果希特勒和冯·帕彭上台，这个引发争议的问题便会消失。此外，兴登堡也没有忘记，1932年12月初的军事演习表明，德国武装部队无力在保护德国边界的同时镇压纳粹和共产党的起义。[14]

最后一个原因是维尔纳·冯·布隆贝格将军的突然出现。冯·帕彭向兴登堡提议，让布隆贝格在拟组建的希特勒内阁中担任国防部长。不出所料，这个职位对于兴登堡来说至关重要，而它此前一直是施莱歇的权力基础。布隆贝格似乎与施莱歇完全不同，他正直、诚实，一点儿也不"鬼鬼祟祟"。但布隆贝格最近也成为纳粹的支持者。极富热情的他在东普鲁士驻防期间形成的看法是，纳粹在努力实现民族的复兴。此外，布隆贝格还受到了路德维希·穆勒的影响，穆勒是一位有名的随军牧师，也是一名纳粹分子。所以，布隆贝格是一个冯·帕彭、兴登堡和希特勒都支持的人物，尽管事态的发展将表明，布隆贝格在新一届政府任职的最大受益者将是希特勒。

但几乎直到最后一刻，兴登堡仍然犹豫不决。他本能地觉得希特勒是领导德国的错误人选。但是兴登堡现在已经八十五岁了，他所信任的人（包括他自己的儿子奥斯卡在内）都说希特勒应该被任命为总理，所以他最终也放弃了对希特勒的抵制。当时，除此之外的唯一选择就是让施莱歇组建一个独裁政府，而在兴登堡看来，这比让希特勒当总理更糟糕。

1932年当选为社会党议员的约瑟夫·费尔德说："他［即兴登堡］知道自己的年纪，也意识到自己的身体变得越来越虚弱了。他几乎都拿不起他的元帅权杖了。与他一起行军的一位军官曾说，他年纪越大，德国的形势越困难，他就越害怕自己不能再让德国重新成为一个帝国，越担心在重新使用旧宪法取代德国议会之前，在德国从议会制重回君主制之前，他可能就去世了。他想在去世之前看到一个新的君主政体的诞生。”[15]

兴登堡一直坚持到了1月29日。在那个星期日的下午，他才告诉冯·帕彭，他准备接受希特勒做总理。第二天上午十一点，希特勒实现了他一直追求的目标，成为德国总理。

希特勒成功当上总理的事实，进一步向支持者证明了他作为克里斯玛型领导者的合法性。此后，在各种关键时刻，每当有怀疑出现，每当支持者们觉得希特勒推行的是明显具有破坏性的政策，他们就会回想起这一时刻，记起希特勒最终一定是对的，而他们自己是错的。

然而，并不是所有人都把希特勒被任命为总理视为德国历史上的一个分水岭。一直都不觉得希特勒拥有克里斯玛的第一次世界大战老兵赫伯特·里希特说：“一开始，我们并没有把他当回事，因为在希特勒的首届内阁中，纳粹甚至都不占多数。”里希特认为，既然希特勒周围都是“十分理性的人”，那么“他也做不了多少坏事”。[16]社会党政治家约瑟夫·费尔德回忆说：“我们当时还认为仍然可以通过议会来控制他[即希特勒]，这简直是太愚蠢了！”[17]即使是在目睹了希特勒领导德国走入深渊之后，冯·帕彭仍然拒绝为推动希特勒担任总理的灾难性误判承担全部责任。他写道，希特勒是“在民主进程的正常相互作用下”成为总理的，并且，“我们似乎仍然有理由相信，一个负责任的政府领导人会采取与一个不负责任的政党首领不同的态度”。[18]

但是，对于那些相信阿道夫·希特勒是克里斯玛型领导者的人来说，这一时刻显然是意义非凡的。在竞选演说中，希特勒公开宣称自己蔑视民主，想要废除民主。因此，对于纳粹支持者来说，希特勒的上任不仅意味着政府的改变，也意味着政治制度变革的开始。莱因哈德·施皮茨当时是一名坚定的纳粹分子，他说：“我自己从来就不是个民主主义者。我认为应该像管理大公司一样管理国家。也就是说，应该有一个专家委员会，诸如此类，但我不相信议会的作用。在我们经历可怕的危机时，在我们经历经济危机、饥饿和失业时，我们渴望看到一个类似于大公司新董事长的人物出现。你找到一个人，这个人必须把一切都安排妥当。”[19]

至于兴登堡总统，他将会在去世之前看到一个“新君主制”的开始——只不过这种君主制并不是他所期望看到的。

第二篇
走向战争

第七章

众所期待之人

1933年1月30日晚，阿道夫·希特勒从柏林帝国总理府的窗户向外望去，纳粹冲锋队队员组成的庆祝游行队伍正从这里经过。但是，即使目睹了这一宏大场面，希特勒还是很清楚，自己作为总理的权力根基尚且不够稳固。只有不到一半的德国人投票支持他和纳粹党，他的内阁中也只有三个人是纳粹成员。并且，根据《宪法》第48条的规定，和几位失败的前总理一样，希特勒也必须在兴登堡总统的授意下进行统治。

希特勒在竞选中曾明确表示，他要把民主从德国驱逐出去。但是，真正的克里斯玛型领导者需要民众的支持，哪怕是在一党制国家。如果没有民众的支持，希特勒或许也能通过独裁统治紧紧抓住权力不放，但他将永远无法成为自己渴望成为的人——一个凭借拥护实施统治的政治家。

因此，他必须努力避免偏袒纳粹党。他与纳粹的个人行动或是政策的具体实施联系得越密切，就越有可能让德国公众认为他和其他政治家没有什么两样。所以，在担任总理的前十八个月里，希特勒努力所做的不仅仅是强力推行各项措施以使他摆脱第48条以及魏玛宪法的负担,还以显著的方式表明,他不只是纳粹党的领导人,也是整个德国的统治者。为了实现这个目标,他下令谋杀了许多纳粹党同仁。

在希特勒刚开始担任总理的时候,他的行为还是让人能够有所预见的。他一贯支持对自己的对手使用暴力,刚一上任就开始镇压异己。在这方面,赫尔曼·戈林的行动对他帮助最大。戈林是普鲁士的内务部长,直接控制着这个大自由邦的警察部队。戈林在1933年2月17日发布的一项命令中明确表示:"我将保护那些在执行任务时开枪射击的警察,而不考虑他们使用武器的后果。"[1]几天后,戈林又在多特蒙德的一次演讲中总结了自己对人权的态度:"从警用手枪中射出的子弹就是我的子弹。如果你说那是谋杀,那么我就是杀人犯……我有两套准则,因为我知道有两种人:一种是支持我们的人,另一种是反对我们的人。"[2]

戈林对希特勒忠心耿耿。然而,恩斯特·罗姆和冲锋队队员却不像他这么纯粹。希特勒成为总理让他们中的许多人看到了为自己赚取回报的机会,开始对自己思想上的敌人进行无限制的报复。鲁迪·班贝尔的父亲就是纳粹统治初期的受害者之一。纳粹冲锋队队员把他和一些犹太人一起带到了纽伦堡的一个体育场,让他们用牙齿除草。鲁迪·班贝尔说:"你所做的一切都无关紧要,你是个犹太人,这就是问题的全部。感受到这些太令人痛苦了。"[3]

尽管在希特勒被任命为总理后不久就发生了多起针对犹太人的袭击事件,但这些袭击所针对的主要还是纳粹的政治敌人。当时在德国北部上学的女学生玛丽亚·毛特说:"一开始,第一批共产党人和社会民主党人就被带走了。我甚至亲眼看到了那些卡车。但我们并没有想太多。他们毕竟是共产党人……他们是人民的敌人。"[4]

最初，这些“人民的敌人”被关在临时监狱里，在那里，他们常常受到残酷的虐待。他们没有受到指控，也没有经过正当的法律程序，仅仅是因为抓捕者们一时兴起就被拘留了。然而，希特勒虽然赞成通过暴力镇压异己，却不一定赞成冲锋队的所有行动。正如他在1933年3月10日的一次演讲中所说，他关心的是，“在原则上，必须停止对个人的骚扰和对商业活动的阻碍”[5]。两天后，即3月12日，他呼吁他的“党内同志”从现在开始“执行最严格、最盲目的纪律。不得继续单独行动……”。[6]

值得注意的是，仅仅一个多星期之后，在1933年3月21日，纳粹的第一个“官方”集中营就在慕尼黑郊外的达豪开设起来了。达豪在党卫军头目海因里希·希姆莱的控制之下。希姆莱名义上是罗姆的下属，但他显然有更大的野心。希姆莱不像他的顶头上司那样是一个投机的暴徒，他是一个冷酷无情的人，会有计划地恐吓和命令纳粹的敌人。在希姆莱这样一个可靠的秘密警察管理之下的达豪，正符合希特勒对于新德国的设想，而这也是罗姆的冲锋队队员们所没有做到的。

这并不是说在对待那些深陷纳粹镇压恐怖的人时，希姆莱的党卫军会与罗姆的冲锋队有多大不同。在希姆莱的控制下，达豪的形势同样十分可怕。社会党政治家约瑟夫·费尔德被囚禁在臭名昭著的“地下碉堡”中，这些所谓的“地下碉堡”实际上就是一个个远离主要牢房的隔离牢房。在这样的牢房里，费尔德被纳粹用绳子捆绑着，纳粹威胁将要处决他，并以此羞辱他。他饥饿难耐——纳粹通常只给他水喝，只是偶尔才给他一块已经变硬的面包吃。

然而，很多希望希特勒能够恢复德国“秩序”的人是乐于见到纳粹开设集中营的，他们对此给出了错误的解释。卡尔·勃姆—泰特尔巴赫当时是一名年轻的空军军官，他说：“他［即希特勒］把所有人都集中在了达豪——那些人的确都是职业罪犯。他们被集中在达豪的劳动营里，而人们对此并不太反对。”[7]还有人将这些人所遭受的痛苦合理化，认为这是“革命”的必然结果。莱因哈德·施皮茨说：“当时我们认为[建立像达豪这样的集中营]是有必要的。我们知道这是一场革命。但是，请注意，我研究了法国大革命。有多少人在法国大革命中被送上了断头台啊——四万人啊……这意味着，所有的革命都伴随着流血，而我们认为我们也在进行一场革命……纳粹革命要了一些人的命，我想这是正常的，世界上从来就没有不死人的革命。”[8]

希特勒在小心翼翼地将共产党人妖魔化为纳粹革命所希望建立的新“民族共同体”的最大、最直接的威胁。在这方面，一位名叫马里纳斯·范·德尔·卢贝的荷兰共产党人无疑给他帮了忙。1933年2月27日，卢贝放火烧了德国议会大厦。这座标志性建筑的毁坏加剧了德国民众对可能发生的共产主义革命的恐惧，也给了纳粹镇压政治对手的理由。一些历史学家认为，由于一周后德国就要进行希特勒所召集的选举，议会大厦纵火案并不是范·德尔·卢贝一人所为，而是纳粹自己密谋策划的。但是，并没有确凿的证据能够证明这一阴谋论。纵火案发生后，纳粹的行动毫无组织，这无疑表明他们事先并不知情。

然而，在纵火案发生的第二天，德国议会就匆忙通过了纳粹政府统治期间最具限制性的一项立法——《帝国总统关于保护人民和国家的法令》。该法令第1条禁止了一些基本的人权，如自由出版与和平集会的权利。第2条允许帝国政府通过纳粹内务部长威廉·弗里克来接管德国各州的警察部队，以“恢复安全”。

五天后，也就是1933年3月5日，德国举行了未来十二年多的最后一次大选。尽管纳粹进行了大规模的宣传，尽管人们担心共产党会发动起义，尽管希特勒“向全国发出了呼吁”，尽管还有更多的“尽管”，纳粹还是没能获得多数德国选民的支持。56%的德国人把选票投给了其他政党。

大多数德国人仍然不支持纳粹党，这对于希特勒来说是一个巨大的挑战。他已经私下宣布，这次选举不会改变内阁的人员组成，也不会让他下台。他反而在新议会加紧推动《授权法案》的通过。该法案如果能够得到通过，他就可以不经兴登堡总统的同意而发布命令。但要想使这项对他来说极为必要的法案得到通过，他需要获得议会三分之二以上的多数票。

纳粹尤其需要获得天主教中央党的支持。1933年3月23日，希特勒向新当选的德国议会议员发表了讲话。由于之前发生的议会大厦纵火案，讲话的地点改在了克罗尔歌剧院。在讲话中，希特勒有意安抚他们，说他的政府“视基督教为不可动摇的国家道德基础和道德准则”[9]。希特勒自己根本就不相信这些，但他知道，出于纯粹的政治原因，他必须这么说。他之前也有过类似的行为。从兰茨贝格监狱获释后，希特勒把图林根的地方长官阿尔图尔·丁特尔开除出了纳粹党，以表明他理解基督教在德国政治中的力量。根据希特勒的意愿，丁特尔想要推广他自己的日耳曼宗教，这一基督教的异端将《旧约》排除出《圣经》并猛烈攻击犹太人。但在当时，希特勒需要身为天主教政党成员的巴伐利亚总理的支持，所以丁特尔必须离开纳粹党。[10]

1933年，就像几年前一样，希特勒的策略奏效了。他对德国的天主教徒说了他们想听的话。由此一来，再加上十分清楚反对纳粹的下场，天主教中央党的成员便决定支持《授权法案》。

对于这次于3月23日向议会发表的讲话，希特勒是进行了精心准备的。与此对比鲜明的是，后来《授权法案》遭到社会民主党人奥托·韦尔斯攻击时，希特勒的回应讲话完全是仓促而就。在前一次讲话中，希特勒试图把自己描绘成一个政治家，描绘成整个德国的领导人。他说："我们想要恢复德意志民族精神和意志的统一。我们想要维护我们生命的永恒基础……"[11]在后一次讲话中，希特勒回忆了啤酒馆暴动，还嘲笑韦尔斯，对他和他领导的政党充满了蔑视。希特勒说："绅士们，你们都是胆小鬼，如果你们现在开始谈论迫害，你们就不配做这个时代的人。"他还宣称，纳粹正在"克制"自己，尽量不和"那些折磨和侮辱了我们十四年的人翻脸"。[12]希特勒告诉社会民主党人，他甚至不想让他们为《授权法案》投票。他说："德国一定会得到解放，但不是由你们解放的！"说完这些，希特勒坐了下来，纳粹议员们向他表示了狂热的支持。

这是一个引人注目的时刻。在攻击社会民主党人的演讲中，希特勒显示了他雄辩的口才，他正是因此才成为纳粹党无可争议的独裁领导者。但他同时也展现出了许多让德国普通选民害怕的特质——褊狭、攻击性和狂热的党派偏见。

尽管如此，纳粹还是赢得了投票。在天主教中央党的支持下，尽管社会民主党人投了94票反对票，德国议会还是以444票支持票通过了《授权法案》。这一刻，民主的伪装在德国荡然无存。结果，在接下来的四个月里，除了纳粹党之外，德国的其他所有政党不是遭到禁止，就是自愿解散了。

然而，即使创下了这一里程碑，希特勒仍然不能完全按照自己的意愿行事。对他来说，最为严格的限制之一就是，在过去三年的选举活动中，其世界观中的两个核心政策都没能得到宣扬，即把所有犹太人都驱除出德国，以及在东欧建立纳粹帝国。几乎没有证据表明，大多数德国人支持这两个政策中的任何一个。这让希特勒处于一种不同寻常的境遇，作为一个通过选举上台执政的领导人，他觉得仍然无力实现自己最重要的“愿景”。

希特勒并不是想要假装不信奉这些政策，他只是在表达自己的信念时格外谨慎。希特勒在1933年4月抵制犹太人运动爆发后所采取的行动，就是其微妙处理方式的证明。当时，外国媒体对《授权法案》、纳粹冲锋队虐待德国犹太人，以及德国政府部门和高校开始驱逐犹太人等的报道让希特勒深感愤怒。他从这些批评中看到了世界范围内“犹太阴谋”的证据，而这种阴谋正是他最珍视的幻想之一。无疑，大多数纳粹核心支持者都相信犹太人的影响是跨越国界的。纳粹最早的支持者之一布鲁诺·哈赫内尔说：“我们从全球犹太人的视角来看待这个问题［即反犹主义］，犹太人想要获得权力，他们想要统治世界。所以我们要抵抗全球的犹太人，也许我们的确害怕他们，但我不想说害怕。”[13]

为了“抵抗全球犹太人”，纳粹组织了一场于1933年4月1日开始的抵制犹太人运动。耐人寻味的是，3月28日，希特勒并没有在要求对德国犹太人采取这一行动的文件上签上自己的名字。他签的是“民族社会主义德国工人党领导人”。3月29日，纳粹报纸《人民观察家报》刊登的一篇报道援引希特勒的话说，必须组织这些“防御行动”，因为“不然的话，人民就会自发采取针对犹太人的行动，并且有可能是通过一些不利的方式”。[14]现在，早就已经在《我的奋斗》中透露过恶意反犹情绪的希特勒，正试图在反犹行动中把自己塑造成一个审慎的人物。这些都证明了他在反犹问题上的敏感性。

抵制犹太人运动只进行了一天就被取消了。希特勒认为，现在还不是时候对德国犹太人展开持续数天甚至数周的明显的“官方”行动。他试图在自己的暴力反犹主义与德国民众的普遍情绪之间找到平衡，而这将是20世纪30年代纳粹统治的持续特征之一。

同样显而易见的是，希特勒也不愿大肆宣扬他希望在东欧建立一个德意志帝国的愿景，尤其是这一愿景的实现要以牺牲苏联为代价。尽管他在《我的奋斗》中公开承认了这一目标，尽管德国即将着手实施和平时期规模最大的重整军备计划，但在接受《每日电讯报》记者约翰·福斯特·弗雷泽采访时，希特勒做出的仍然是一贯的表态："任何经历过第一次世界大战的德国人都不想那段历史再重新上演。"[15]不过，在采访中他也表示："德国的命运不取决于殖民地或势力范围，而是取决于东部的边界。"外界对此的理解是，希特勒想要夺回德国因为第一次世界大战后的和约而失去的领土。

很明显，向德国民众介绍纳粹基本政策的时间和方式完全是由希特勒所决定的。戈培尔写道，不会再有选举了，现在"元首的性格"决定一切。[16]在写下这些话的两天前，戈培尔刚刚为希特勒的四十四岁生日组织了大规模的公众庆祝活动，这是新总理的性格推动德国政治的实际表现。从那时起，直到1945年庆祝希特勒五十六岁生日的派对在柏林帝国总理府举行，4月20日一直被视为德国人日历上的神圣一天。

一年前，希特勒曾企图让兴登堡下台。自那时起，由于他得到了大量关注，一个有趣的现象出现了。一些过去曾经认为希特勒并不起眼的人，现在也开始认为他拥有克里斯玛了。弗里多林·冯·斯鲍恩就是一个例子。斯鲍恩从20世纪20年代初开始就同情纳粹，他第一次亲眼见到希特勒是在1923年的一次集会上。他说："鲁登道夫站在那里，他身穿制服，佩戴勋章，很有势力。他身边站着一个矮小的人，远不像他那样威风凛凛。那个人穿着一件破旧的外套，我都没有注意到他。后来我问'站在[鲁登道夫]旁边的人是谁？'，才知道那就是希特勒，纳粹党的领导者。"[17]

但是，近十年后，再一次遇到希特勒时，冯·斯鲍恩的看法完全变了。在一次有众多纳粹同情者参加的晚宴上，斯鲍恩发现希特勒正看着他。他感觉到希特勒的眼睛紧紧地盯着他,这让他立刻就相信了希特勒的诚意。希特勒先是起身和别人说了一会儿话,然后就走到了斯鲍恩的椅子后面。“我感觉到了他手指的颤抖。我真的感觉到了。但这颤抖不是因为紧张。相反,我觉得:这个人,这个躯体,是在这个世界上执行一项宏大且全能的意志的工具。在我看来,这是一个奇迹。”

所以,对冯·斯鲍恩而言,希特勒已经从一个穿着破旧外套的毫不起眼的人,变成了“执行一项宏大且全能的意志的工具”。当然,斯鲍恩前后两次见到希特勒的时间相差了近十年,在这段时间里,形势已经发生了很大的变化。但是,最主要的还是斯鲍恩对希特勒看法的变化。当他被希特勒的触碰所感动时,他认为站在自己面前的是德国最有名的人。此外,斯鲍恩一直倾向于相信希特勒所信奉的右翼民族政治。希特勒本人并没有改变太多,只是像斯鲍恩这样的人现在已经准备好相信他的克里斯玛了。

然而,希特勒的克里斯玛有着明显的局限性。有些人即使与他有着密切的合作,甚至就在他的内阁中任职,仍然丝毫不觉得他拥有什么克里斯玛可言。冯·帕彭就是这样的人,媒体大亨阿尔弗雷德·胡根贝格也是一样。当逐渐意识到自己希望“驯服”纳粹并利用纳粹为自己的目的服务的想法太过天真时,他们就开始给希特勒制造麻烦。胡根贝格曾经以为,在希特勒政府内担任经济、食品和农业部长的他能够拥有巨大的权力。与希特勒不同,胡根贝格有着令人敬畏的学历和商界资历,他拥有经济学博士学位,还曾担任过德国最重要的工业企业之一克虏伯钢铁公司的董事长。但希特勒在谋略上仍然胜他一筹。《授权法案》一经通过,内阁就不再拥有任何实权了。希特勒希望它继续履行职责,但只是在形式上。胡根贝格的下属、经济部国务秘书弗里茨·莱因哈特是一名坚定的纳粹党人,他提议创造新的就业机会。当胡根贝格对此表示反对时，希特勒选择了支持莱因哈特，而胡根贝格对此完全无能为力。这让他终于意识到，希特勒将如何排挤自己。[18]日后，希特勒还将多次使用这样的手段，越过政权中那些表面上享有权势的人物，直接与他们的下属打交道，从而使他们心神不宁。

胡根贝格不想忍受这些，他告诉希特勒自己想从内阁辞职。希特勒于1933年6月27日会见了胡根贝格，试图说服他留下来。希特勒意识到，如果在任职总理仅仅五个月后就打破不改变内阁人员组成的承诺，自己可能会很难堪。但是，胡根贝格完全不为希特勒的劝诱所动，即使希特勒对他进行威胁也没有用。希特勒只好被迫告诉兴登堡总统，胡根贝格想离开政府。兴登堡从来都未曾对胡根贝格有过好感，再加上他现在已经摆脱了《宪法》第48条强加于他的参与政府政策的重担，他对这一事态的发展颇感轻松。

但重要的是胡根贝格后来的境遇。他没有受到迫害，没有被监禁，也没有遭到报复。他保留了自己在议会中的席位。尽管他不得不放弃对其媒体帝国的控制，但他达成了一笔有利的金融交易，得以大量投资德国的工业。1951年，八十五岁的胡根贝格平静离世。尽管希特勒的确拥有历史学家戴维·西塞拉尼所描述的那种“杀气腾腾的性格”[19]，但只要他认为那些选择离开他的政府的人并没有背叛他，那些人便可以在离开政府后继续在德国平安地生活，就像胡根贝格一样。

然而，恩斯特·罗姆就没有胡根贝格那么好控制了，他并不打算让自己被排挤出去。1933年6月，罗姆在一篇文章中写道：“德国革命已经获得了一场胜利，但这不是最终的胜利！”[20]他说，“一个新德国在民族主义和社会主义精神革命中重生的目标”还远未实现。“只要真正的民族社会主义德国还没有建立，冲锋队和党卫队激烈热情的斗争就不会停止。德国要么成为民族社会主义国家，要么就会灭亡。这就是德国革命还要继续的原因，我们要继续革命，直到我们旗帜上和徽章上的纳粹符号不再是诚实忏悔或遵从的外在标志，而是整个民族的神圣财富。”罗姆和他的冲锋队需要在新德国发挥更大的作用。他们不仅要获得工作和经济上的回报，还要保持冲锋队和德国国防军在精神和同志情谊上的统一，或是接管德国国防军。

由于相信冲锋队队员是真正的革命者，这些雄心壮志得到了进一步的加强。例如，1928年加入冲锋队的沃尔夫冈·托伊贝特现在希望看到德国发生根本性的变化。这首先就意味着要驱逐犹太人：“我父母在格尔利茨的工厂已经破产清算了，因为我的一个叔叔有一个犹太代理商，那个人骗走了他数万马克……我们想要阻止德国的日益‘犹太化’……我只能对犹太人说，‘这里不再需要你们了。请离开这个国家’。”[21]

沃尔夫冈·托伊贝特不只是个因为一个犹太人的不端行为而谴责德国所有犹太人的反犹主义者，他还有着更广泛的诉求，希望德国发生变革。他强烈相信“民族共同体”这一概念，相信所有“纯粹”的日耳曼人都能平等相待。对他来说，更重要也是最重要的是，他相信纳粹将“打破利息奴隶制”。在纳粹党成立之初，戈特弗里德·费德尔就提出过反对“利息奴隶制”。本质上，它指的是拥有农场或商店的工人必须将自己收入中不成比例的一部分作为利息支付给曾经借钱给他们的人。在20世纪30年代初的各种竞选活动中，希特勒都放弃了彻底的“社会主义”政策。

然而，罗姆希望冲锋队成为新德国的主要军事力量，这将导致最大的摩擦。至少在最初，希特勒对待他的老同志还是十分谨慎的。1933年，冲锋队队员的人数是德国国防军士兵人数的三倍，并且，希特勒一定也已经看出，只要他能够巧妙地应对形势，冲锋队和国防军之间的潜在冲突是有利于他作为克里斯玛型领导者的。

1933年12月1日,罗姆被任命为内阁成员。虽然这只是象征性的权力,但在此基础之上,罗姆还是于两个月后的1934年2月1日向国防部长布隆贝格提出,应该承认冲锋队是德国最卓越的军事力量。他要求将德国武装部队国防军纳入冲锋队。这几乎是对德国传统武装力量的宣战。

不出所料,像约翰—阿道夫·格拉夫·冯·基尔曼斯埃格这样的德军军官并不愿意接受罗姆的提议。“人们抵制冲锋队,是因为他们的行为,他们的样子,以及他们的方式。好吧,几乎可以说,冲锋队到最后逐渐遭到了大多数士兵的厌恶。除此之外,我想说,事实上,越来越明显的是,冲锋队的最高指挥官罗姆正试图以某种方式接管国防军。对于这一点,不仅德国军队中的人能看出来,其他人也能看出来。”[22]

布隆贝格和其他军队领导人也同样反对这种企图排挤他们的做法。他们知道,这一关键问题的最终决定权掌握在阿道夫·希特勒手中,于是,他们开始着手改革国防军,因为他们知道这会讨得希特勒的欢心。其中一项举措就是在罗姆的建议提出几天之后,立即指示在国防军军装上印制一只鹰抓着纳粹符号的纳粹党徽。这样一来,德国武装力量所有成员都会身着带有纳粹万字符的制服,国防军迈出了政治化的象征性一步。此外,国防军还开始执行“雅利安”条款,这意味着其每个成员都必须证明自己拥有“雅利安”血统,否则就有被驱逐的危险。

在1934年2月28日召开的一次会议上,希特勒明确表明了自己的立场。冲锋队和国防军的领导人都参加了会议。在会上,希特勒拒绝了罗姆的提议。冲锋队不会接管军队,而是要在国防问题上服从于军队。他还概述了自己希望新的国防军在未来担负起的职责。德国需要创造“生存空间”，而“西方国家不让我们这样做”，所以“有必要先后在西线和东线发动突然的致命性打击”。[23]

希特勒竟然在这样的会议上公开承认了如此惊人的想法。后来，陆军元帅魏克斯曾写道：“1934年会议上的这一预言竟然从未被外界所知，这几乎就是一个奇迹。”[24]但魏克斯认为，由于“士兵们向来不会把政治家所说的话太当回事”，所以这些“好战的预言”在当时并没有被“信以为真”。

当然，对于军方在2月28日会议上的平静反应，还有另外一种可能的解释，那就是，希特勒有意在宣布抑制冲锋队野心的决定时说明自己更大的军事野心，以防军方对自己的长期目标提出反对。德国的军队领导人在支持希特勒压制冲锋队的同时，会很难反对希特勒模糊的未来扩张计划。

可以预见的是，罗姆对希特勒的决定极为不满，因为未来一旦发生冲突，冲锋队将被置于军队的控制之下。在接下来的几个月里，有传言说，冲锋队甚至可能正在计划自己掌握主动权，或许会为此而发动政变。1934年6月7日，希特勒会见了罗姆。之后，罗姆宣布自己要休病假，冲锋队队员也应该放个假，8月1日再重新上班。他在信的末尾写道：“冲锋队现在是，以后也仍将是德国的命运。”[25]

对于这一观点，阿道夫·希特勒肯定是不赞同的。现在，冲锋队已经成为一支分裂的力量。希特勒在努力从纳粹党的领导人转变为赢得所有“真正的”德国人内心支持的整个民族的领导者，而在这一过程中，冲锋队没有起到任何帮助作用。对于希特勒来说，罗姆的问题迫切需要得到解决，因为兴登堡总统显然活不了多久了。希特勒想要在兴登堡死后将德国总理和总统的职务合二为一，同时兼任德国的政治领导人和国家首脑，但德国传统精英特别是国防军的反对，很可能会阻碍这一过渡的顺利进行。

弗朗茨·冯·帕彭于1934年6月发表的公开声明，让这一危险体现得淋漓尽致。在马尔堡大学的一次演讲中，帕彭说："政府必须代表全体人民，绝不能只代表特定的群体；否则，它就不能构建民族共同体。"[26]他提醒民众防范革命的"第二次浪潮"，并表示"政府非常清楚那些在德国革命的幌子下自私、无原则、不真诚、不礼貌的行为和日益膨胀的狂妄自大"。他说，民众会追随元首，但如果"每一句批评"都"立即被解释为恶意"，民众就不会这么做了。

希特勒对帕彭演讲的反应是预料之中的。演讲的内容被禁止传播，演讲稿的共同起草者埃德加·荣格后来遭到逮捕并被杀害。但是希特勒知道，冯·帕彭说出了大量德国人的担忧。更重要的是，他说出了兴登堡总统和布隆贝格将军的担忧，而这两个人的意见对于希特勒十分重要。他们在6月21日告诉希特勒，他应该"让革命的麻烦制造者……恢复理性"[27]，否则"希特勒实验"就要终止。

海因里希·希姆莱和他野心勃勃的部下莱因哈德·海德里希向军队中的高级将领通报说，罗姆正在策划一场政变。他们想要抓住机会，为自己赢得更多的权力和影响力。很快，德国国防军就进入了更高级别的戒备状态，冲锋队也在获悉了军队的行动后加紧了警戒。一时间，谣言四起。6月26日，事态的发展达到了顶峰。军事情报机构发现了一道据称是来自罗姆的"命令"，该命令要求冲锋队做好准备，对军队发起攻击。[28]这几乎可以肯定是伪造的——罗姆和他的同伴们并没有策划政变。的确，他们对"革命"的步伐感到不满，也想要拥有更多的权力，但他们仍然忠于希特勒。不过，罗姆还是做出了严重的误判。他严重低估了敌人的规模和本质。从党卫军领导层到国防军高层，从德国传统精英到被冲锋队欺凌的地方商人，所有人都想看到罗姆消失。

希特勒决定直面在巴伐利亚的巴特维塞度假的冲锋队领导人。这是一个酝酿已久的决定。早在1月份，他就让盖世太保监视冲锋队的行动，并向他汇报冲锋队的不良行为。[29] 1934年6月30日清晨，希特勒终于行动了。他带领一群亲密的部下进入了罗姆在汉斯尔鲍尔旅馆的房间。罗姆当时还在床上，他抬头看着希特勒，“睡眼蒙眬地”[30]说了句“希特勒万岁”。希特勒大喊他已经被捕，然后就转身离开了。在离得不远的一个房间里，冲锋队的另一头目海内斯被发现时，正与一名十八岁的冲锋队队员一起躺在床上。另外一些被认为与“罗姆阴谋”有牵连的人也都遭到了逮捕，并被临时关押在酒店的洗衣房里，直到被带到慕尼黑的施塔德海姆监狱。

与此同时，在柏林，戈林不仅组织了对冲锋队关键人物的围捕，还杀害了希特勒政权的其他一些反对者。旧日的宿怨都被粗暴地解决了。施莱歇将军夫妇、格雷戈尔·施特拉塞尔以及其他一些人都被枪杀了。没有人知道确切的数字，但至少有一百五十人被处死，其中包括恩斯特·罗姆。他拒绝了自杀的机会，在牢房里被两名党卫队队员开枪打死。

这就是后来被人们所熟知的“长刀之夜”，它是德国法治彻底崩溃的一个惊人案例。没有一个受害者在法庭上受审，指控他们的证据都没有经过检验，也没有人有机会为自己辩护。然而，希特勒下令谋杀许多老同志的决定受到了广泛欢迎。布隆贝格将军在7月1日的一份声明中说：“我们的元首凭借军事决策和非凡的勇气，亲自攻击并摧毁了叛徒和杀人凶手。”[31]兴登堡总统说，他很庆幸这个“叛国阴谋”已经被“扼杀在萌芽状态”，希特勒“把德意志民族从严重的危机中拯救了出来”。[32]空军军官卡尔·勃姆—泰特尔巴赫的观点在下层军官中很具有代表性：“这被描述为对希特勒的反抗……作为一名年轻的军官，你读了报纸上的报道，它 [对冲锋队的攻击] 听起来很合理。如果有人发动革命，而一开始就被扼杀了，那是好事。”[33]

希特勒的统治本身就充满了矛盾，而这正是最能说明问题的一个例子。德国社会充斥着共产主义者和冲锋队的暴力，这让许多人感到恐惧。大多数人渴望和平与稳定。现在希特勒似乎正要带来这种和平与稳定，但只能是通过更多的暴力。因此，许多曾经谴责暴力的人现在都支持甚至欢迎它。

得益于对媒体的掌控，希特勒能够以对自己极为有利的方式渲染1934年6月30日发生的一切。对纳粹分子采取的行动，让他能够把自己定位为整个德国而不仅仅是自己狭隘私利的保护者。在冲锋队入住的水疗酒店遭到突袭时，海内斯正与一名年轻的冲锋队队员躺在一张床上，这暴露了冲锋队的“奢侈”享乐，也让希特勒能够在讲话中呼吁传统的道德和节俭。6月30日，在罗姆等人被捕后，希特勒向冲锋队的新任参谋长卢策发出命令，要求冲锋队领导人做“谦逊而不奢侈的典范”。并且，他还专门提到了前冲锋队高层中同性恋者的数目，说他“特别希望每个母亲都能够在把自己的儿子交给冲锋队、纳粹党或是希特勒青年团时，不用担心他可能成为道德败类”[34]。

这完全是令人瞠目结舌的虚伪陈词。希特勒身边围绕着像赫尔曼·戈林这样的根本就算不上“谦逊而不奢侈的”的纳粹领导人。并且，早在希特勒于1934年6月30日抵达巴特维塞之前，冲锋队领导层中的同性恋现象就已是众所周知。前冲锋队队员沃尔夫冈·托伊贝特说：“我们 [早就] 知道了海内斯指挥官的事情，他的副官一直被称为‘施密特小姐’。但这其实并没有对我们造成太大的困扰，我们还有其他事情要考虑。”[35]希特勒本人在此之前根本就不理会那些提出罗姆的同性恋问题的人。例如，希特勒青年团的领导人埃米尔·克莱因[36]几年前曾陪同慕尼黑冲锋队的一名指挥官与希特勒会面，其间曾经提到罗姆的同性恋问题，但希特勒似乎对此并不在意。可现在他却摆出了一副很得体的样子。

这一切促成了许多德国人对纳粹和希特勒的不同看法。他们可以说，希特勒不是已经通过攻击“邪恶的”纳粹分子而显示了他对德国的忠诚吗？这是一种扭曲的逻辑，因为希特勒采取的显然是法外行动，并且他之前曾经容忍过很多他现在正在谴责的“暴行”。这种逻辑主要存在于一些军官的思想当中。例如，约翰—阿道夫・格拉夫・冯・基尔曼斯埃格说：“军队和整个第三帝国都必须在希特勒……和纳粹的行为及纲领之间做出明确的区分。纳粹的行为及纲领甚至在战前就遭到了抵制……但希特勒并没有。”[37]

对冲锋队采取的行动为希特勒带来了立竿见影的实际好处。1934年8月2日，在罗姆等人被杀一个多月之后，兴登堡总统去世。帝国总统职位被取消，希特勒在欢呼声中成为德国总理兼国家首脑。8月20日，所有武装部队成员和政府官员都宣誓效忠“德意志帝国元首”希特勒个人。

根据作为空军军官宣誓效忠的卡尔・勃姆—泰特尔巴赫的回忆，这是一件严肃的事情，誓言“将伴随我的一生，直到我生命的尽头。我的意思是，誓言就是誓言……我不能背弃它，否则我可能［必须］要自杀”。又如约翰—阿道夫・格拉夫・冯・基尔曼斯埃格直白地说，“德国军官不会违背自己在上帝面前许下的誓言”。

在希特勒无可争议地成为军队的最高统帅和国家首脑之后，德国出现了一个非常引人注目的现象。在1934年到1938年间，尽管德国为重整军备投入了空前规模的资金，尽管这个国家在经济上和政治上困难重重，尽管纳粹党经常在政府内部挑起谁应该为什么问题负责的争论，尽管集中营纷纷建立起来，尽管少数族裔遭到迫害，尽管还有更多的“尽管”；但阿道夫·希特勒的权力和威望仍然不断上升，他所享有的个人崇拜达到了近代欧洲史上无可匹敌的高度。

这种转变背后的一个关键因素是，纳粹为希特勒打造了一个克里斯玛光环。据称，这一光环从科学视角和准宗教视角来看都是合理的。在希特勒身上，对克里斯玛型领导者的精神背书的古老认可和科学的现代认可被结合在了一起。[38]这是前所未有的，也是极为成功的。

纳粹宣传部长约瑟夫·戈培尔认为，对希特勒“形象”的有意塑造是自己最伟大的成就之一。他在1941年12月谈道，通过“创造元首神话，希特勒被赋予了绝对正确的光环，所以许多曾经在1933年后怀疑纳粹党的人现在都完全信任希特勒”[39]。

戈培尔当然不会低估自己的能力。他告诉自己的战时新闻助手威尔弗雷德·冯·奥芬，他“每天工作近二十个小时，可以像腓特烈大帝及其他伟人那样，[每晚] 只睡四个小时就够了”[40]。冯·奥芬说：“戈培尔也特别想要得到认可……但我总是说，这并没有什么错，只要你有足够的天赋。”

戈培尔声称是自己“创造了元首神话”，但这夸大了他对希特勒的成功所做的贡献，因为在希特勒神话的创造中，发挥了最重要作用的是他本人。希特勒一直都明白宣传的重要性，并且认为自己比任何人都更清楚该如何描绘自己和纳粹党。值得注意的是，他在德国工人党担任的第一个职务就是宣传负责人。和戈培尔一样，希特勒知道，作为一个克里斯玛型领导者，他必须与普通人的世界保持距离，必须表现出没有普通人那种对亲密关系的需要，必须让自己看上去“绝对正确”。更重要的是，希特勒认识到，这种对自己的非主流描绘会让其他人把他们的需求和渴望寄托在他的身上。在这种互动中，人们把自己的感情转移到了希特勒的身上。这产生了重要影响。希特勒的追随者们因为相信他而变得自信并获得了自我价值感，对希特勒的信任让他们的生命有了特殊的意义。这也是戈林在1934年对希特勒大加赞美的原因之一。戈林说："这个人有一种神秘的、难以形容的、几乎不可思议的特质……我们爱阿道夫·希特勒，因为我们深深地、坚定地相信，他是上帝派来拯救德国的……在他身上，人类的所有品质都达到了极致……对于我们来说，在所有政治问题和其他一切关乎人民的国家和社会利益问题上，元首都是绝对正确的。"[41]

戈林真的相信人类的所有品质都在希特勒的身上达到了"极致"吗？他肯定是持怀疑态度的，不过他足够现实，知道这样说符合他自己的利益。戈林厌恶民主的概念，也极其容易相信一个"绝对正确"的领导人的价值。他充分了解，这种信任让他不用为自己的行为承担最终的责任。

莱妮·里芬施塔尔拍摄的《意志的胜利》，是关于希特勒的最臭名昭著且最具影响力的宣传影片，其中弥漫着视元首为半神秘解放力量的思想。这部于1934年在纽伦堡的纳粹党集会上拍摄的影片自称是一部"纪录片"，但事实上，它的构思和结构都跟小说一样。值得注意的是，《意志的胜利》并不是由戈培尔监制的。不同寻常地，希特勒直接与里芬施塔尔就影片的创作进行了讨论，甚至就连片名都是希特勒提出的。[42]

里芬施塔尔并不是一个中立的观察者，事实上，她早就被希特勒迷住了。几年前，在听过希特勒在一次选举集会上的演讲后，她就写道："我有如看到神谕，永生难忘。就像地球在我眼前无尽地绵延，并突然从中间裂成两半，喷射出巨大的水柱，直冲云霄，震动着大地。"[43]

里芬施塔尔试图将这种"有如看到神谕"的感受传递给大众。影片一开场，观众就看到希特勒乘坐的飞机从纽伦堡上空飞过，他的到来就像是准救世主从天而降。这样拍摄的意图很明显，那就是要展现元首的超凡特质。希特勒被塑造成了一个独一无二的人，与成群的支持者们不一样。纳粹符号、烟火以及不断重复的口头禅，都是为了营造一种宗教化的氛围。但是，《意志的胜利》中的形象不是简单的伪宗教形象，它们还具有强大的现代吸引力。这不是所有人都能参拜的宗教仪式，老弱病残就不可以。它要展示大自然的原始力量，只有充满活力的成年人和年轻人才能在镜头中出现。这样一来，呈现在电影中的纳粹主义就同时具有了伪宗教和伪达尔文主义科学的根基。

《意志的胜利》呈现了纳粹党的集会，而众多类似这样的事件让成千上万的德国人陶醉于希特勒的存在。正如曾经参加过1934年纳粹党集会的美国记者威廉·夏伊勒所写："在那个灯火辉煌的夜晚，现场拥挤不堪，在庞大的人群中，这个德国的小个子可能已经让纳粹主义达到了日耳曼人认识的最高境界：在神秘的灯光下，听着他这个奥地利人有魔力的话语，这些人已经摆脱了他们个体的灵魂和思想，带着个人的责任、怀疑和问题，完全融入了日耳曼群体之中。"[44]

夏伊勒认为，"日耳曼人认识的最高境界"是摆脱"他们个体的灵魂和思想"，这在当时是一种普遍的信念（并且在今天也并不陌生）。德国人当时可能特别容易接受个人"英雄"的领导，其中有众多历史和文化因素的影响，对此，我们已经进行过讨论。但是，过分强调这一说法会贬低希特勒独特个性的影响。的确，1934年集会的活动管理和导向起到了一定的作用，但最重要的还是领导人的个性。坚定的反纳粹主义者乔治·奥威尔比任何人都更认可这一点。在关于《我的奋斗》的精彩书评中，他写到了希特勒个性的"吸引力"，认为"毫无疑问，当人们听他演讲时，这种吸引力是不可抵挡的"。[45]奥威尔称："事实上，他身上有一种深深的吸引力。看到他的照片时,人们同样能感受到这种吸引力。那是一张悲伤而又顽强的脸,是一张正承受着极度不公的男人的脸。它用一种更加富有男子气概的方式让人们想起十字架上的基督,而毫无疑问,希特勒正是这样看待自己的。”

奥威尔正确地强调了希特勒所描绘的“苦难”,因为希特勒的吸引力的一个重要组成部分就是他声称德国已经“遭受了苦难”,而他注定要纠正这可怕的不公。并且,像1934年纽伦堡集会这样的集会之所以会吸引大量德国人,是因为他们反对当时许多舒适的假设。正如奥威尔所解释的:“希特勒在自己沉闷无趣的思想中感受到了非凡的力量,他知道,人们不仅仅想要满足舒适、安全、缩短工时、卫生和节育等基本需求,他们至少偶尔也想要战斗和自我牺牲,更不用说举旗敲鼓地参加忠诚游行了。”[46]

最重要的是,希特勒给予听众的是救赎。他在演讲中谈及更多的并不是政治,而是命运。他说,生活在历史上这样一个决定性的时代是一种荣幸。纳粹正在进行一场“辉煌的运动”,它将会“成为世界历史上最神奇、最非凡的壮举之一”。[47]希特勒暗示,前方的道路可能是艰难的,但即将到来的旅程会让每一个德国人都有机会寻找生命的意义。因此,希特勒认为,德国人是特殊的,这不仅是因为他们是优越的种族,还因为他们出生在这样一个时代,面临着伟大的任务。

1936年9月,希特勒在纽伦堡的纳粹领导人集会上说:“在这个时刻,我们再次深切感受到了使我们走到一起的奇迹![48]你们从小村庄、集镇、城市、矿山、工厂或是农田来到这座城市。你们离开日常生活和工作的环境来到这里,分享这种感受:我们在一起……我们是德国!”那天早些时候,在国家社会主义妇女联盟大会上,希特勒发表了一次非同寻常的讲话,称德国儿童不仅“属于他们的母亲”,也属于“我”。希特勒暗示，他和这些德国孩子之间有一种近乎神秘的联系。

在希特勒发表这一讲话一年后，成为德国少女联盟领导人的尤塔·吕迪格说，希特勒把德国人（或者至少是那些纳粹认为是“雅利安人”的德国人）团结到了一起，这令她“非常惊讶”。“这么多年来，德国人都在不断地相互争吵。事实是，希特勒成功地把几乎所有人聚集到了同一个屋檐下，把他们拉到了一起。人们说，希特勒就像一块磁铁，把德国人吸引到了一起。”而这块“磁铁”似乎对女性格外有吸引力，正如威廉·夏伊勒1934年在纽伦堡希特勒下榻的酒店外所看到的，一群妇女“抬头看着希特勒，就像看着救世主一样，她们的表情已经完全超越了人类的情感”[49]。

希特勒常在演讲中使用宗教术语，谈德国人的“复活”。并且，正如我们已经看到的，他还在1933年向天主教中央党强调了自己对德国基督教会的忠诚。希特勒参与制定的1920年纳粹党纲在第24条中指出，该党“主张积极的基督教”。此外，我们之前也已经谈到，他积极评价耶稣是一个反犹“斗士”。[50]而对这些言论最有说服力的解释是，作为一个政治家，希特勒只不过是意识到了他所生存的这个世界的现实。几年前，在与鲁登道夫的交谈中，他就曾说：“我需要巴伐利亚天主教徒和普鲁士新教徒去发起一场伟大的政治运动。其他的事以后再说。”[51]如果希特勒自己或是他所领导的运动与基督教相距甚远，那么他就不可能在自由选举中获胜。因此，他在公众场合与基督教的关系，甚至是与整个“宗教”的关系，都充满了机会主义色彩。

没有任何证据表明，希特勒曾私下表达过自己对基督教基本教义的信仰。他曾经对阿尔贝特·施佩尔说：“你看，我们很不幸持有着错误的宗教信仰。日本人的宗教信仰把为祖国牺牲视为最高的美德，为什么我们就没有这样的宗教信仰呢？伊斯兰教也比基督教更适合我们。为什么非要信仰软弱无力的基督教呢?”[52]

所有这些都使得希特勒在纳粹国家中日益显著的准宗教地位尤其能激发人们的兴趣。成群结队的德国人几乎就像朝圣者一样到希特勒位于贝希特斯加登的家中向他致敬；数千份个人请愿书被寄送到了帝国总理府；纽伦堡集会上随处可见伪宗教的肖像画；德国的孩子们被教导说希特勒是“上帝派来的”，是他们的“信仰”和“光明”。[53]这一切都说明，在德国人看来，希特勒并不是一个正常的政治家，而更像是一位上帝赐予的先知。威廉·罗斯是一个在纳粹统治早期长大的孩子，对他来说，希特勒“当时就是上帝。所有的媒体都称赞他。我们年轻人相信了这些；你知道，我们当时很愚蠢。现在看看我们的孙辈，当时的我们真是太傻了”[54]。

阿道夫·希特勒成了数百万人崇拜的对象。在执政最初几年的公开声明中，他逐渐将重点从传统的基督教观念转向了一种不太精确的“上帝”的概念。值得注意的是，在1935年的一次演讲中，他说：“威胁和警告都不能阻止我走我的路。我带着梦游者本能的自信，沿着上帝指引的道路前进。”[55]

究竟谁是为希特勒“指引道路”的“上帝”？几乎可以肯定，不是基督教的上帝。正如希特勒在1937年对一群纳粹领导人讲话时所说的，“对于上帝的明确本质，人类并没有普遍的共识”[56]，但“对上帝的信仰是人类最巧妙、最崇高的预感之一，它将我们和动物区分开来”。所以，最有可能的是，希特勒在利用超自然存在这一在他看来“巧妙”的工具，来证明自己的行为是正当的。如果他是在追随“上帝”，那么能对他的行为提出质疑的就只有“上帝”，凡人肯定不行。并且，既然他是人类与“上帝”联系的唯一通道，那么他就可以为所欲为，声称一切都源于上帝的支持。此外，希特勒在公开演讲中越来越不明确他的

“上帝”是否与基督教有关，这使得天主教和新教的神职人员都无法声称自己拥有任何特殊能力，能够解释希特勒与超自然存在之间的直接联系。

结果，德国的基督教会既不知道该如何看待阿道夫·希特勒，也不知道该如何对他的政府做出回应。纳粹从未禁止过教会——事实上，纳粹的很多关键人物都是基督徒。比如，东普鲁士的强硬派纳粹地方长官埃里希·科赫就曾在战后说：“我认为，纳粹思想的发展必须以基本的普鲁士新教观和路德未完成的宗教改革为基础。”[57]

希特勒和科赫的想法肯定是不同的。在掌权的道路上，他最担心的是德国教会——天主教会和新教会——成为自己实现野心的潜在权力障碍而不是精神障碍。多年来，希特勒一直鼓励纳粹神职人员在德国新教会担任高级职位。但到了1937年，希特勒清楚地意识到，德国新教会永远不会像他所希望的那样顺从于他，所以私下里他的言辞便越来越公然地反对基督教。在公开场合，虽然希特勒仍然模糊处理自己和基督教上帝的关系，但其他一些纳粹领导人却直言不讳地表示自己不喜欢基督教。后来成为希特勒秘书的马丁·鲍曼、纳粹党的主要思想家阿尔弗雷德·罗森贝格以及海因里希·希姆莱都曾公开谴责基督教。希姆莱不允许他的党卫军成员说自己不信上帝，但同样，他也不鼓励他们说自己信仰基督教的上帝。对于他们来说，最好的选择就是宣称自己是“上帝的信徒”，而不需要具体说明自己信仰的是哪一个上帝。

随着时间的推移，希特勒对基督教的真实态度在纳粹精英面前展现得愈发清晰。戈培尔在1941年4月8日的日记中写道：“元首是一个完全适合于古代的人。他憎恨基督教，因为它削弱了人性中所有高尚的东西。”[58]同一年，在与包括里宾特洛甫和罗森贝格在内的五位密友聊天时，希特勒说道："战争总有一天会结束。我想我人生的最终任务是要解决宗教问题。"他宣称"基督教是病态的人发明的"，还说"基督教强加于我的来世的具体形象是经不起检验的"。相反，希特勒说，他梦想着"这样一种状态，每个人都知道自己的生死是为了物种的延续"。[59]

但是，希特勒知道，如果公开表达这种反宗教的观点，他自己的声望可能会受到影响，所以他所做的就是为自己的权威找到两个依据：一个是宗教依据，另一个是科学依据。一方面，希特勒声称自己权力的合法性来源于"上帝"，数百万德国基督徒以为希特勒口中的上帝就是他们的上帝；另一方面，希特勒又声称，他的信仰遵循基本的自然法则。因此，《意志的胜利》展现了双重视角：一是伪宗教的形象渲染，二是健康的纳粹青年身上原始的动物力量。

据说，戈培尔因为《意志的胜利》的拍摄而忧心忡忡。在某种程度上，这种焦虑是出于对导演莱妮·里芬施塔尔的嫉妒。正如与戈培尔合作密切的弗里茨·希普勒所说："里芬施塔尔激怒了戈培尔，因为希特勒本人让她在电影中发挥创造力，戈培尔在她面前没有任何发言权。"[60]但戈培尔之所以对《意志的胜利》有抵触情绪，并非单纯出于怨恨。戈培尔一直担心在电影中公然大肆宣传民族社会主义会造成的后果。威尔弗雷德·冯·奥芬回忆说，戈培尔认为类似《希特勒少年旗帜引导我们前进》的电影都是"可怕的"[61]。该影片讲述了一个英勇的希特勒青年团男孩的故事，他在奄奄一息时看到了纳粹旗帜在天堂飞舞。正如戈培尔1934年2月通过《人民观察家报》所声明的："如果我认为一部电影的制作是源于一种真诚的艺术态度，那么我就会保护它……我并不要求电影的开头和结尾要有民族社会主义的游行。纳粹游行应该留给我们，我们对它的理解更到位。"[62]

弗里茨·希普勒解释说，他的上司戈培尔认为："讲话或是报纸上的文章影响着人们的大脑、意识、智力和想象力，而人真正的原动力是被无意识调动起来的，这种无意识并没有被提升到意识层面，而是在一个超越意识的层面激励着人们。电影以一种极其深入的方式作用于这些原动力，因此戈培尔希望特别有针对性地使用这种媒介。"[63]戈培尔认为，有效的宣传必须具备两种特质：必须看起来不像生硬的宣传，并且必须是有趣的。正如他1933年3月在德国广播电台高层人士的集会上所说："第一原则是不惜一切代价避免无聊。我认为这是最重要的。"[64]

所有这一切都意味着，戈培尔容易对《意志的胜利》这种宣传电影持怀疑态度。但在看过这部电影之后，并且更重要的是，在看到了希特勒对这部电影的积极反应之后，戈培尔称赞了这部电影，称《意志的胜利》"是一部出色的元首电影"，并评论说："这部电影成功避免了纯粹政治化的危险……它是一部史诗式的电影，游行队伍稳步前进，信念如钢铁般坚定，充满了艺术激情。"[65]

然而，重要的是，在《意志的胜利》之后，再没出现过描绘希特勒的长篇纪录片。戈培尔更喜欢通过更为低调的方式将希特勒铭刻在德国人的心中。他不喜欢在影片中明确提及希特勒。相反，他希望观众自己把他们正在观看的电影和他们的元首联系起来。所以，后来出现了一系列描绘德国过去英雄人物的历史影片，这些人物包括弗里德里希·席勒、俾斯麦和腓特烈大帝等。这些影片的剧本都经过了精心编排，以使观众能够把历史人物与希特勒联系起来。但影片中的类比从来都不是通过露骨的方式公然说明的，而是通过歪曲历史事实来实现的。例如，俾斯麦废除议会民主制的表现被描绘得非常像希特勒。[66]而按照弗里茨·希普勒的说法，"看过《伟大的皇帝》这部关于腓特烈大帝的电影的德国人会认为，当时的形势和现在的形势很相似……腓特烈大帝就是希特勒的象征”[67]。

戈培尔试图证明，所有这些伟大的历史人物，特别是希特勒，都拥有某些重要的克里斯玛特质。他们中没有一个人是通过民主途径谋求合法性的。相反，无论是通过明示还是暗示，他们都依靠神秘的“上帝”来为自己的行为辩护。他们中也没有一个人是为传统的目标所驱动的，特别是没有一个人追求个人的经济利益，他们都视德国人的利益为最高利益。戈培尔在这些影片中强调的是马克斯·韦伯多年前就写到的观点，那就是，这些克里斯玛式的人物“不受这个世界的束缚”[68]。

此外，戈培尔希望观众在看完电影后觉得他们自己是独立得出他所期望的结论的。有时，他不同意希特勒的观点，因为希特勒不喜欢这种微妙的方法。戈培尔在日记中写道：“关于新闻片，我和元首有些分歧。元首希望在剧本中加入更多争辩性的材料。而我宁愿让镜头自己说话，把剧本限制在解释观众无法理解的内容上。我认为这样更有效，因为观众看不到其中的技巧。”[69]

但是，戈培尔和希特勒对于韦伯另一个理论的正确性并无异议，那就是“克里斯玛式权威极不稳定”[70]。他们知道，如果普通德国人的生活不能在希特勒的统治下得到改善，那么鼓励德国人把希特勒视为准宗教人物是毫无意义的。希特勒要求人们“信仰”他、“相信”他；但是，如果几年后，他的所有干预和倡议都失败了，这种信仰和信任将会不可避免地消亡。

从1933年到1937年底，希特勒的声望不断提高。这绝非偶然。在这段时间里，希特勒的外交政策取得了一系列的成功，这使他备受赞誉。在很短的时间内，德国接连退出了国际联盟（1933年），与波兰签订了为期十年的互不侵犯条约(1934年),并与英国签署了海军协定(1935年)。英国的行为极度削弱了国际联盟以及之前欧洲国家对德国重整军备的集体回应。于是,1936年,希特勒命令德军重新占领了莱茵兰地区,而根据《凡尔赛条约》的规定,德国国防军是被禁止进入这一地区的。这让德国人迸发出了强烈的民族自豪感。

在内政方面,纳粹政府将大量军备支出全部投入到本国的军工企业,成功降低了失业人口的数量。1933年1月,德国失业人口曾多达六百万,1936年9月,这一数字已经降到了一百万,而到1939年9月战争爆发时,德国的失业人口就仅剩三万四千。近期的研究表明,这一成就的取得与被大肆宣传的高速公路建设计划等公共事业项目并没有太大的关系,而是更多地得益于私营经济的复苏。[71]

与失业率的下降相伴随的,是民族共同体运动的兴起。这些运动不仅包括纽伦堡集会等重大事件,还包括德意志劳工阵线领导人罗伯特·莱伊发起的"力量来自欢乐"和"劳动之美"等倡议行动。前者在工人的闲暇时间组织各种团体活动,而后者则试图说服雇主在工作场所提供更好的设施。

正如克里斯托弗·布朗宁教授所说,这一切意味着:"在某种意义上,希特勒在20世纪30年代带给德国的是对绝大多数人有益的东西,但弱势群体和孤立群体要付出极大的代价。所以,如果你不善交际,如果你是吉卜赛人、犹太人或共产主义者,你将遭受巨大的苦难。但绝大多数德国人都可以从中获益,并且不会感受到任何威胁。"[72]

厄纳·克兰茨当时还在慕尼黑读书,对于像她这样的人来说,那段日子是生命中一段"积极的"时光。她说:"精英种族的地位正在提升。我不得不说,这的确具有感染力。人们常说,如果你每天都告诉一个年轻人'你是一个特别的人',那么最终他会相信你的话。"[73]

当然，“提升精英种族地位”的唯一途径就是驱逐其他种族。而希特勒迫害那些他想驱逐出纳粹德国的德国人的方式，揭示了其克里斯玛式领导的另一个关键因素。因为，正如希特勒所理解的那样，敌人可以成为一个领导人最大的财富。

第八章

敌人的重要性

对于阿道夫·希特勒来说，敌人的重要性无可估量。他们不仅加深了希特勒早年就已对这个世界产生的仇恨，也为纳粹党的第一批支持者提供了急需的纽带。正如希特勒所发现的，对于克里斯玛型领导者而言，用所憎恨的人来定义自己，比用所信仰的事物来定义自己更容易。

希特勒也知道把仇恨集中在一个敌人身上的价值。正如他在《我的奋斗》一书中所写："伟大领导人的天赋在于，能够让相去甚远的敌人看起来属于同一类别……必须把不同的敌人联系起来，这样才能让自己的支持者觉得斗争的对象只有一个。这会强化他们的信念，也会加深他们对于破坏自身信念的敌人的仇恨。"[1]

希特勒在心底清晰地定义了一个敌人，那就是犹太人。但是，许多政治上的限制使他无法按照自己希望的方式发泄对犹太人的强烈仇恨。所以，1933年通过的法案在将犹太人"合法"排除出公共部门（如政府部门和军队）的同时，仍然保留了一些特殊条款，明确了一些犹太人不在被排除的范围之内，比如那些曾经参加过第一次世界大战或是在战争中失去了孩子的犹太人。

对于希特勒来说，这一法案的好处在于，比起更为极端的措施，它能够得到更广泛的支持，并且，它的成功表明，德国存在着一种强烈的潜在反犹主义（但是在纳粹上台时，德国人口中犹太人的比例还不到1%）。比如说，经济学家约翰内斯·察恩就承认，在德国，"普遍的"观点认为，犹太人在法律和医学等关键领域占据着与其人口数量不成比例的大量职位。（但是，他并没有结合历史背景考察这一数据，因为造成这一现象的原因是，几个世纪以来，德国犹太人一直被禁止从事很多其他行业的工作。）

就连一些虔诚的基督徒也认为，德国的犹太人是一种"危险"。例如，新教神学家保罗·阿尔特豪斯在1927年的一次演讲中说，尽管他并不接受纳粹的反犹主义，但他也确实认为，德国所面临的"威胁"来自"道德败坏和主要以犹太种族为代表的日益败坏的城市知识分子阶层"。[2]

顽固的纳粹支持者当然更仇视犹太人。他们认为，犹太人是他们的"头号世界敌人"，早期那些试图通过立法将犹太人从有影响力的职位上赶走的方法是没有用的。所以，针对德国犹太人的自发迫害行为不断发生。露西尔·艾肯格林就是受害者之一。20世纪30年代，她在汉堡的一个犹太家庭长大。希特勒上台后，公寓楼里的其他孩子很快就不再跟她和她的妹妹说话了。在上学的路上，那些孩子还会向她们扔石头。露西尔说："那是一种持续的恐惧。"除了身体上的威胁，她们还承受着排斥和辱骂所造成的心理伤害。"被人嘲笑和辱骂是很不舒服的。那些过去和我们一起玩的孩子［现在］都穿着棕色和白色的［希特勒青年团］制服。没有'早安'，也没有'晚安'，只有'希特勒万岁！'。对于一个孩子来说，那真是太可怕了。那不是你能理解的东西，因为你一直在问为什么，却还是不明白。”[3]露西尔的经历并不罕见。德国的犹太人甚至可能因为想要在公共游泳池游泳，或是到公共溜冰场溜冰而遭到纳粹强硬派的身体或言语攻击。

这些针对犹太人的不受控制的攻击，引发了纳粹财政部长亚尔马·沙赫特的担忧。1935年夏天，他声称这种“无法无天的现象”正将“重整军备的经济基础置于险境”。[4]认识沙赫特的约翰内斯·察恩认为，虽然这位纳粹财政部长从未对纳粹在公共生活中和银行业等领域内驱逐犹太人的基本原则“施加压力”，但他确实“为了制定规范的程序、法律和规章，制止偏激的极端行为而施加了很大的压力”。[5]

1935年9月，在纽伦堡的纳粹党集会上，希特勒宣布了两项仓促完成的立法：《德意志血统及荣誉保护法》和《帝国公民权法》。前者禁止犹太人和非犹太人之间的性接触和婚姻，后者剥夺了犹太人的德国公民身份。然而，希特勒没有具体说明如何定义“犹太人”。后来，由于无法通过“种族”定义犹太人，纳粹就使用了宗教定义。如果一个人的祖父母和外祖父母中有三个人曾经信奉犹太教，那么这个人就是一个“彻头彻尾的犹太人”。

希特勒强烈认为，犹太人是一个“种族”。所以，这一定义是与希特勒的观点相悖的。但是，纳粹为了确定谁是犹太人和谁不是犹太人(后来这关乎人们的生死)而花费的时间，再一次表明了希特勒的狂热。一个德国犹太人即使对国家具有巨大的经济价值，即使他/她是最杰出的理论科学家或发明家，也仍将被剥夺公民权和其他一些权利。在希特勒看来，这也说明了犹太人是极其有用的敌人。绝大多数德国人都知道自己不是犹太人，因此相对安全，不会受到迫害。对于希特勒这样的克里斯玛型领导者而言，针对单一敌人的宣传越多，越明确地把敌人定义为一个绝大多数人都知道与自己无关的少数群体，形势就越有利。

于是，希特勒成功利用了“单一敌人”的概念，并歪曲事实，把自己对犹太人的仇恨和对苏联斯大林政权的仇恨结合在一起，试图制造出一个庞大的敌人。1937年9月13日，在纽伦堡的一次演说中，希特勒明确表示，世界正面临着一场大规模的“全方位总攻”[6]，“莫斯科的犹太布尔什维克主义的统治者”是这场总攻的领导者。按照希特勒的说法，这些“统治者”是“一个野蛮的犹太—布尔什维克国际犯罪团伙”，他们恶行累累，还企图在西班牙制造革命。他提醒听众说，第一次世界大战结束后，柏林和慕尼黑革命的领导人都是犹太人。

实际上，并没有证据表明斯大林和犹太人团体有联系。但是，希特勒的言辞极其肯定，颇具说服力，影响了许多听众。对于希特勒来说，声称犹太人有一个秘密的全球“阴谋”的好处在于，他可以用犹太人试图混淆和隐瞒“真相”的说法，来解释自己愿景中的所有矛盾之处。对于像约翰内斯·哈塞布罗克这样的年轻人来说，这种想法让他们得以轻松地理解世界。他说，他对这种“思想指导充满了感激之情”[7]。在加入纳粹和党卫军之前，他和他的同志们一直都很“迷茫”。他们“不理解”周遭发生的事情，因为“一切都极其混乱”。但现在，他们已经获得了“一系列”自己可以理解和相信的“简单想法”。

1937年，尤塔·吕迪格已经成为纳粹德国少女联盟的领导人。她说，希特勒“对年轻人说的话简单易懂，我想这是他的天赋，他们可以完全理解他的话，哪怕是最笨的人也能理解他在说什么”[8]。并且，这种容易理解的表达方式为希特勒赢得了信任，人们总是可以信赖他对种族主义世界观的忠诚。尤塔·吕迪格解释说：“比如，他曾说过，‘在非洲，人们可以躺在香蕉树下面，香蕉成熟后会直接掉到他们嘴里’——这可能有些夸张。‘然而在德国，我们不得不为冬天的到来做准备。我们必须确保我们的地窖里存着煤和马铃薯,我们必须为此而努力'。"

在执政的每一年里,希特勒都在加大重整军备的力度。他越来越专注于他在《我的奋斗》中阐述过的目标,要从苏联夺取领土,在东方建立一个庞大的纳粹帝国。对于那些在工作和闲暇之中注视着希特勒的人来说,元首的自我认知是显而易见的。例如,希特勒巴伐利亚贝格霍夫别墅的管家赫伯特·德林就曾说:"希特勒把自己看作西方世界的救世主,因为当时,在斯大林的统治之下,共产主义极其强大。他觉得自己被召唤着,要去做一些拯救西方世界的事情。"[9]

在纽伦堡发表演讲时,希特勒谈到了源于莫斯科"犹太—布尔什维克"领导人的危险。此前一年,也就是1936年,希特勒曾在一份秘密备忘录中阐明过相似的最终设想,公然表示他认为德国的命运就是在军事上与苏联对抗。在这份备忘录中,他甚至把苏联领导人与犹太人的阴谋联系在一起,向可能还心存疑虑的人们表明,他是真的相信这种疯狂的想法。在备忘录中,他又一次展示了自己对历史的偏爱,写道:"自从法国大革命爆发以来,世界一直在加速走向一场新的冲突,因为必须要阻止'布尔什维克主义'和'世界犹太人'联手取代现在的社会领导人。"[10]

这份备忘录比他第二年在纽伦堡公开发表的演讲更为深入。希特勒和戈培尔一样明白,必须慢慢操纵民意。戈培尔告诉他的新闻助手威尔弗雷德·冯·奥芬:"宣传就像战争中的车队,必须在严密的军事保护下驶向目标,也必须调整好行进速度,以适应最慢的队伍。"[11]

1936年9月4日,在一次日益罕见的内阁会议上,希特勒与内阁成员分享了备忘录的内容。一向爱做好战总结的戈林宣称,希特勒的备忘录"源于一个基本前提,那就是德国与俄国的决战不可避免"[12],德国必须继续全力以赴,为战争做准备。戈林的语气既傲慢又自信,因为他对希特勒的克里斯玛式领导信任至极。戈林说，所有这些计划都可以完成，因为“元首是个天才，他能让那些看似不可能的事情很快变成现实”[13]。

这种“乐观的”态度是戈林的典型特征，他就是一个典型的冒险家。自1937年5月开始担任英国驻德国大使的内维尔·亨德森爵士写道：“到目前为止，在我看来，赫尔曼·戈林是纳粹高层领导人中最讨人喜欢的。在任何危机中，他都像在战争中一样十分冷酷无情。他曾经对我说过，他真正崇拜的英国人是那些被他称为海盗的人，比如弗朗西斯·德雷克。他还指责我们变得‘不够野蛮’了。事实上，他自己就是一个典型的野蛮冒险家，但他具备一些吸引人的个性，我必须坦率地说，我个人的确很喜欢他。”[14]

1936年10月，戈林被任命为“四年计划”的负责人。该计划旨在增加军备开支，减少德国对国外原材料的依赖，同时让德国人的生活保持在可以接受的水平上，以做好战争准备。这个任务甚至超出了那些最有天赋的经济学家的能力范围，更不用说一个前战斗机飞行员了。就连戈林自己都愉快地承认，他对经济学一窍不通，只有“不受约束的意志”[15]。

尽管戈林有着明显的知识欠缺，但对于希特勒来说，他具有巨大的价值。从1922年第一次见到希特勒开始，戈林就接受了希特勒的克里斯玛式领导。所以，他是希特勒身边为数不多的知道他们的元首打算在未来挑起一场冲突的人之一。另一个知道未来事态严重性的人是瓦尔特·达雷。和戈林一样，他也是一个强硬派纳粹分子。1936年早些时候，达雷曾向德国粮食总会的官员们宣布：“德国人定居的自然区域是帝国边界以东至乌拉尔地区的领土，南部以高加索山脉、里海、黑海以及地中海盆地与波罗的海和北海的分界为边界。一个优越的民族总是有权征服一个下等民族并拥有其土地，因此，我们将在此定居。”[16]

希特勒知道，在他的政府中，有些人与戈林和达雷不同，他们不相信他的克里斯玛式天赋。财政部长亚尔马·沙赫特就是其中之一。由于与为“四年计划”效力的官员们在管辖权问题上发生争吵，沙赫特的权力已经遭到了削弱。1936年，他辞去了财政部长的职务，被顺从的纳粹分子瓦尔特·冯克所取代。然而，希特勒清楚，要对抗他的两个敌人（或者说在他看来是一个联合的敌人）犹太人和布尔什维克主义，他必须应对的最重要的权力集团是军队。在镇压罗姆和冲锋队之后，他已经得到了国防部长维尔纳·冯·布隆贝格的信任和赞赏。事实上，布隆贝格几乎已经把希特勒当作英雄一样崇拜。在20世纪30年代担任布隆贝格副官的卡尔·勃姆—泰特尔巴赫记得，他的上司每次与希特勒见面归来都能恢复活力，对元首各种大大小小的想法赞不绝口。他回忆说：“比如，希特勒曾经回想自己在第一次世界大战中的士兵生涯…… [想起] 一名上尉背着沉重的背包，骑着马走在100或110人组成的队伍前面。[希特勒说] ‘这不是进行现代战争的方式，他 [即那名上尉] 应该步行，他的马应该拉一辆车，所有的重背包都应该让马来拉’。”[17]布隆贝格对这个想法和希特勒几乎所有的建议都深感敬畏。

希特勒和纳粹基本的反犹主义，对布隆贝格和其他军队领导人来说并不重要。例如，德国陆军参谋长路德维希·贝克写信给一位朋友说，是否应该将犹太人逐出各类退伍军人协会“主要应该由各协会的成员”[18]来决定。他还说道：“我也知道不少例子，很多非雅利安人的前预备役军官都已经自愿退出了协会，以免给自己或他人造成不便。”如此，贝克是想要把纳粹的反犹主义变成对良好举止的试金石。

约翰—阿道夫·格拉夫·冯·基尔曼斯埃格当时是一名年轻的军官，他说：“今天，在英国、法国、意大利和德国仍然存在着某种反犹情绪，但这与灭绝犹太人的基本观念毫无关系…… [20世纪30年代] 针对犹太人的措施逐渐严格，但任何人都看不出这与灭绝犹太人的想法有什么关系。”[19] 然而，在这一时期，军队领导层支持纳粹政权的行动，远远超出了基尔曼斯埃格所提到的“传统”反犹主义。路德维希·贝克等高级指挥官认为，军官应该接受与纳粹意识形态一致的“种族卫生”和“种族生物学”[20] 教育。

原则上，布隆贝格和贝克等军官可能已经接受了希特勒对布尔什维克主义威胁的看法，并且，他们也同意德国应该努力变得更加自给自足，甚至有一天可能有必要尝试东扩，以建立一个帝国。但这距离设定实现这一目标的具体时间表还有很大的差距。在这方面，希特勒能够利用他早就已经表达过的“纠正《凡尔赛条约》的错误”的愿望作幌子，隐藏自己在苏联的土地上与布尔什维克主义作战的时间意图。在未来几年内入侵苏联的实际后果可能会吓到许多德国军官，但试图废除《凡尔赛条约》的条款就没有那么可怕了。例如，1935年10月，路德维希·贝克在军事学院发表演说，说他希望德国军官们认识到自己对“德国国防军守护者 [即希特勒] ”的“义务”，因为他在努力打破“凡尔赛枷锁”。[21] 当时，希特勒也在场。

在与希特勒共进晚餐之后，贝克觉得自己与元首之间不存在任何个人纽带。贝克的感受与他的上司维尔纳·布隆贝格的感受形成了鲜明的对比，他认为希特勒一点克里斯玛都没有。但这并不重要，希特勒在以各种可能的方式支持军队。重整军备正迅速推进；1935年3月，普遍义务兵役制恢复实行；1936年，德国军队重新占领了莱茵兰地区。在贝克看来，能让这一切成为现实的人有没有克里斯玛并不重要。

但是，显而易见的是，要想彻底打破“凡尔赛枷锁”，还有很多事情要做。例如，《凡尔赛条约》最显著的遗留问题之一，就是东普鲁士仍然分离于德国其他领土之外。波兰人现在控制了连接德国这两个地区的陆上走廊，走廊内的但泽处于国际联盟的统治之下。当时的军官乌尔里希·德·梅齐埃说："我年轻时曾经去过但泽，因为我有一位阿姨居住在那里。我认为但泽绝对是一座德国城市。所有人都希望能够通过谈判来解决问题。我敢断言，如果波兰愿意就这个问题进行谈判，或许德国与波兰之间的战争就不会发生了。"第二次世界大战结束很久之后，德·梅齐埃在接受采访时仍然认为"谈判"可以解决但泽和波兰走廊的问题。这表明，有一种观点是根深蒂固的，那就是，从某些方面来看，重整军备的目的仅仅是为了和平地恢复1914年的德国边界。

1937年底，希特勒的效忠者分裂成了两派。他们都知道希特勒的反犹信仰和反布尔什维克信仰的力量，并且他们中的许多人都或多或少地赞同这些观点。但是，他们中的一部分人，比如沙赫特和军队中的一些高级人物，主要是出于理性的考虑而追随希特勒的；而另外一部分人，比如戈林和很多忠诚的纳粹分子，不仅仅是因为在意识形态上支持希特勒而服从元首，也是因为他们接受了希特勒的克里斯玛式领导。他们相信的是信仰而不是生硬的事实。不足为奇的是，希特勒越来越希望让这些人在他身边。

第九章

激进派的诱惑

克里斯玛型领导者不是普通的政治家，不会在广泛协商的基础上进行统治。他们的决策过程涉及个人信仰，这种个人信仰似乎具有魔力，一种会被会议室破坏的魔力。希特勒极度厌恶委员会会议，极端化地认为重大决策应该由一个人单独完成。

例如，我们很难想到还有哪位政治家会坚持认为，不看亲密同事的简报和备忘录是很重要的，但这就是希特勒的立场。举个例子，1935年，马丁·鲍曼向希特勒递交了一份关于青年问题的文件。他在6月5日收到了希特勒的副官弗里茨·维德曼的答复，答复中说："我现在把这份没有打开的备忘录还给你。元首收到了它，但立即就把它还给了我，他没有读。他本人想在下次纳粹党集会上的重要讲话中谈论这一问题，因此不希望自己的思想受到任何影响。"[1]戈林在与英国大使内维尔·亨德森谈话时也表明了同样的态度，他说："在必须要做出决定的时候，我们所有人的意见都不重要。元首会单独做出决定。"[2]

当然，这一切在很大程度上是一种错觉。希特勒显然接受过其他人的意见，例如，在纳粹党成立的早期，他听取了迪特里希·埃卡特和戈特弗里德·费德尔的大量建议。但是,他从来没有因为从他人那里获得的思想借鉴而称赞过任何人,也不会试图通过与他人的交谈去了解不同的观点,他更喜欢按照自己的想法行事。

赫伯特·德林是希特勒贝格霍夫别墅的管家,他对希特勒的作息习惯了如指掌。他说:“希特勒是个夜猫子,喜欢在夜里工作。[3]他很晚才睡。如果有可能,他会在一晚上读完一本厚厚的书…… [早上] 报纸会被送到他的房间,而他会一直在房间里待到中午十二点半或是下午一点、一点半……他永远都不会放松。他总是有各种安排,而且还会整晚读书。”

贝格霍夫别墅的工作人员逐渐学会了通过一些迹象来判断希特勒在卧室里的独自沉思进展得是否顺利。德林说:“他下楼的时候如果在吹口哨,就是在发出最严重的警报信号,不要跟他说话,让他走,不要打招呼,让他从你身边走过去……但是,如果他下楼时哼着小曲,仔细端详着一幅幅画,如果你聪明的话,你就只看其中的一幅画,他发现后不但丝毫不会不高兴,还会和你聊天。”

曾经在1934年到1939年间担任希特勒贴身侍从的卡尔·威廉·克劳泽[4]证实,希特勒每天大部分时间都喜欢独自待在卧室里,并且午餐之前都不会离开他在帝国总理府的房间。事实上,根据克劳泽的描绘,希特勒是一个非常注重隐私的人。希特勒要求克劳泽早上不要进入他的卧室,而是把报纸和新闻官奥托·迪特里希准备的世界新闻摘要放在他卧室门外的椅子上。希特勒睡醒后会打开门,一把抓起椅子上的资料,然后再把自己关在房间里几个小时。尽管希特勒的作息习惯很奇怪,克劳泽却和德林一样一点也不害怕他的上司。“我和他相处得很好。他不是暴君。他有时会生气,但谁能从不生气呢?”

从年轻时起,希特勒就希望按照自己的想法解决问题,仅仅把结果呈现给听众。这一性格特征在1937年11月5日得到了最为引人注目的展现。那天，第三帝国最重要的会议之一在柏林帝国总理府举行。会议的最初目的是协调德国陆海空三军的资源分配。德国海军总司令雷德尔上将认为，他的战舰建造计划因为缺少钢铁而受到了威胁。戈林既是"四年计划"的负责人，也是德国空军总司令，他在纳粹政权内部的角色冲突也造成了局势的紧张。但最终，11月5日的会议呈现了更为重要的意义，因为希特勒决定以此为契机，向赫尔曼·戈林、康斯坦丁·冯·诺伊拉特（外交部长）、维尔纳·布隆贝格（国防部长）、埃里希·雷德尔（海军总司令）和维尔纳·冯·弗立契（陆军总司令）展示他所谓的"深思熟虑和四年半以来执政经验的成果"。

虽然会议的参加者都普遍支持纳粹的政策，但并不是所有人都坚定地相信阿道夫·希特勒的克里斯玛。戈林和布隆贝格当然信仰元首的"特殊"力量，职业海军军官雷德尔也对希特勒的克里斯玛有一定的认同，但诺伊拉特本质上仍然是一位传统的外交官，弗立契则是一个典型的普鲁士军官，他们很难在情感上被像希特勒这样的前普通士兵所吸引。

希特勒在会议开始时宣读了他所写的一份长篇备忘录。政治家们很少会通过这样的方式宣布重要政策，尤其是在事先没有就将要提出的问题与在座的任何人进行过磋商的情况下。希特勒强调了他在德国政府中的重要作用和这次会议的重要性，还说"万一他去世了，为了长期的德国政策的利益，他的论述应该被视为他最后的遗言和信仰声明"。然后，他重申了自己众所周知的观点，即德国的问题在于如何"解决对空间的需求"。令当时在场的许多人感到新奇和震惊的是，希特勒对解决这一"问题"的方式和时间的看法。希特勒谈到了未来可能发生的一些"意外"，明确表示他决心最迟在1943至1945年间与奥地利结盟并消灭捷克斯洛伐克。当然，这也可能导致与法国甚至英国的冲突。

在场人士，特别是陆军总司令弗立契的反应，是希特勒所不想看到的。弗立契对希特勒的计划提出了一系列反对意见，他的主要观点是，德国不可能同时赢得对英、法两国的战争。布隆贝格对此表示赞同，并提到了捷克在与德国接壤的边境地区部署的防御力量。诺伊拉特则坦率地对希特勒的假设提出了异议，表示自己不认为未来意大利和英、法之间会爆发战争，也不认为它们之间的冲突将对德国有利。[5]显然，正如希特勒的军事副官霍斯巴赫后来所说的，元首的宏伟政治愿景并没有得到军事领导人的“掌声和认可”，而是受到了“严肃的批评”。[6]

希特勒同他们展开了争辩。这显示了他的克里斯玛式领导与独裁者斯大林不同的一面，因为如果有人敢同斯大林进行如此公开和激烈的辩论，其结果可能将是致命的。尽管出席会议的人提出了各种反对意见，希特勒仍然决心坚持他已经宣布的时间表，并且，如果情况允许，他可能会更为迅速地采取行动。一些人认为，希特勒的坚定是其领导力的重要一面。但在这次会议上，他的坚定却被视为了缺点。所有给他的分析造成不便的事实，都被他驳斥或否认了。他确信，随着其他欧洲大国重整军备计划的加速推进，德国人在军备方面所拥有的优势将很快消失。因此，现在是采取行动的时候了。对他来说，其他任何人的想法都无关紧要。

11月会议结束后，在不到三个月的时间里，两名曾经参加会议的重要军事领导人布隆贝格和弗立契都下台了。但他们的下台与希特勒无关，而是出于形势所迫。1938年1月12日，布隆贝格娶了比他年轻三十多岁的女子玛格丽特·格鲁恩。但没过几天，警方就发现格鲁恩女士的过去很不光彩，她曾经在六年前拍摄过色情照片。布隆贝格对此一无所知，事实上，他根本就不了解他的新娘。格鲁恩是一个打字员，他是最近才迷恋上她的。在他的妻子于1932年去世之后，布隆贝格一直单身，就像他强烈地被希特勒的克里斯玛所吸引一样，他也被格鲁恩小姐的魅力所征服。

鉴于布隆贝格的婚姻所引发的争议，希特勒要求海因里希·希姆莱重启对德国陆军总司令弗立契的调查。希姆莱此前曾向希特勒出示过弗立契是同性恋的证据，不过希特勒当时并没有理会。但在布隆贝格事件之后，希特勒想要确认对弗立契的指控是没有事实依据的。

事态的发展十分迅速。布隆贝格被说服辞职；一位证人在希特勒面前称自己曾和弗立契有过同性恋关系。弗立契说，他以名誉担保所有的指控都是假的。尽管希特勒同意在适当的时候将指控弗立契的证据移交军事法庭检验，但弗立契随后还是被解除了职务。

接下来，一件令人惊讶的事发生了。在与希特勒的最后一次告别会面中，布隆贝格建议由希特勒本人，而不是布隆贝格的任何一位同事，担任战争部长。布隆贝格提出这一想法的目的是迎合希特勒。希特勒一直都明白在权力集团中担任多重职务的重要性。例如，他不仅是德国人民的元首和德国总理，也是冲锋队的领导人。但是，布隆贝格的新提议会让德国政府的权力结构看起来非常奇怪，因为作为战争部长的希特勒要对作为总理的自己负责。希特勒随后改进了布隆贝格的建议，他取消了战争部长这一职位，摇身一变成为了武装部队的总司令。希特勒担任这一职务的举动影响深远，特别是在他任命布隆贝格并不看好的意志薄弱的军官威廉·凯特尔担任联合武装部队总参谋长，直接向自己报告之后。在希特勒看来，他一下子就再也不需要为了做自己想做的事而受军队高层纷繁复杂的限制了。

布隆贝格为什么要建议希特勒担任武装部队的总司令，并且没有就希特勒对只会阿谀奉承的凯特尔的任命提出抗议呢？一位仔细研究过这段历史的学者提出，布隆贝格“对他的同事充满了怨恨”[7]，因为他的同事们认为他最近的婚姻玷污了军队的荣誉，但更可能的原因是，布隆贝格希望确保戈林不会得到这个职位。在武装部队的很多精英看来，希特勒仍然是一张“可以接受的”纳粹主义面孔。

希特勒也从弗立契的离职中得到了好处。这不仅仅是因为他现在可以考虑任命一位更加顺从的陆军总司令，还因为另外十几名高级军官也同时离职，并且诺伊拉特也不再担任外交部长。诺伊拉特被任命为内阁委员会——一个从来不召开会议的委员会——的主席，约阿希姆·冯·里宾特洛甫则取代他成为外交部长。里宾特洛甫的主要目标，就是以任何可能的方式取悦阿道夫·希特勒。

乍看起来，这一迅速的重组与20世纪30年代斯大林对苏联军官的清洗颇为相似，都涉及独裁者对军队统治集团中阻碍势力的清除，但两者又存在着明显的差异。与斯大林不同的是，希特勒并没有主动进行人事调整。相反，他的行动是对布隆贝格的困境所做出的反应。而20世纪30年代苏联的“大恐怖”清洗是斯大林自己主动发起的，大约有70万人在一系列大规模杀戮事件中丧生。此外，被两位独裁者撤职的将军们的命运也大不相同。例如，在1937年被苏联秘密警察逮捕的米哈伊尔·图哈切夫斯基元帅是苏联红军最有才华的军事思想家，曾经提出装甲部队应深入敌方领土的“大纵深战役”的创新理论。但斯大林没有任何合理的证据就怀疑他，并对他施以酷刑，最后还开枪打死了他。相反，布隆贝格元帅在1938年2月颜面尽失之后，既没有受到折磨也没有遭到逮捕，反而还得到了五万帝国马克的金色“告别”[8]，外加丰厚的退休金。此后，布隆贝格和他的妻子进行了为期一年的环球旅行。在结束了舒适的假期之后，他们平静地在布隆贝格位于度假胜地巴特维塞的家中安顿了下来。

当然，希特勒和斯大林在本质上是一样的，他们都是实施了大规模屠杀的领导人；但希特勒采用了克里斯玛式领导的技巧，斯大林却没有。正如希特勒在11月5日的会议上所表露的，他认为必须要尝试说服军事领导人接受自己的观点；而斯大林则倾向于恐吓自己手下的将军，希望以此让他们顺从。希特勒知道，在几年之内，他需要他的军队在征服战争中积极行动，但斯大林并没有这样宏伟的计划。他的首要目标是阻止他手下的将军们密谋反对他，并试图通过革命推翻他。和希特勒一样，斯大林也热衷于读历史，他一直记得法国将军拿破仑如何取代了法国大革命的领导人（他甚至把图哈切夫斯基称为“小拿破仑”[9]）。1936年，佛朗哥将军轻而易举地煽动了反对西班牙共和国的起义，这让斯大林颇为惊讶。[10]

在德国，不惧怕遭受纳粹政府酷刑和谋杀的陆军参谋长路德维希·贝克，一直在抗议希特勒在11月5日会议上提出的主张。与希特勒不同，贝克喜欢把自己的想法写在纸上，他不仅对最高统帅的想法进行了犀利的批评，甚至还对其核心政策基础的“生存空间”提出了质疑。尽管贝克承认，融入了对外贸易网络的国家不是“独立的”，但他认为，“因此就断定创造更大的生存空间是未来的唯一道路，似乎并没有经过深思熟虑”。[11]

然而，当吞噬了布隆贝格和弗立契的危机爆发的时候，贝克仍然难以相信希特勒不是一个君子。当时，尽管针对弗立契的指控还没有在军事法庭上接受检验，但希特勒已经打算任命一名新的陆军总司令来取代弗立契。凯特尔将军故意向贝克隐瞒了希特勒的计划。凯特尔私下询问了瓦尔特·冯·布劳希奇将军的意见，问他是否想成为陆军总司令，但前提条件是，他必须赞同希特勒正在进行的组织结构改革，并且要让军队更加支持纳粹政权。

发现此事后，贝克试图在颇有威望的格尔德·冯·伦德施泰特将军的支持下阻挠并改变希特勒的计划，但这毫无作用。希特勒已经下定了决心。国防军最高层的整个结构都将进行重组。希特勒将成为整个武装部队的总司令，而凯特尔将军将成为他盲从的助手。布劳希奇将军将成为陆军总司令，比起弗立契，他对纳粹要顺从得多。所以，希特勒得到了他想要的，而凯特尔将军和布劳希奇将军也用自己的方式得到了他们想要的。凯特尔被提拔到了他原本不曾期望达到的权力地位上（布隆贝格曾在希特勒面前贬低凯特尔，说他只是一个替自己"管理办公室"的人[12]），而布劳希奇则超越了诸多对手，取代了弗立契。他们最重要的动力并不是对希特勒的极度忠诚，而是个人的野心。但是，希特勒应该知道，这两位德国将军都比弗立契更容易受到其克里斯玛式领导的影响。尤其是布劳希奇，他敬畏希特勒，甚至经常在希特勒面前说不出话来。后来，他对哈尔德将军说："请不要因为这个责怪我。我知道你对我不满意。每次面对这个男人时，我都感觉好像有人在掐着我的脖子，再也说不出话来了。"[13]实际上，布劳希奇也得到了希特勒的恩惠，他在被任命为陆军总司令后不久就得到了25万帝国马克，这笔钱让他得以与妻子离婚，并娶了自己的情妇，一个狂热的纳粹分子。

德国陆军参谋长路德维希·贝克仍旧对弗立契的遭遇感到愤怒，但他同样也对希特勒在这场危机中扮演的角色感到困惑。贝克虽然并不易受希特勒的克里斯玛式领导的影响，并且也保留了质疑希特勒决策的权利，但他一直尽职尽责地服从于作为国家首脑的希特勒。然而，在弗立契被撤职后，贝克逐渐开始认为希特勒不可信。在1938年2月5日的一次会议之后，贝克告诉他的一位高层同事说，希特勒违背了对他的承诺。希特勒曾经说过，他将就任何军事重组计划与贝克进行协商，但他并没有这样做。贝克的同事说他是个“傻子”，因为他竟然相信希特勒的承诺，还问他：“你还会被希特勒的诡计欺骗多久啊？”[14]

因此，弗立契事件是希特勒领导史上的一个重要转折点。它让像贝克这样的传统主义者终于看清了国家首脑的品德和个性。对于像贝克这样的军人来说，“誓言”是神圣的承诺。希特勒不仅违背了他对贝克的承诺，没有就军队的高级人事变动与贝克进行协商，还拒绝相信弗立契用自己的名誉做出的担保，拒绝相信对其同性恋的指控是假的。而弗立契并不是一个普通的军官，他是一个把名誉看得高于一切的军队领导人。

约翰—阿道夫·格拉夫·冯·基尔曼斯埃格说：“我很了解他［即弗立契］。他是我一个儿子的教父，所以我们有些个人交往。弗立契是一位保守的普鲁士军官，出身很好，而且不是一般意义上的好，是最好……普鲁士人有许多优秀的品质，这些品质弗立契都有。”此外，基尔曼斯埃格也认为：“弗立契是防备希特勒的最后一道堤坝，有能力［反对纳粹统治］的就只有军队了。”[15]

贝克在帮助弗立契为军事法庭上的辩护做准备，弗立契要在法庭上辩驳对自己的同性恋指控。贝克仍然相信传统的、“体面的”做事方式。这种做事方式似乎也是正确的。负责调查此案的贝克的同事发现，初级军官冯·弗里希上尉与指控弗立契的人有性关系。这不仅证明了弗立契的清白，也给了整个事件一种可能的解释。也许整件事只是因为指控者认错了人而已。贝克期待着弗立契名誉的恢复。

但希特勒还有更重要的事情要做。在军队正式开始调查弗立契案的同时，希特勒对外政策中的一个长期痛处正发展为一场危机。1938年3月10日，希特勒召见了贝克和他的助手冯·曼施泰因，告诉他们军队必须立即准备进入奥地利。

从年轻时开始，希特勒就渴望看到德国和奥地利结盟，而奥地利的纳粹分子多年来也一直在鼓动两国结盟。现在，让事态变得如此紧迫的是，奥地利总理库尔特·许士尼格决定于3月13日就与德国联合的问题举行全民公决。

希特勒下定决心，绝对不能让奥地利人有机会参加公投。但对于希特勒对奥地利采取军事行动的要求，贝克表现出了极大的担忧。他主要担心的是其他国家对德国入侵奥地利的反应。但最终，在希特勒明确表明了入侵奥地利的决心后，贝克不情愿地同意了制订入侵计划，让军队按照元首的命令去做。

对德国入侵奥地利的政治后果表示担忧的不止贝克一个人。当时在德国武装力量司令部国防军最高统帅部负责跨军种协调工作的凯特尔将军形容说，1938年3月10日和11日之交的那个夜晚简直就是一场“殉难”[16]。他接到了多位军方高层人士的电话，其中甚至包括布劳希奇，这些人几乎是在恳求他让希特勒“宣布放弃”入侵奥地利的计划。凯特尔已经非常清楚，他的新上司很敏感，所以他根本没有向希特勒提及这些电话。他知道，希特勒会对军队将领们的谨慎感到愤怒，他不想让他们“承受希特勒的愤怒”。

面对希特勒的威胁，许士尼格取消了公投，并辞去了总理职务，但希特勒仍然在3月12日下令入侵奥地利。与德国将军们的担忧相反，入侵奥地利的行动取得了极大的成功。德军受到了近乎狂喜的欢迎，奥地利人向他们投掷了鲜花。在奥地利出生的纳粹分子莱因哈德·施皮茨和希特勒一起回到了自己的家乡，他说：“德国吞并奥地利就像一个熟苹果落了地一样。”[17]

当时，奥地利正经受着一场与六年前德国的经济萧条类似的危机，削弱的国力让数百万奥地利人欣然接受了德军的到来。当时才十几岁的苏西·塞茨说:“我感觉我们真的必须属于德国。”[18]她曾被教导说奥地利人在第一次世界大战后被剥夺了加入德国的权利,也曾目睹了20世纪30年代经济萧条的影响。“我们看到了人民的需要,我走在大街上,看到每个角落里都有人举着手或是拿着一个小盘子乞讨,这真的太让人沮丧了……孩子们就在那里,他们看起来很饿……1937年年底,人们常常到公寓门口乞要食物。我看到很多人都来了,我总是不得不拿出一碗汤或是一些面包给他们。”

在德军进入奥地利时,包括外交部官员赫伯特·里希特在内的很多德国人都对自己受到欢迎的程度颇感惊讶。“在吞并奥地利的那一天,我和妻子开着敞篷车经过奥地利的提洛尔。我们发现,车子的柏林牌照激起了奥地利人的热情。在前往因斯布鲁克的途中,我们在小镇施瓦茨的一家餐馆吃了午饭,在那里看到一个提洛尔农民,他牵着牛,牛角中间插着带有纳粹万字符的小旗子……我记得很清楚。这就是奥地利人的热情。当时,奥地利的经济形势非常糟糕,奥地利人正希望改善他们的经济状况。而无论如何,他们的热情都是好的。”[19]

对于像布鲁诺·哈赫内尔这样坚定的纳粹分子来说,这是一个充满喜悦的时刻:“十年来,在希特勒出席的各种党内会议和纳粹集会上,我曾经见证了人们的热情。但当时奥地利人对德军的普遍热情程度之高,不仅让我们感到惊讶,甚至是相当难以置信的。从进入奥地利的第一天开始直到离开,我们的印象一直都是这样。在告诉人们我曾目睹的这一切时,我常说,纯粹出于热情的奥地利人会沿着自家房子的外墙爬到几层楼高!”[20]

对于希特勒来说,这是一个巨大的成功,尤其是因为贝克和他的同僚们所担心的任何外部问题都没有发生。在入侵行动开始之前,希特勒就已经收到了墨索里尼的祝福,并且英、法两国也好像从来都没有想要因为这次吞并而同德国开战。英国外交官弗朗克·罗伯茨爵士概括了英国的态度："我想很多英国人会说'好吧，毕竟他们是［在奥地利的］日耳曼人，如果那是他们真正想要的……'"[21]这种观点有着更为广泛的思想背景，那就是，很多英国人觉得或许德国之前遭到了错误的对待。弗朗克爵士说："英国人普遍认为，法国在1918年强加给德国的停战协定过于严苛，而我们显然也与之脱不了干系，这个问题应该得到纠正。就这一点而言，英国人多少会觉得'我们本应该做得更好'。你可以认为这是一种内疚感。但我不确定我们是否感到内疚。"

在接近1938年3月12日凌晨四点的时候，希特勒胜利地乘车回到了他的祖国奥地利。车子经过他的出生地因河畔的布劳瑙，缓慢驶向林茨，一路上，他不停向着沿途欢呼的人群致意。那天晚上，他在林茨市政厅的阳台对着广场上狂热的人群说："上帝召唤我从这座城市走向德国，成为德国的领导人，这一定意味着它交给了我一项特殊的任务，而这项任务只能是让我所热爱的国家重回德意志帝国！"[22]第二天，他签署了一项公告，宣布奥地利已经与德国合并。3月15日，他在维也纳发表讲话，宣布"这块土地是德国的"，并称奥地利已经"理解其使命"。[23]

这是希特勒的克里斯玛吸引力形成的一个分水岭，也是迄今为止他在外交政策上取得的最大胜利，并且，与自己的祖国之间的情感联系让他更为欣喜。更重要的是，尽管许多高级官员此前对入侵奥地利的计划表示了严重的担忧，但希特勒还是坚决推进了这一计划。弗朗茨·冯·帕彭写道："结果就是，希特勒对所有希望他在外交政策上保持温和态度的人的劝告都无动于衷。"[24]

成千上万的奥地利人直接向希特勒表达了崇拜之情，他们像欢迎英雄一样欢迎希特勒。特别是在维也纳，欢迎的场面规模宏大。将近

25万人高呼着“胜利万岁！”“一个民族，一个元首！”，这样的场景不可能不让希特勒对自己的“使命”和克里斯玛式权力信心大增。对于希特勒来说，这的确是一次非凡的旅程。二十五年前离开维也纳时，他没有任何资历，看不到任何前景，似乎也没有任何希望，而现在重返维也纳时，他已经成为统一德国和奥地利的领导人。

许多曾经站在林茨或维也纳的城市广场聆听了希特勒演讲的人，永远都不会忘记他们的情感体验。苏西·塞茨参加了3月12日晚上在林茨的集会，她说：“我想当时我们大多数人都哭了，眼泪顺着我们的脸颊流下来，我们看向周围的人，大家都是如此。”

塞茨向希特勒献上了鲜花，在他面前感受着他的光辉。她说，这一经历激励着她成为一个更好的人。“我在心里承诺，我会尽一切努力做好人，帮助别人，永远不做任何不诚实的事。除了上学，我把所有的空闲时间都用在了工作上，因为他把我们称作‘你们所有人’，并对我们说，‘你们所有人都应该帮助我建立起一个优秀的帝国，在这个帝国里，所有人都是幸福的，都在思考和承诺着去做好人’。”[25] 在德意志帝国，塞茨可以快乐地拥抱她的新生活：“毫无疑问，战前的一切，甚至是战争的最初几年，是我一生中最美好的时光。还有许多热情的人和我一样，我们很高兴能为他人提供帮助……我们被教导着，以健康的家庭、健康的人民、健康的国家以及带着愉快和热情工作的人为未来的奋斗目标。所有这些都是我们认为值得奋斗的事情。所以，我们当然认为那个时候是美好的时光。”

今天，人们经常会问：“为什么在20世纪30年代有那么多德国人和奥地利人追随希特勒和纳粹？”塞茨的话提醒了我们，这可能是一个错误的问题。更好的问法是：“为什么在20世纪30年代有那么多德国人和奥地利人信奉希特勒和纳粹主义？”对此，塞茨的话提供了许多线素。答案不仅体现在她的情感上，也体现在她所感受到的在场听众与希特勒之间的联系上。她觉得希特勒几乎成了一个容器，一个热情洋溢的奥地利人可以倾注自己渴望的容器。用当代政治顾问们的话来说就是，希特勒成功地"说出了在场听众的需求"。

到目前为止，在我们所探讨过的这段历史中，希特勒的克里斯玛的所有组成要素，都在他胜利的奥地利之旅中以或公开或秘密的方式得到了展现：他要将所有日耳曼人团结在自己统治之下的使命；他通过雄辩的口才在自己与听众之间建立起联系，并表达出听众的诉求和感受的能力；他作为奥地利人的"英雄"回到祖国；他对"无阶级"社会的愿景；他在经济危机中给奥地利人带来的希望；他对德、奥两国统一后美好前景的确信；他宣称自己在这些重大事件中不是一个普通的领导人，而是被"上帝"选中完成一项特殊任务的人；还有他完全根据自己的直觉行事的能力，因为吞并奥地利完全是他一个人的决定。

对于许多最忠实的支持者来说，希特勒的克里斯玛还表现在，他想孤立弱势群体，并把他们当作国家的敌人来迫害。在纳粹占领奥地利后，大量犹太人很快便遭到了残酷的对待，纳粹的许多政治反对者被关进了集中营。例如，奥地利前总理许士尼格在纳粹进入奥地利后不久就遭到了逮捕。但是，对于大多数奥地利人来说，在希特勒提出的"民族复兴"面前，这一切都无关紧要。

奥地利人的情绪近乎狂热，而许多像路德维希·贝克一样的德国将军仍然十分清醒，两者形成了极其鲜明的对比。贝克对纳粹在奥地利的行为感到厌恶，也对"那些躲藏在军队圣洁护盾之后的腐朽的乘人之危者"[26]感到恶心。并且，对弗立契案的判决也让他感到十分震惊。3月19日，当绝大多数德国人都把注意力集中在发生在奥地利的事件上时，弗立契终于洗脱了所有不道德行为的罪名——盖世太保对他的指控被证明是捏造的；但这对他也没什么用了。刚刚从奥地利凯旋的希特勒是不会让弗立契官复原职的，因为布劳希奇对他更加顺从。

弗立契和其他许多刚刚被迫退休的高级军官，为接受希特勒的统治而付出了代价。他们曾经在相当大的程度上与希特勒政权合作——他们向他们的元首宣誓，在制服上佩戴纳粹万字符，将犹太同仁驱逐出军队，参加关于“种族优生”的讲座，但这并不足以保护他们。

第十章

解脱的兴奋

希特勒的克里斯玛形成的一个最重要先决条件是，他有能力把自己同数百万德国人的感受、希冀和愿望联系在一起。这种联系的本质正是他的克里斯玛所在。执政几年后，希特勒越来越能够通过这种联系让他的追随者感受到有力的解脱。他们不仅在希特勒担任总理的初期摆脱了第一次世界大战的惨痛失败和《凡尔赛条约》的耻辱，而且摆脱了各种传统束缚的限制。

例如，希特勒曾经在20世纪30年代对阿尔贝特·施佩尔的妻子说："你的丈夫将为我建造起四千年来从未有过的建筑。"[1]当时，施佩尔已经是一名野心勃勃的建筑师了，不难想象，这种言辞必然会让他感到解脱。希特勒给施佩尔提供了一个机会，不仅让他在当时的德国颇有名气，还让他在全世界乃至历史上都闻名遐迩。就像金字塔一样，施佩尔的建筑也会被铭记。后来，施佩尔甚至对集中营里被强迫劳动的犹太人的遭遇做出轻蔑的评论："毕竟，犹太人早就已经在法老手下做过砖了。"[2]

然而，由于阿道夫·希特勒的出现而感受到最为有力的解脱的，是20世纪30年代的德国医学界。那时，德国近一半的医生都是纳粹党的成员，因此，他们中的许多人都赞成希特勒的种族政策也就不足为奇了。他们尤其支持希特勒对纳粹认为"不受欢迎的"人进行强制绝育的想法。德国不是第一个提出这种立法的国家。1928年，瑞士已经通过了一项允许强制绝育的法律，[3]而到20世纪30年代中期，美国也已经有约三十个州允许对某些类型的精神病患者进行强制绝育。但是，纳粹将要实施的强制绝育的规模要比其他国家的大得多。

1933年7月，在担任总理仅仅五个月后，希特勒便推动通过了《防止具有遗传性疾病后代法》。根据这一法律，"遗传健康法庭"不仅可以下令对那些患有精神分裂症等各种精神疾病的人，以及那些由于遗传原因而耳聋或失明的人实行强制绝育，甚至还可以对那些长期酗酒者实行强制绝育。

多特蒙德的保罗·埃格特的经历显示了这种做法的不人道。他是家中十一个孩子里最年长的一个，他的父亲曾经在第一次世界大战中服役，而现在正在"酗酒……并且还常常打我的母亲，我们也没有任何东西可吃"[4]。作为长子，他被打发去向当地的农民讨饭吃。"如果我能够带点东西回来还好，而如果带不回来，我就会挨打。"最终，"人们受够了……于是，他们通知了社会服务机构，把我们送走了。我被单独送去了一个地方，而其他孩子被送到了另一个地方"。

保罗被送到了比勒费尔德的一家儿童医院，当时他并不知道，自己被归为了"少年犯"。然后，十一岁的他被告知必须要做疝气手术。多年以后他才发现，自己当年接受的并不是疝气手术，而是绝育手术。第一次得知这个消息时，保罗觉得自己被侵犯了，这种被侵犯的感觉至今仍然像最初一样强烈："每一年的圣诞节和平安夜，我都要经历同样的事情，我的弟弟妹妹们……他们都有孩子，他们的孩子在楼下跑来跑去,而我和妻子则坐在楼上,我没有孩子到处乱跑,这太糟糕了。”

德国医生并不是被迫对像保罗·埃格特这样的孩子实施绝育手术的。他们不需要这么做,因为许多医学专家都接受了纳粹国家给他们提供的机会。正如理查德·埃文斯教授所说:“19世纪晚期,在德国文化中,整个医学界获得了巨大的声誉和威望。例如,罗伯特·科赫发现了结核病、霍乱和其他一系列疾病形成的原因。他就是德国的路易·巴斯德,虽然他不像巴斯德那么有名,但我想他应该就是德国的路易·巴斯德。医学在德国已经取得了长足的进步,医学界已经享有极高的声望。并且,纳粹种族主义者的种族优生观念也认为,医学界必须带头清除日耳曼种族中堕落的成分。因此,医生在20世纪30年代成为德国人的主要职业。1939年,德国超过一半的大学生都在学医。这太不一般了。军队、武装部队和党卫军提供了大量的医疗工作岗位。各地都建立了种族优生研究院,人们有一种傲慢的想法,认为他们可以利用那些在自己看来在种族或其他方面低人一等的人做实验,比如罪犯或是被关在集中营里的人。他们认为,为了日耳曼种族的未来,他们有权这么做。”[5]

正是在这种背景下,二十多万人在纳粹国家被强制绝育(有人估计这一数字高达三十五万[6])。国家首脑认为种族选择和残酷的社会控制是生存的基础,这种观点被充分宣扬并与医疗人员往往狂热的自发性相互作用,共同促成了这一庞大数字的形成。在《我的奋斗》中,希特勒曾明确表示:“在这个种族毒害的时代,一个国家如果努力保护最优秀的种族群体,那么有朝一日它一定能成为世界的主宰者。”[7]所以,医生们认为,他们一直都很重要的职业已经变得更加重要。种族主义是希特勒自己创造的伪宗教,而医生就相当于伪牧师。

由于种族在希特勒的世界观中占有中心地位,所以对他来说,获得医学界的热情支持几乎与确保军队的支持同样重要。值得注意的是，与他同弗立契和贝克等重要军官之间的关系不同，希特勒与医疗行业的高级人士之间并不存在任何类似的问题。当然，也有一些医生反对纳粹对医学道德的解释，但大多数医生都赞成强制绝育，[8]并愿意接受"帝国医生联合会"对他们的职业监督。接受纳粹的意识形态，当然符合德国"雅利安"医生的经济利益，其部分原因在于，纳粹逐步禁止犹太医生在德国执业让他们有了更多的发展机会。从1933年开始，纳粹逐步实施了一系列针对犹太医生的限制性措施，并于1939年最终彻底禁止了犹太医生执业。

这并不是说，大多数德国医生都必然支持通过阻止"不受欢迎的"种族生育子女来彻底消灭他们；但是，这是希特勒想要奉行的政策。令人惊讶的是，在理论上，他毫不掩饰自己要消灭德国社会中生产力较低的成员的信念。1929年，他在纽伦堡集会上发表演讲说："如果德国每年有一百万儿童出生，而我们能把其中最弱的七十万至八十万消灭掉，那么最终将很可能使国家的实力得到提升。"[9]但是，希特勒知道，如此大规模的种族重组目前还是不切实际的，特别是因为这会遭到那些受到影响的家庭和教会的严重反对。

不过，有一种基本观点认为，为了社会的整体利益而杀害某些人或许是合理的，这种观点并不新鲜。同样，纳粹也早就想要杀死那些他们认为有智力障碍的人。1920年，德国著名法学家卡尔·宾丁教授与德国著名精神病医生阿尔弗雷德·霍赫教授合著的《授权毁灭无价值的生命》一书正式出版。他们担心，第一次世界大战后大量所谓"无用的"人生活在德国，对国家来说是一个"负担"；他们称这些人为"碎石"，说他们活着只能做"道渣"。宾丁和霍赫都反对杀死任何能有意识地理性表示自己不想被杀害的人，却认为无须经过同意就可以杀死那些植物人或严重智障者。霍赫教授写道:“我们永远不会停止尽力治疗患有身体疾病或是智力障碍的人,只要他们的状况还有变好的希望;但有一天,我们可能会认识到,消灭那些完全丧失智力的人并不是犯罪,不是不道德的行为,也不是情感上的残忍,而是一种可以允许且有益的行为。”[10]

在这场关于谁可以或谁不可以被“有益的行动”杀害的讨论背后,是希特勒世界观的核心概念,即种族国家高于个人。正如20世纪30年代在德国长大的弗朗茨·雅各曼所回忆的那样:“作为希特勒青年团的成员,我们被灌输的思想是‘德国必须要活着,哪怕我们必须要死’。”[11]因此,严重智障者应当被杀死,这并不是因为如果可能的话他们会选择去死,而是因为他们对国家是无用的。

许多医生选择实施了在医学上并不一定对被手术者有利的强制绝育手术,从而协助希特勒迈出了第一步。在这一点上,他们显然已经跨越了医学伦理的界限;而他们可以用关爱国家的责任替代关爱个人的责任,从而使自己的行为合理化。就像希特勒一样,他们现在的行为似乎意味着,种族纯正的德国人构成的民族的健康,要比每一个人的个体健康重要得多。[12]

但是,希特勒明白,他必须谨慎地实施谋杀选定的有缺陷的德国人的政策。他至少需要得到一些医生的主动认可,而如果也能得到公众的支持就再理想不过了。为此,1937年,纪录片《过去的受害者》在德国影院上映。这部影片展示了患有慢性病的儿童和残疾儿童的形象,并在评论中详细介绍了维持他们的生存所需要的费用。影片最后说道:“通过人道地结束他们悲惨无助的生活,我们将遵从造物主制定的自然选择和自然秩序的法则。”[13]

纳粹已经系统地减少了可供残障患者使用的资金,使精神病院的条件变得越来越糟糕。[14]现在，他们又鼓励各地的舆论影响者去医院参观，近距离地观察残障患者，故意尽可能地让这些病人看起来像是累赘。坚定的纳粹分子布鲁诺·哈赫内尔在参观了多特蒙德附近的阿普勒贝克精神病院后形成了这样的观点："最令人震惊的，也是在我脑海中挥之不去的场景，就是一次又一次出现在我眼前的精神分裂症患者的病房。那是一个有四十张床的房间，不是真正的床，而只是一些木板。这四十张床上躺着赤裸的憔悴的人……教授说，这是精神分裂症的最后阶段，未来我们每个人都可能因为大脑中的某种突变而遭受到这种疾病的攻击。这真的让我非常担心，这真的会发生，而最重要的是，离开这个房间时，我认识到，正确的做法是杀死处于这种状态的人，而不是让他们继续活下去，基督教会教导我们说每个人都是有价值的，但事实并非如此……在我看来，这些人的生命已经不再有价值了。这就是我从这个病房中体会到的。"[15]

当然，这种令人震惊的状况是纳粹分子自己制造的。这些患者现在被迫在这种状况下生存。因此，许多参观者都觉得病人的状况看上去很可怕也就不足为奇了。这是纳粹对预言的自证，是纳粹惯用的伎俩。后来，纳粹对波兰的犹太人也采用了类似的手段。他们把波兰的犹太人居住区弄得拥挤、肮脏、疾病丛生，从而得以把犹太人令人担忧的生活方式作为对犹太人偏见的证明。

与此同时，尽管有像布鲁诺·哈赫内尔这样的纳粹分子支持杀害患有严重精神疾病的人，希特勒还是对在和平时期实行这项政策保持着谨慎，哪怕他可以看到这样做的前景。1935年，他对"帝国医学领导人"格哈德·瓦格纳医生说，一旦战争开始，他就会采取这样的政策，因为在为国家未来的存亡而斗争的背景下，这种行为会更容易被接受。[16]

希特勒的解释发人深省，因为它表明了希特勒对政治无绝对的理解。说某项政策不可能实施永远都是不对的，最多只能说一项政策暂时可能无法实施。民众对任何新措施的潜在接受程度，都会随着环境的变化而变化，极端的政策最好在极端的时期出台。这种理解与希特勒两个相关的看法有关。首先，主要通过约瑟夫·戈培尔的工作，希特勒有能力尝试并系统地改变德国民众对“安乐死”的接受程度。例如，在《过去的受害者》上映四年后，另外一部影片《我控诉》讲述了一位丈夫杀死了患有无法治愈的多发性硬化症的妻子的故事，进一步支持了《过去的受害者》所表明的观点。

希特勒同样清楚，“民意”这个词可能会产生误导，因为它掩盖了一个事实，那就是整个社会中存在着不同的观点。在像安乐死这样的问题上，个人的意见往往不是非黑即白的，而是摇摆不定的。而他可以亲自发挥重要作用，鼓励人们循序渐进地接受他的观点。作为一位克里斯玛型领导者，希特勒在这方面发挥了多重作用，他使自己想要推行的政策合法化，让它成为可能，并下令实施，以近乎长者的身份告诉他的追随者：“是的，追求梦想，忘记所谓文明社会的惯例。”而现在，许多医生都听从了希特勒的指示，或公然或心照不宣地拒绝了“现代感情用事的人道主义”。[17]

现在，只差一点火花就可以正式在精神病院实施杀戮了，而这个火花在1938年年底（没有人知道确切的日期）出现了。当时，元首总理府办公室的负责人菲利普·鲍赫勒在民众写给希特勒的无数信件和请愿书中发现了一位父亲的请求，那位父亲请求希特勒允许医生杀死他患有严重身体和精神障碍的儿子。希特勒委托自己的私人医生卡尔·勃兰特调查此事。勃兰特前往莱比锡向孩子的医生们了解了情况，然后告诉他们可以杀死那个男孩。“儿童安乐死行动”由此开始。

教授伊恩·克肖爵士曾明确提出“向元首靠拢”[18]的观点，认为希特勒的追随者会发起他们希望能够博得希特勒欢喜的行动。这件事常被看作“向元首靠拢”的一个经典案例，也是对希特勒的克里斯玛式领导权力的一次诠释。因为尽管很多雄心勃勃的纳粹官员都像鲍赫勒一样想要做些让元首感兴趣的事，但在鲍赫勒抓住的这个机会背后，我们很难想象这个严重残疾男孩的父亲为了摆脱可怕的处境，在这个绝望的办法之外还想过其他什么办法。这位父亲并不是在“向元首靠拢”，他只是在寻求解决一个看似死结的情感问题。而除了这个纳粹国家父亲般的首脑，谁还能给他提供一个更好的解决方案呢？戈培尔在20世纪30年代各种宣传造势的目的就是要营造出一种氛围，让人们相信元首的判断是绝对可靠的，所以这位父亲一定认为，知道如何处理自己儿子的问题，能够将他的死亡“合法化”并帮助自己从苦难中解脱出来的人，一定是阿道夫·希特勒。

在应父亲的请求杀死了这个孩子之后，希特勒批准可以用同样的方式处理其他类似情况。为了执行这一“元首的意志”，一个全新的组织成立了，那就是独立于现有医疗管理体系的“帝国严重遗传和先天性疾病科学注册委员会”。该委员会要求助产士报告出生时怀疑患有先天性缺陷的儿童。然后，三位不同的医生会对提交给他们的详细说明缺陷情况的表格进行审查，再分别决定孩子的生死。那些被选中处死的孩子会被从他们的父母身边带走（父母会被“说服”把孩子交给一家“特殊诊所”的医生照顾），然后在一个中心被杀害。全德国共有约三十个不同的杀人中心。例如，多特蒙德附近的阿普勒贝克医院就是其中之一，在那里，孩子们会被注射致死性毒剂或是被逼吞下鲁米那（镇静安眠剂苯巴比妥）药片。

希特勒下令，“儿童安乐死行动”要秘密进行。尽管个别医生可能会拒绝参与这一行动（有些医生也的确拒绝了），但从来都不缺愿意参与谋杀的医疗专业人员。而且，希特勒确实是按照自己之前说过的，把战争作为了采取行动的最佳时机，在战争开始后的1939年10月才签署了对这项行动的授权。更重要的是，希特勒在文件上填的日期是9月1日，也就是德国入侵波兰的那一天。

因此，强制绝育和杀害儿童的安乐死计划进展都相对顺利。有鉴于此，那些不了解这段历史的人常常会惊讶地发现，与此形成鲜明对比的是，纳粹反犹政策的推进并不系统。这并不是因为纳粹党内没有渴望从传统的枷锁中“解脱”出来，以寻求真正彻底解决“犹太人问题”的强烈反犹主义者。正如我们所看到的，纳粹冲锋队在1933年对许多德国犹太人采取的行动，以及1935年仓促通过的反犹太法案《纽伦堡法》，在一定程度上都是想要使已经发生的对犹太人的局部迫害合法化。但是，截至1937年年底，仍然只有少数德国犹太人离开了德国。如果希特勒的政策是驱逐所有的德国犹太人，那么他总理任期内的这五年显然是失败的。然而，他知道，许多像尤利乌斯·施特赖歇尔一样的纳粹强硬派只是在等待一个放开的信号，以便开始不受限制地行动。

1937年4月，希特勒向纳粹党官员发表了透露其真实想法的讲话。在讲话中，他明确无疑地说明了在犹太人问题上自己打算如何领导纳粹党和国家。在这个过程中，他提供了一些有价值的线索，说明了他是如何发挥其自身克里斯玛影响力的。他声称，纳粹犹太人政策的最终目标是“我们大家都极其清楚的”，并说：“我主要关心的始终是避免采取以后可能不得不撤销的措施，并且不去采取可能会对我们造成任何损害的措施。你们必须明白，我总是尽力而为——但是不能做过了。第六感很重要，它能大体告诉你‘我还能做什么？我不能做什么？’”[19]

因此，希特勒再一次强调，任何拥有克里斯玛的领导人都必须营造一种确定的氛围。他说他所在乎的“一切”就是不想看起来软弱。他说:“我不会立即强烈地想要挑起和敌人的战斗。”相反,他更愿意大喊“我要消灭你”,来引起对手的敌意并刺激他们。只有在把敌人困在一个“角落”里之后,希特勒才会“发动致命的攻击”。

据分析,这是一个奇怪的策略。希特勒的长期目标或许很清晰,但没有连贯的政治机制把短期问题与长期目标联系起来。他只是向着他的对手大喊大叫,并没有为他的追随者提供任何指导,没有告诉他们如何达到目标。但是,这次讲话的确解释了一些问题,比如为什么希特勒想要他的将军们像“拴着链子的斗牛梗”[20]。有一部分人支持希特勒,认为他似乎在“克制”激进行动,这种支持对他是十分有益的。希特勒还说他的将军们让他失望,因为他必须鼓励而不是约束他们,但实质问题仍然存在。

1938年3月德国与奥地利合并后,犹太人遭到的“限制”极大地升级了。当时十五岁的犹太学生瓦尔特·卡默林还记得纳粹分子的到来所带来的灾难:商店被砸毁,犹太人遭到猛烈骚扰,犹太企业被征收。他说:“你完全被剥夺了法律权益,得不到任何保护。谁都可以走到你面前,做他们想做的事情,就是这样。”[21]

1938年春天发生在奥地利的暴力与迫害的规模,与曾经发生在德国的完全不同。这种情况的出现主要有两个原因。首先,按照人口比例计算,奥地利的犹太人比德国的犹太人多得多(犹太人约占奥地利人口的4%,而只占德国人口的0.76%)。其次,奥地利虽然不久就会成为德国的一部分,但它仍然不完全是德国的领土。奥地利现象后来成为纳粹国家的一个普遍现象,最严重的暴力行为最初可能发生在德国的传统边界之外,但感受到新激进主义后果的往往是德国。

1938年的情况就是如此。在对奥地利犹太人进行暴力迫害之后,纳粹把他们的注意力转回了国内。4月26日，在纳粹进入奥地利六个星期之后，赫尔曼·戈林下令，所有德国犹太人必须登记他们的房产，任何价值超过五千帝国马克的房产都只有在得到纳粹当局的许可后才能出售或租赁。这显然是公然窃取犹太人资产的第一步。其他措施很快便相继出台：犹太医生、律师、牙医和兽医被禁止为“雅利安”顾客服务，犹太人被迫在自己的名字前加上可以被轻易识别的代号，比如男性要加上“伊斯雷尔”，女性要加上“萨拉”。

在德国和奥地利的犹太人受到迫害之后，美国总统富兰克林·罗斯福决定就这一问题做出更为积极的努力。他呼吁举行一次国际会议，以讨论可以采取的行动。1938年7月，来自三十多个国家的代表在法国埃维昂莱班的皇家饭店举行了会议。希特勒公开向与会代表们表示了冷嘲热讽的支持：“我只能希望并期待对这些罪犯 [即犹太人] 抱有如此深切同情的另一个世界，至少能够慷慨地将这种同情转化为实际的援助。我们已经准备好让这些国家来处理所有这些罪犯了，即使是在豪华的船只上也与我无关。”[22]

事实证明，埃维昂会议给德国和奥地利的犹太人带来的是最糟糕的结果。他们曾希望世界其他国家很快就能够向他们敞开大门，但在这三十多个国家中，只有多米尼加共和国愿意接受大量犹太人。其余的国家大部分只是表示同情，却没有提供什么实际的帮助。这似乎印证了哈伊姆·魏茨曼两年前对一家英国报纸所说的话：“世界似乎被分为了两部分，一部分是犹太人无法生存的地方，另一部分是犹太人无法进入的地方。”[23]

后来成为以色列总理的戈尔达·迈尔见证了整个会议的进程。“坐在那个华丽的大厅里，听着三十二个国家的代表轮流发言，他们每个人都解释说自己是多么希望能接纳大量难民，却多么遗憾自己不能这样做，这真是一种可怕的经历。我想，没有经历这一切的人是无法理解我在埃维昂会议上的感受的，那是一种悲伤、愤怒、沮丧和恐惧交加的感受。我真想站起来向他们大喊，'难道你们不知道这些人也是人吗？如果你们不接纳他们，他们可能就要在集中营中度过余生，或是像麻风病患者一样在世界各地流浪'。"[24]

纳粹对埃维昂会议的看法是明确的。"没有人想要他们"，这是《人民观察家报》[25]使用的大标题。希特勒随后对民主国家在犹太移民问题上的做法表达了蔑视。1938年9月12日，在纽伦堡集会上发表演讲时，他嘲笑了谴责德国人试图"摆脱犹太人"的"民主国家"的态度。他说："这些民主国家只会发出虚伪的悲叹，而只字不提任何善行和援助。恰恰相反，人们听到的都是冷酷的理由，是这些国家很遗憾它们也没有空间的解释……唉，它们不能提供帮助，但是道义上要支持！"[26]

因此，埃维昂会议并没能帮助犹太人摆脱实际的困境，却加剧了希特勒对犹太人统治世界的幻想，因为包括美国在内的世界大多数国家在这个关键问题上都是反对纳粹德国的。正如亚当·图兹教授所说："在我看来，希特勒从根本上相信了世界犹太人阴谋已经呈现出一种全新的、不祥的特点。这始于1938年夏天的埃维昂会议，在那次会议上，美国在有组织的东欧犹太人移民问题上介入了欧洲的事务。当然，这是由德奥合并之后德国人在奥地利所发动的令人难以置信的暴行所引发的。在希特勒看来，德国最大的敌人是世界犹太人阴谋，而美国的介入使这个阴谋的中心从之前与共产主义结盟的莫斯科发生了转移。他在1939年年初非常明确地表示，华盛顿、华尔街和好莱坞才是世界犹太人阴谋的真正中心。这当然会从根本上改变你对战略图景的评估，因为像第一次世界大战一样，在英国和法国背后的是美国军备经济的全部力量。"[27]

1938年11月9日，纳粹反犹暴徒彻底释放了自己的反犹情绪，在“水晶之夜”犯下了一系列暴行。11月7日，在袭击事件发生的两天前，十七岁的犹太青年赫舍尔·格林斯潘走进德国驻巴黎大使馆，向低级官员恩斯特·冯·拉特开了枪。格林斯潘在德国出生，他的父亲森德尔和母亲丽芙卡都是波兰人。正是父母所处的困境驱使他犯下了这一罪行。森德尔和丽芙卡与一万二千多名居住在德国的波兰犹太人一样，刚刚被纳粹抓走扔在德国与波兰的边境。波兰人拒绝让他们进入自己的国家，因此这些没有国籍的犹太人就只能在那里坐等，两个国家都不愿意与他们有任何瓜葛。这有力且现实地说明了纳粹对犹太人的迫害和国际社会在埃维昂会议上的失败所造成的后果。纳粹想要驱逐自己国家的犹太人，但“没有人想要他们”。

11月9日，冯·拉特终因伤势过重死亡。对于整个纳粹运动来说，这一天本就已经是一个“神圣”的日子，是十五年前发生的啤酒馆暴动的纪念日。希特勒和其他纳粹领导人聚集在慕尼黑参加一年一度的纪念活动，一向坚定反犹的约瑟夫·戈培尔要求希特勒允许对德国犹太人采取暴力行动，以为冯·拉特报仇。当晚早些时候，犹太人的住所已经遭到零星袭击，而现在，针对德国犹太人的暴行已经达到了纳粹统治下前所未有的规模。两万多名男性犹太人被关进了集中营，一千多座犹太教堂被毁，几百名犹太人丧生。在纽伦堡，当时十八岁的鲁迪·班贝尔惊恐地看着纳粹冲锋队队员冲进他家的前门，毁掉了他们所能找到的一切。然后，又来了一拨人对他进行了殴打。那些人离开之后，鲁迪发现自己的母亲在哭泣，水从破烂的水管里涌到地板上。穿过破碎的家具、玻璃和瓷器后，鲁迪看到了垂死的父亲。冲锋队队员杀害了他。鲁迪之所以能幸免于难，是因为冲锋队的领头人决定要回家了，因为他早上还要去上班。其余的人“对此非常恼火，他们也不愿意再浪费时间了，于是就迅速地踢了我一脚，在说了声‘滚’或类似的话之后就走了，放过了我”[28]。鲁迪总结自己在纳粹手中的可怕经历说："整个事件都毫无道理，真的。这太荒谬了。"

"水晶之夜"的暴行是由下级的倡议和上级的安排共同促成的。就像导致儿童安乐死计划的倡议一样，有证据表明，纳粹领导人提出并制订了一些他们认为能够取悦元首的行动计划。菲利普·鲍赫勒想要扩大自己和元首的总理府办公室的权力，而约瑟夫·戈培尔在他的婚姻因为与捷克女演员丽达·巴洛娃之间的暧昧关系而陷入困境之后，急于挽回自己在希特勒眼中的形象。

用德国外交部贡特尔·洛泽博士的话来说，纳粹生活在这样一个世界里："每个人都想接近他［即希特勒］。想要讨他欢心，在他面前出现，不管是一起吃午餐还是讨论，都可以。想与他近距离接触，哪怕就一次，对这些人来说也意义重大……我敢说，每一项送到德国总理府的提议，不管是谁提出的，提出者都想要证明自己是阿道夫·希特勒的忠实支持者。"[29]

这虽然是事实，却并不能完全解释冲锋队队员冲进鲁迪·班贝尔在纽伦堡的家并杀害了他父亲的行为。他们同样是出于自己根深蒂固的信仰而热衷于殴打、杀害犹太人并毁掉他们的财产。随着时间的推移，这些信仰可能因为纳粹的宣传和纳粹国家的结构而得到强化和深入，但从根本上说，在希特勒出现之前，一些邪恶的反犹分子就已经持有这些信仰了。希特勒给予他们的是解脱，以及不受限制地行动的权力。

在"水晶之夜"暴力事件发生之前，纳粹党卫军的官方杂志《黑色军团》就发表过一些极度仇视犹太人的文章。在11月9日至10日夜间的恐怖事件发生一周后，该刊又发表了一篇题为"这伙人更坏！"的文章，公然呼吁对犹太人进行集体报复，并流露出一种有助于之后建立死亡集中营的心态:“即使只有一个犹太人或是他们的同伙之一,被雇佣来并充满仇恨地向一个德国人举起凶残的手,犹太人都惨了!不只是一个[犹太]人要为一个死伤的德国人负责,所有犹太人都要。那些没有从我们的第一次温和警告[即“水晶之夜”]中领会到这一点的人,应该知道这一点。我们也不会对个人的罪恶或清白进行吹毛求疵的计算,因为我们不是在根据国际法与犹太人交战……在这方面,犹太人和德国人不是平等的,我们不会被相提并论。只有一种权利,那就是我们的权利,我们的自卫权,只有我们自己才能决定它的行使方式和时间。”[30] 1938年12月的另一篇文章更加露骨地指出了犹太人的潜在命运:“如果有一天,犹太人制造或是购买的谋杀武器被用来对付德国领导人,那么德国的犹太人将不复存在!我们希望我们已经把话说清楚了!”[31]

《黑色军团》还坚持认为,应该立即加强对德国犹太人的迫害。“因为这是必要的,因为国际社会已经不再大声疾呼,因为地球上没有任何力量能够阻止我们,我们要彻底解决犹太人问题。计划是明确的:完全驱逐,完全隔离!这意味着什么?这不仅意味着要把发动凶残的攻击并煽动战争和谋杀的犹太人从德国经济中驱除出去,还意味着犹太人必须从我们的家园和社区中搬走,他们必须住到只有他们自己的街道或街区,尽可能少让他们与德国人接触。”[32]

希特勒的执念现在已经得到了党卫军的公开承认和热情支持。这种激进的热情不仅是仇恨和野心的有力结合,也表明党卫军已经为战争做好了充分的准备。斗牛梗已经摆脱了链子。

第十一章

实现愿景

1939年8月31日，也就是德国国防军士兵进入波兰并引发第二次世界大战的前一天，美国记者威廉·夏伊勒这样记述了德国的气氛："每个人都反对战争。人们公开谈论着这一点。一个人民如此竭力反对战争的国家怎么能发动一场大战呢？"[1]党卫军情报部、帝国保安部的官员们，也认同夏伊勒对德国反战情绪之深的看法。他们一年前就在一份机密报告中写道，由于未来可能要发生的一些事情，德国人的情绪"通常是悲观的"，并且"德国人普遍有一种最为严重的担忧，担心战争迟早会扼杀经济繁荣，给德国带来可怕的后果"。[2]还有一份帝国保安部报告指出，在德国农村，"到处都是紧张和不安的情绪，人们只有一个愿望，那就是'请不要有战争！'"[3]。

然而，战争还是在到来。尽管和任何重大历史事件一样，这场战争的爆发有很多原因，但其根本原因还是在于阿道夫·希特勒的意愿，并且其克里斯玛式领导使这一意愿变为了现实。

事实上，正是希特勒的存在使得从1938年到战争爆发的这段时间变得非同寻常。英国首相内维尔·张伯伦等传统政客认为，没有人真的想要战争。但是，阿道夫·希特勒明白，为了得到他想要的，战争几乎不可避免。德国外交部国务秘书恩斯特·冯·魏茨泽克试图向英国大使内维尔·亨德森爵士解释这种情况的奇怪之处："我再次告诉亨德森，这不是下棋，而是海水上涨。人们不能按照正常情况下对正常人的正常推理来做出同样的假设。"[4]

但是，无法理解希特勒不是一个"正常"政治家的不只是英国人，强大的德国人也错误地认为，他们的元首会听取合理的意见。例如，路德维希·贝克仍然坚持错误地认为，可以说服希特勒冷静务实地看待外交政策的时机和目标。贝克仍然想要保留希特勒的克里斯玛和政治直觉给德国带来的"好"东西，特别是民族自豪感的复苏和日益壮大的军队；同时，他又想要摒除希特勒带来的"坏"东西，比如对那些不符合纳粹理想形象的德国人的暴力迫害，以及对新纳粹帝国的鲁莽追求。但是，和许多聪明的德国精英一样，贝克最终只能怪自己判断失误。因为正如美国废奴主义者弗雷德里克·道格拉斯在另外一个语境中所说的，贝克是那种想要"没有波涛汹涌的大海"[5]的人。

贝克和他在德军高层的一些同事很快就会发现他们的错误有多严重，因为希特勒将目光投向了邻国捷克斯洛伐克。捷克斯洛伐克是第一次世界大战后新独立的民主国家，希特勒自然早就对它没有好感。不过，对于德国来说，捷克斯洛伐克之所以是一个问题，也有实际的原因。对于希特勒来说，在捷克人不保持中立的情况下考虑东进是不可能的，因为从地理上看，捷克斯洛伐克是德国扩张的必经之路。此外，捷克斯洛伐克境内还居住着三百多万日耳曼人，他们大多生活在被称为苏台德区的边境地区。

1938年，生活在苏台德区的二十四岁的日耳曼人贡特尔·朗格尔觉得自己遭到了迫害。他说："日耳曼人的企业遭到抵制，为此我们确实陷入了一个非常可怕的境地……”在他所居住的村庄，大部分居民都有日耳曼血统，“我们有一个捷克邮政局长、一个捷克教师、一个捷克［地方当局］主席和一些捷克道路清洁工，这些职位都不再属于日耳曼人。而你知道，这些工作以前都是由日耳曼人来做的……这还不是他们［即捷克当局］所做的全部，他们还利用了日耳曼人的迫切需求，用承诺引诱日耳曼儿童进入捷克学校。这就是所谓的‘对日耳曼灵魂的诱惑’”[6]。

多年来，纳粹一直在支持苏台德区的日耳曼人寻求在捷克斯洛伐克境内实现更大的独立。在德国与奥地利合并仅仅几天之后，希特勒就与苏台德日耳曼人党领导人卡尔·弗朗克和康拉德·亨莱因举行了会晤。希特勒让他们向捷克政府提出一系列要求，而他知道这些要求是不可能被接受的。

起初，希特勒似乎并不急于将苏台德问题推向危机；但在英、法两国警告德国政府不要对捷克采取军事行动后（讽刺的是，两国的警告是基于一份关于德国意图的错误报告做出的），1938年5月23日，希特勒在柏林召开会议，宣布解决这个问题已经成为当务之急。希特勒说：“我已经彻底下定决心，捷克斯洛伐克应该从地图上消失。”[7]希特勒的副官弗里茨·维德曼说，他对这些话感到“十分震惊”[8]；而这些话对路德维希·贝克的影响更大。

早在5月5日，贝克就已经向陆军总司令布劳希奇发了一份备忘录，指出“想要用军事手段解决捷克问题而又不牵涉到英、法两国是没有希望的”[9]。5月28日，在希特勒说明了其意图之后，贝克回到办公桌前，又写了一份警告备忘录。他再次强调，如果入侵捷克斯洛伐克，德国将面临一场“欧洲大战，甚至可能是一场世界大战”的风险，而“德国将输掉”这场战争。[10]但是，贝克对希特勒入侵计划的反对因为两个关键因素而被削弱了。首先，贝克认同捷克斯洛伐克的存在是德国未来扩张计划实施中的一个大问题。在上一年的9月他就曾说:“只要捷克有属地伸入德国,德国就无法发动战争。”[11]贝克面临的另外一个问题与格雷戈尔·施特拉塞尔在1932年遇到的危机颇为相像。和格雷戈尔·施特拉塞尔一样,路德维希·贝克也自称不会受到阿道夫·希特勒的克里斯玛的影响。然而,同样也和施特拉塞尔一样,贝克现在强调他为不能直接与希特勒接触而感到不安。在5月28日会议之后起草的备忘录中(该备忘录于5月30日送交布劳希奇),贝克仍然表现得像六周后他在另外一份备忘录中所说的那样,似乎“这场战斗是为元首而战”[12]。时任德国外交部外交官的曼弗雷德·冯·施罗德说:“就连[当时的外交部国务秘书]魏茨泽克都认为,单独与希特勒对话可能会产生合理的结果……大家都认为,如果围绕在希特勒身边的不是那些行政长官和纳粹党人,而是一些理性的人,那么人们同希特勒的交流将会好很多。”[13]

因此,尽管在5月28日获悉希特勒打算在不久的将来让捷克斯洛伐克“从地图上消失”,贝克仍然认为,解决问题的办法不是解除阿道夫·希特勒的职务,而是进行行政改革,从而“明确划分并履行各自的责任”。[14]即使贝克没有受到希特勒的克里斯玛的显著影响,他的行为也表明,和施特拉塞尔一样,他也受到了隐性的影响。贝克乐于看到希特勒所取得的成就,也赞同希特勒未来扩张计划的总体目标,这使他无法看清现实,即根本不存在“为了元首”而进行的“斗争”。他还不准备公开承认问题不在于是否能接近希特勒,而在于希特勒本人。

和之前的施特拉塞尔、沙赫特以及弗立契一样,贝克也没能彻底理解一点,那就是,希特勒很难被那些对其计划明智而合理的批评所影响。他没能明白,强大而复杂的德国的国家首脑,一个在短短五年的执政生涯中已经取得了诸多成就的人,并不准备听取那些赞同其目标的专家们根本说不通的意见。

贝克的担忧与他对当时德国政治军事氛围的判断也不无关联。像贝克这样的军方高层人士很容易低估五年来的纳粹宣传对低级军官的思想影响。众所周知，希特勒曾经在1933年11月就说过，“当对手宣布‘我不会站到你这边’时，我会平静地说，‘你的孩子已经属于我们了……你是谁？你会离开这个世界。但是，你的后代现在已经加入了新的阵营。很快，除了这个新阵营，他们将一无所知’”[15]。

这些年轻的军官都从学校毕业，并接受了系统的军事训练。他们所受的教育不仅强调军队和纳粹国家之间密切相关，还大肆吹嘘阿道夫·希特勒的天赋。此外，所有这些初级和中级军官都知道，他们自己的职业发展更多地要仰仗于具有政治意识的新一代军事领导人而不是贝克这样的老式军官的判断，而这些军事领导人更容易受到希特勒愿景的影响。

在某种程度上，这解释了为什么贝克在1938年6月的一次军事会议上试图向其他军官解释入侵捷克斯洛伐克的风险时，引发了大家不同的反应。时任陆军中校的埃德加·勒里希特后来写道，贝克好像只是“在自己的同僚中间公开说反对战争”。他还记录道，当他的同事们聚集在柏林艾斯普兰纳德酒店仔细考虑他们所听到的情况时，鲁道夫·施蒙特少校表示，贝克显然不了解“新政权的活力”，如果他的建议被采纳，那么“追随他的人很可能仍旧在日内瓦的会议桌前请愿，并因此而被嘲笑”。当时才三十多岁的空军军官汉斯·耶顺内克更进一步指出，贝克根本不相信德国新空军的力量。“马恩河会战时，[第一次世界大战期间德国入侵计划的设计师]施里芬对技术的认知落后了二十年，我们因此而受到了惩罚。在贝克看来，我们的空军中队不过是种干扰，但是你们都会感受到它对生命的震撼！”[16]

虽然也有一些在场的军官支持贝克的立场，但大家都很清楚，贝克的观点正日益将他推向权力的边缘。一位与弗立契关系密切的中校表示，过去几周发生的事情让他认识到，德国军队的领导人并不是一个"紧密团结的共同体"，而仅仅是一些人人都可被"取代"的"公职人员"。事实上，很可能有人"已经可以取代"贝克了。但是，对于勒里希特中校、施蒙特少校和耶顺内克中校等野心勃勃的军官而言，这种冷嘲热讽的言论并没有什么吸引力，并且重要的是，他们都将获得更高的职位。到1945年，勒里希特已经成为步兵上将，在东线指挥第17集团军作战。此前一年即1944年的7月20日，施蒙特死于本来是以希特勒为暗杀目标的炸弹袭击，当时他也已经是一名将军，掌管着整个德国陆军的人事大权。1943年，耶顺内克也死在元首的司令部，当时身为德国空军总参谋长的他，因为觉得自己令希特勒失望而选择了自杀。

当时，贝克仍然决心说服他的同事们不要执行他确信会把德国引向深渊的侵略计划。而在1938年夏天，希特勒很有可能再一次凭借自己的克里斯玛成功地使贝克的努力成为徒劳，因为如果希特勒总是驳斥其他将军们合理的反对意见而没有能力说服他们追随自己的领导，我们就很难看到德国是如何被引向毁灭之路的。

7月16日，贝克向布劳希奇递交了一份最新的抗议备忘录。这是他所采取过的最为直率的行动，几乎是要发动叛乱了。"我认为我今天有责任提出一项紧急的要求，敦促国防军最高统帅［即希特勒］放弃战备。"[17]此后不久，在见到布劳希奇时，贝克说，如果希特勒不改变计划，军方高级统帅就应该集体辞职。几天后，经过同与自己看法一致的同事们的协商，贝克告诉布劳希奇，当前的任务不亚于改变纳粹统治的性质。贝克仍然认为，问题不在于希特勒，而在于盖世太保和党卫军的不良影响。贝克写道："可以说，这是命运最后一次给［我们］机会将德国人民和元首自己一起从秘密警察的噩梦中解放出来……对于这场为元首而战的斗争，我们不会也绝不能产生任何怀疑。”[18]他不仅试图证明任何反战“斗争”都应该是为希特勒而战，甚至还提出可以把“为了元首——反对战争”作为他提出的行动计划的口号。

贝克一定已经认识到，任何企图争取军方领导人共同反对国家首脑的行动至少都是有风险的，因此，即使事实并非如此，他也更愿意说希特勒本人并不是事件的始作俑者，而是受到了党卫军和盖世太保等纳粹党机构的过度影响。贝克和希特勒一样，认为应该消灭捷克斯洛伐克，因为它是德国扩张的障碍，他只是在时机的选择上同希特勒有分歧。贝克尊崇旧的帝国统治体系，尊崇尊重军方建议的国家首脑。“为什么希特勒不能更像威廉二世？”这个问题几乎肯定一直萦绕在贝克的脑海深处。最有可能的是，贝克希望希特勒能够像第一次世界大战期间的德皇威廉二世一样，差不多只是一个名义上的国家首脑。

但是，贝克还没能彻底明白一点，那就是希特勒并不是一个传统的政治领导人，他不会被论证严密的备忘录所影响。就像亚当·图兹教授所说：“他不是一个标准意义上的政治家，不会理性地深思熟虑，并总是估算着最终获得成功的概率。对于他而言，政治就是一场戏剧，一场可能不会有美好结局的悲剧。因此，他愿意承担那些他认为不可避免的风险，即使结果很可能对德国不利。”[19]

布劳希奇对贝克的请求到底做出了怎样的回应并不为人所知，但他肯定没有立即对贝克以联合辞职威胁希特勒的想法给予支持。不过，在8月4日召开的一次高级军官会议上，布劳希奇确实就入侵捷克斯洛伐克的计划询问了同事们的看法。很多军官支持贝克，并谈到了入侵计划涉及的实际问题——主要是英、法两国介入冲突的可能性。会议结束时，布劳希奇公开承认，希特勒的战争计划将导致德国的毁灭。[20]

这是第三帝国历史上的一个重要时刻。如果将军们相互忠诚、团结一致，拒绝希特勒的计划，那么他们就会在纳粹国家引发一场危机。但他们并不团结。瓦尔特·冯·赖歇瑙将军去见了希特勒，把会上发生的情况都告诉了他。赖歇瑙是少数由衷地对他的元首充满信心的德军高级将领之一。1932年，他在东普鲁士为布隆贝格将军效力时第一次见到了希特勒，从那时起，他就相信希特勒将成为德国的救世主。所以，赖歇瑙将8月4日会议上的情况透露给希特勒丝毫也不令人感到意外。

希特勒的直接反应是可以预见的——最激烈的愤怒。他命令布劳希奇到贝希特斯加登见他，在那里，他冲着这位德国陆军统帅大喊大叫了一个多小时。8月10日，他召集之前出席了8月4日会议的所有将军开了一次会议。不出所料，他并没有与军事专家们讨论他的入侵计划的价值，而是告诉他们为什么他确信自己是正确的。当一位将军大胆地就德国对抗法国的防御工事齐格菲防线的安全提出质疑时，希特勒朝他大喊说他错了。五天后，在于特博格军事演习结束之后的演讲中，希特勒批评了那些让他们自己变得软弱的人——暗指贝克，并强调入侵捷克斯洛伐克的决定主要是出于政治而不是军事判断。

这是希特勒又一次在他的将军们面前展现自信，这种自信的基础是其领导力中一个熟悉的组成部分，即他绝对坚信自己是正确的。鉴于不久之前贝克等人也曾就德国入侵奥地利发出过可能导致战争的警告，而事实证明希特勒当时的判断是对的；这一次，在相似的境况之下，希特勒暗示，他们最近的警告不应受到重视。因此，尽管将军们有各种实际理由证明他们对入侵捷克斯洛伐克的后果的担忧是正确的，但他们当中的很多人还是准备支持希特勒。埃里希·冯·曼施泰因中将[21]

就是奉行这一最低抵抗路线的代表，他告诉贝克应该把政治问题留给希特勒，集中精力解决在战场上打败捷克人的现实问题。

然而，希特勒这一次呼吁的成功，不仅仅是源于他坚持认为他的将军们应该服从他的命令。他还为他的将军们提供了某种特殊的东西——获取荣誉、展现英雄主义和在战场上获胜的机会，这会让他们在德国历史上享有盛名。当然，风险是巨大的，但希特勒明确表示，他将为入侵捷克斯洛伐克的决定负全部责任。这是被弗里茨·雷德尔博士称为"主动行为的魔力"[22]的一个经典案例，即领导人如果有足够的克里斯玛，就能为自己所发起的所有行动承担风险和可能的过失。由此，他们能够让追随者感受到一种巨大的解脱。

然而这一次，并不是所有的追随者都感受到了解脱。贝克仍然对希特勒的决定持怀疑态度，包括冯·哈泽和冯·维茨勒本在内的许多将军也同样心存疑虑。军事情报局负责人卡纳里斯上将似乎也反对希特勒的行动，尽管他惯用阴谋诡计，很可能是一个与海德里希和希姆莱都有联系的双重间谍。卡纳里斯的副手汉斯·奥斯特更是一个反对派，和亚尔马·沙赫特一样。1938年8月，他们和其他一些人一起设法通过中间人与英国外交部接洽。当时在英国外交部德国事务部工作的外交官弗朗克·罗伯茨爵士说："自那时起，贝克和那些德国人——他们无论如何都不能代表所有的将军——一直秘密与我们保持着联系，而这种联系常常是通过我来进行的。他们就像是在说，'只要英国人和法国人站出来抵抗希特勒，我们就会对希特勒采取行动'，而我们更想说，'如果你们先采取行动是不是更好？或许接下来我们才能够帮助你们'。但当然，在希特勒一次又一次地取得成功之后，这群德国将军的影响力变得越来越小。"[23]

1938年9月初，在贝克和他的同谋者以及英国人都举棋不定时，希特勒发表了一次演说，猛烈抨击了捷克政府和第一次世界大战后捷克斯洛伐克的组成方式，并表示："大多数捷克斯洛伐克人只是被迫服从于《凡尔赛条约》的安排，没有人征求他们的意见。作为一个真正的民主国家，这个国家很快就开始镇压大多数人民，虐待他们，剥夺他们不可剥夺的权利。"[24]而苏台德区日耳曼人的处境已经变得"无法忍受"。希特勒声称："这些人的经济基础正遭到系统性的毁灭，他们因此而经受着缓慢而持续的灭绝。苏台德区日耳曼人的苦难难以形容。"

这是希特勒自我承认的领导技巧的又一个例子，他喊得"越来越响亮"，然后观察对手的反应。英国和法国已经向捷克政府施压，要求其向希特勒妥协，但在纽伦堡演讲之后，形势显然愈发危险。

贝克的反对者之一埃瓦尔德·冯·克莱斯特—施门岑在盛夏的伦敦之行让张伯伦清楚地意识到，德国精英的核心都认为希特勒正在把德国推向战争。但是，1938年8月30日，英国内阁大臣们在讨论德国的对外政策时，[25]却对自己的看法更加谨慎且游移不定。来自其他方面的情报并不认为希特勒已经决心在欧洲引发另一场冲突，例如，英国驻柏林大使内维尔·亨德森爵士就持有这样的观点。但是，会议记录中弥漫着这样一种感觉，那就是，内维尔·张伯伦和外交大臣哈利法克斯勋爵等经验丰富的政治家根本无法相信德国的总理—— 一个欧洲文明国家的领导人——竟然真的想要发动另一场战争。

他们还认为，根据他们对阿道夫·希特勒不稳定性格的了解，如果英国人发出威胁，称会因为德国占领苏台德区而与德国开战，实际上可能会进一步激怒希特勒。张伯伦和哈利法克斯都对第一次世界大战的苦难记忆犹新，对于他们来说，另一场欧洲冲突的前景是可怕的，特别是考虑到德国空军进行空中轰炸的新危险。

试图阻止这场灾难的张伯伦决定乘飞机前往德国，与希特勒举行一次引人注目的会晤。在这一过程中，他“开创了现代峰会”[26]。张伯伦在9月14日早上八点半左右离开伦敦，十二点半刚过就到达了慕尼黑。那天晚上五点钟，他已经走在了希特勒位于贝希特斯加登附近贝格霍夫别墅的台阶上。在随后的讨论中，张伯伦宣布，他个人已经对苏台德区日耳曼人离开捷克斯洛伐克并加入第三帝国做好了充分准备，但他希望希特勒保证不再提出进一步的要求，比如说攻占整个捷克斯洛伐克。希特勒向张伯伦保证，他不会那样做。第二天，张伯伦就回到了英国。尽管与希特勒会面的时间还不到四个小时，但他仍然对希特勒形成了明确的看法。张伯伦写道，希特勒根本没有什么超凡的克里斯玛权力，他“完全没有吸引力。在人群中你永远不会注意到他，甚至会把他当成一个靠画画谋生的人，就像早年的他一样”[27]。此外，正如张伯伦后来对英国内阁所说，希特勒是“我所见过的最普通的人”[28]。

张伯伦不是英国政治精英中第一个认为希特勒绝对不是“绅士”的人。一年前，一个由哈利法克斯勋爵率领的英国代表团曾经到访希特勒在贝格霍夫的别墅，并得出了类似的结论。在场的外交部高级官员伊冯·柯克帕特里克认为，希特勒在午餐时表现得像一个“被宠坏的闷闷不乐的孩子”。更糟糕的是，饭后，希特勒告诉哈利法克斯，英国人应该开枪杀死甘地，以解决他们在印度遇到的所有问题，“如果这还不足以让他们［即印度人］屈服，就射杀十几个议会领导成员；如果这还不够，就开枪射杀两百人，依此类推，直到建立秩序为止”。柯克帕特里克回忆说，当希特勒建议英国人在印度进行大屠杀时，举止优雅的哈利法克斯勋爵看着希特勒的眼神“混杂着惊讶、厌恶和同情”[29]。

因此，哈利法克斯和其他许多英国人一样，完全感受不到希特勒的克里斯玛。他们足够聪明，知道数百万德国人已经为希特勒的吸引力所折服，但他们仍然认为，希特勒更像是一个手艺人，而不是一个像神一样被崇拜的人物。他仍然是危险的，而且还可能是精神错乱的，但他始终是该被蔑视的，是他们所珍视的所有价值观的对立面。

哈利法克斯对希特勒的态度，与冯·帕彭和兴登堡等德国精英政治家对希特勒的最初看法有很多共同之处。他们第一次见到希特勒时，也觉得他是一个没有受过良好教育的蛊惑者。事实上，冯·帕彭和哈利法克斯勋爵在性格和信仰等关键点上有着惊人的相似。他们两个人都是贵族，对他们所属的贵族阶级的美德和义务有着强烈的责任感，而且他们都非常虔诚——热爱猎狐的哈利法克斯因为虔诚而被丘吉尔称为“圣狐”。当然，并非每一个虔诚的德国贵族都对希特勒的克里斯玛无动于衷，但值得注意的是，密谋在1944年7月炸死希特勒的核心人物，都是以贵族的宗教价值观为生活准则的。

然而，应该记住的是，在那段时间见过希特勒的一些英国精英确实觉得他具有某种克里斯玛。他们当中不仅包括像尤妮蒂·米特福德一样愚蠢的上流人士，也包括前首相劳合·乔治等经验丰富的政治家。乔治在1936年写道，他相信希特勒是“一个天生的领导者，一个拥有吸引力、活力四射的人，有坚定的目标和意志，也有一颗无畏的心”[30]。

9月18日，仍然认为希特勒不想发动战争的张伯伦，会见了爱德华·达拉第总理率领的法国代表团。英、法两国共同向捷克政府施压，要求其将苏台德区割让给德国。意识到自己已别无选择的捷克人不情愿地屈服了。随后，张伯伦于9月22日飞往德国，在莱茵河畔波恩以南的巴特戈德斯堡再次与希特勒会面。张伯伦告诉了希特勒他想听到的消息，并认为自己已经阻止了战争。

但希特勒的回应是，要求在10月1日之前不到十天的时间里完全解决苏台德问题，并立即划定新的边界。领土移交工作将不会像英国所建议的那样接受平静的国际监督。张伯伦惊呆了。这不是“合理的”

行为。9月24日，张伯伦返回英国，并不知道希特勒的态度是否会有所缓和。

与此同时，张伯伦对希特勒的态度开始让英国海军大臣达夫·库珀感到困扰。库珀仔细听取了张伯伦的意见，并得出结论，认为希特勒已经对英国首相“施了魔法”[31]。库珀在1938年9月24日的日记中写道：“毕竟，希特勒的成就并不是源于他的智力或演讲能力，而是源于他似乎能够对其他人施加非凡的影响。我相信，内维尔目前正受着这样的影响。”认为希特勒在某种程度上蛊惑了英国首相的并非只有库珀一人。作为一名重要官员，英国外交部常务秘书亚历山大·卡多根爵士被排除在了张伯伦闪电访问贝格霍夫和巴特戈德斯堡的代表团之外。他在9月24日的日记中写道：“我完全震惊了，他［即内维尔·张伯伦］竟然那么冷静地彻底投降了。更可怕的是，我发现希特勒显然已经在一定程度上对他施了催眠术。”[32]

希特勒真的对张伯伦施了“催眠术”或是“魔法”吗？英国首相真的被希特勒的克里斯玛迷住了吗？张伯伦最初对希特勒的负面看法的确有所缓和，他向内阁成员吐露说：“不可能不被这个人的力量所打动。”[33]正如一些彬彬有礼的德国精英过去已经发现的那样，张伯伦也已经了解，不能像对待正常的政治家那样对待希特勒，而这位英国首相显然也因为直接见识了希特勒的行动和个性而感到困惑。希特勒的行为完全不顾及外交礼节。在会晤中，只有希特勒才会尖叫、发脾气、情绪不定、生闷气，只有他才会这么情绪化。正如张伯伦在第二年谈到希特勒时所说的那样，“我不应该想让他成为我的事业伙伴”[34]。所以，即使张伯伦不是希特勒的克里斯玛的受害者，他也肯定受到了希特勒情绪的冲击，因为他拼命想与德国总理达成协议。

对于张伯伦来说，这些日子一定是一种折磨。他问道，希特勒怎么能得到他想要得到的一切，而又仍然试图为这一切强加一些不可能的条件呢？（当然，希特勒从来未曾料到，英国和法国能把苏台德区交给德国，他自己也搞不清楚接下来该怎么做才最好，因为他发动战争的理由已经不复存在了。）正如张伯伦1938年9月27日在他那臭名昭著的广播讲话中所说："为了一个遥远的国家中我们完全不了解的民族之间所发生的争吵，我们现在竟然要在这里挖战壕、试戴防毒面具，这多么可怕，多么荒谬，多么不可思议！似乎更不可能的是，已经在原则上得到解决的争端竟然成为战争的主题……"[35]

然而，哈利法克斯勋爵现在反对完全屈从于希特勒，捷克人自然也是这样想的。随着看法的转变，英、法两国都告诉德国，如果捷克斯洛伐克遭到入侵，它们就向德国宣战。不过，张伯伦仍然提出再次前往德国与希特勒会晤，并于9月29日在慕尼黑举行会议讨论当前的危机。会议在希特勒的办公室举行，距离不远处就是存放着十五年前啤酒馆暴动中"殉难者"遗骸的两个"荣誉圣殿"。

在这里，英、法两国同德国达成了一项协定。希特勒要求墨索里尼帮助他打破僵局，这种僵局完全是由于希特勒自己的不确定所造成的，他不确定是否要继续提出更高的要求以引发战争。最终，苏台德区被割让给了德国，而在英、法两国的坚持下，割让土地的面积比希特勒最初要求的少了一点点，完成领土移交的时间比希特勒最初要求的长了一点点（但仍然需要在两周之内完成），两国以此而"挽回了一点面子"。作为直接受到影响的国家，捷克斯洛伐克却没有代表被邀请参加会议，这在现代人看来是令人震惊的。协议后来被有效地强加给了捷克人，当所有的欧洲大国都站在反对他们的立场时，他们怎么才能拒绝呢？这不是英国人最后一次在没有当事国代表在场的情况下同意将一国领土割让给另外一个国家——不到七年后，他们将在德黑兰会议和雅尔塔会议上对波兰人做同样的事。

《慕尼黑协定》在英国受到了极大的欢迎。9月30日，张伯伦从慕尼黑返回英国，宫务大臣克拉伦登伯爵亲自到赫斯顿机场迎接，他邀请张伯伦直接前往白金汉宫参见国王。甚至还曾有人建议国王到机场接见张伯伦，以对他所取得的成果表示祝贺。[36]

几天后，苏台德区的德国人惊讶地看到了德国国防军的到来。贡特尔·朗格尔说："他们刚从森林里走出来。当他们从我们身边走过的时候，我们都欢呼雀跃，我们很高兴，我们邀请他们到家里，给他们食物和水，和他们交谈，是的，我们太高兴了。我们得到了救赎，简直太开心了，所有人都欢迎他们的到来。我要告诉你，当你了解了生活在德国的德国人和我们相比有多优越的时候，这一切就不足为奇了，不是吗？人们说，感谢上帝，对于我们来说，时代正在发生着改变……因为我们知道，我们终于摆脱了捷克人的枷锁。所有人都欢欣鼓舞。只有少数人会有不一样的说辞，但他们所说的并不是事实。所有人都为此感到高兴。但当然，没有人想到这件事会导致第二次世界大战的爆发。"[37]

希特勒仍然有一种紧迫感。近几个月来，他多次谈到自己的年龄。正如理查德·埃文斯教授所说，希特勒担心自己"没有那么长的时间了"[38]。除了对自己预期寿命的担忧之外，他还曾在5月份的会议上明确表示，现在，在英、法两国完成军备重整之前采取行动是符合德国的利益的。然而，在张伯伦的三次穿梭外交中，希特勒也了解到，一些纳粹核心人物担心德国将来会陷入与英、法两国的冲突。例如，戈林就曾试图说服希特勒远离战争，戈培尔也意识到，张伯伦放弃苏台德区让纳粹的冲突宣传失去了理由。戈培尔认为，要说服德国人民因苏台德区领土移交的技术性细节而走向战争将是困难的。[39]戈培尔还曾在多位帝国重要人物在场的情况下警告希特勒，整个国家明显缺乏对战争的热情。[40]对于与西方国家的冲突，希特勒的潜在军事盟友意大利也并不热衷，墨索里尼希望参加慕尼黑和谈就证明了这一点。所以，希特勒还在等待。

由于从战争边缘退了回来，希特勒也在有意无意之中阻止了一场可能发生的叛变。针对他的阴谋到底有多严重，这是历史学家们多年来一直在争论的话题。[41]也许，令人惊讶的是，虽然路德维希·贝克过去的行为难免让人生疑，但他并不是阴谋的煽动者。贝克在8月中旬就辞去了陆军参谋长的职务，但希特勒要求他暂时对此保密。弗朗茨·哈尔德将军取代了他，而哈尔德之前曾与一些观点相同的同事讨论过抵抗希特勒入侵捷克斯洛伐克这一命令，以防止德国陷入与英、法两国的战争的可能性。慕尼黑会议之后，这些计划（如果曾经是正式计划的话）瓦解了。然而，鉴于希特勒掌握着党卫军和其他纳粹基础结构，并且德国军队中的大量年轻士兵也忠实支持希特勒并相信他的判断，很难想象哈尔德怎样才能成功实现阻止希特勒的愿望——除非杀了希特勒，但对于许多阴谋家来说，要在1938年这么做实在是太不可行了。

与英、法两国的战争不会立即爆发了，此时的希特勒面临着在许多西方民主政治家看来残酷的选择——是走一条与其他欧洲国家和平共处的道路，还是继续奉行只会导致冲突的扩张政策。然而，对于希特勒来说，这根本不需要选择，因为他一直在走向战争。

各种迹象都表明，张伯伦相信，希特勒在9月30日早上签署那份臭名昭著的“文件”时，态度是真诚的。在那份“文件”中，希特勒表示，他和张伯伦一样热衷于“确保欧洲的和平”。当然，张伯伦在某种程度上只是希望能有一个最好的结果。认为希特勒虚伪的想法，简直可怕得难以想象。对于张伯伦来说，认为德国国家首脑会公开赞同某些与其意图相反的做法是令人厌恶的。（张伯伦不是最后一个被独裁者欺骗的英国首相。参加完1945年2月雅尔塔会议后回到英国的温斯顿·丘吉尔告诉他的大臣们："可怜的内维尔·张伯伦认为他可以信任希特勒。他错了，但我不认为我对斯大林的看法是错误的。"[42]当然，后来的历史证明，丘吉尔对斯大林的看法和张伯伦对希特勒的看法一样，也是错误的。)[43]

1938年10月14日，慕尼黑会议结束刚刚两周多一点的时间，在柏林空军部举行的一次会议上，希特勒通过他忠诚的仆人赫尔曼·戈林明确表达了他的真实意图。戈林说，鉴于"当前的世界形势"，元首命令他"执行一项庞大的［军备建设］计划，与这个计划相比，以前的所有成就都毫无意义"。[44]这是一项惊人的——几乎令人难以置信的——扩张计划。亚当·图兹教授说："1938年秋天，他们计划建立一支拥有两万架飞机的空军，这相当于第二次世界大战结束时美国空军的规模，也是当时人们所见过的最大规模的空军。所以，对于一个欧洲小国来说，这是一项极富野心的计划，远远超过了英国皇家空军在1945年所能达到的规模。这一计划每年耗费的支出约相当于战前和平时期德国国内生产总值的三分之一，而在正常情况下，军费开支应约为国内生产总值的2%—4%。举例来说，当时德国的军费开支规模已经相当于20世纪七八十年代北约成员国军费需求的十倍。"[45]此外，根据图兹的计算，为了保持计划组建的新空军部队的战机飞行，"在20世纪40年代初，德国需要以每年三百万立方米的速度购买燃料，而这一数字是当时全球燃料年产量的两倍"[46]。

毫不奇怪，在希特勒重整军备目标的压力下，整个德国经济几乎要崩溃了。1938年12月，戈培尔写道："帝国的财政状况是灾难性的，不能再这样下去了。"[47]希特勒把德国逼入了艰难的境地。不管他签署过什么协定，他都要开战；但他新军备扩张计划的规模是荒谬的。戈林几乎承认了这一点，他在国防委员会说："人们几乎可以得出这样的结论：不可能的。"然而，戈林后来又表示，过去遇到类似的情况时，他"从未放弃"，并且"最终总能找到出路"。[48]

希特勒试图说服德国人，让他们知道自己不是侵略者，只是为了对付一群可怕的敌人——这些敌人越来越危险。1938年10月9日，希特勒在对建筑工人发表的演说[49]中概述了德国需要重整军备的原因："我认为，在某些事件发生之前武装起来，要比在没有准备的情况下仓促应对、称臣纳贡好……当另一个人在英国取代张伯伦掌权时——那个人可能是［已经因为慕尼黑问题而从内阁辞职的］达夫·库珀，也可能是伊登先生或丘吉尔先生，我们就会发现，他们的野心是要再次发动世界大战，而且是要立即发动。他们对此十分坦率，毫无隐瞒。"接着，希特勒特别提到了犹太人——从埃维昂会议失败之后，到"水晶之夜"暴行前的一个月，他的反犹言论日益增多。他说："此外，我们也知道，世界犹太恶魔在幕后若隐若现，和以前一样，正威胁着我们。"

当然，希特勒正在做的是采用惯有策略，夸大德国面临的潜在威胁。他已经看到，德国民众不想再打一场战争，所以他在试图夸大来自其他方面的潜在危险，以为德国的战备寻找理由。在接下来的几个月里，他还将不断重复这种言论，激化德国某些地区民众已有的愤怒情绪，让德国人觉得《凡尔赛条约》的所有"错误"都还没有得到纠正，尤其是第一次世界大战结束后被波兰人强占的德国领土还没有归还给德国。许多德国人现在对他寄予了极大的信任，这对他的政策实施大有裨益。诺伯特·弗赖教授说："当时人们真的很有热情，他们已经在纳粹的统治下经历了好多年的幸福时光，如果你既不是犹太人也不是纳粹的政治对手，你会觉得这几年的生活特别美好。人们爱希特勒，大多数德国人当时都爱希特勒，不是因为他想要发动战争，而是因为他没有通过战争就让德国人过上了幸福的生活……当时的德国人甚至把希特勒说成是‘不流血的将军’，一个能在不流血的情况下实现这一切的军人。”[50]

对于像布鲁诺·哈赫内尔一样的纳粹忠实信徒而言，1938年秋天发生的一系列事件只会让他们更加信赖希特勒的判断。哈赫内尔说：“当然，人们很关心这些事件的走向，但与此同时，我们的态度是，元首会处理好的。元首会做正确的事。人们也为欧洲政治领导人来到慕尼黑而感到自豪。我们同样认为这是优势的体现，我们更加坚信，阿道夫·希特勒已经在世界上取得了重大成就。”[51]

希特勒知道，人们相信他会“做正确的事”，是基于对其克里斯玛式领导的信赖。但是，这种信心主要源于人们相信他有能力在避免战争的同时提高德国的实力和影响力。因此，他现在面临着艰巨的任务，要让公众在继续信赖他的克里斯玛的同时，提高公众对军事冲突的接受程度。1938年11月10日，希特勒在慕尼黑向德国著名记者发表演讲，非常坦率和公开地概述了他所面临的问题及可能的解决办法。他承认：“几十年来，环境迫使我几乎只谈论和平。”然而问题在于，这可能会让德国人相信“现在的政权”决心“不惜一切代价维持和平”——他承认这是对纳粹目标的“错误评估”。因此，政府和这些记者现在都面临着挑战，要在普通民众中树立起一种态度，“有些事情，如果不能通过和平的手段得以实现，就必须诉诸暴力”。要让普通德国人感受到，“如果事情不能友好地解决，就必须使用武力，但无论如何，事态不能再这样发展下去了”。为了达到这一目的，“有必要公开某些外交政策事件，以让德国人民发自内心地要求使用武力”。[52]

希特勒说，他对自己“慢慢对对手进行精神折磨”感到自豪，特别是对捷克斯洛伐克当局。他的暗示很明确，那就是，他之所以能够做到这一点，是因为他对自己有强烈的信心。因此，对于希特勒来说，面对即将发生的一切，德国人民的“自信”是至关重要的。他说：“所有德国人都必须学会狂热地相信最终一定会胜利，即使我们偶尔会被打败，德意志民族也会从全局出发，说这只是一个暂时的阶段，胜利最终一定会属于我们！”希特勒随后宣布，他相信这个目标是一定可以实现的。关键是要始终坚持“领导人永远是正确的！”希特勒承认，德国领导人“必须被允许犯错误”，但重要的是要认识到，“我们不能让世界看到我们的错误，只有这样我们所有人才能生存下来……”希特勒要求，一旦领导人做出了决定，“所有德国人都要团结起来支持领导人的决定。德国人必须形成一个统一战线，这样一来，即使领导人的决定有不是那么正确的地方，也会因为德国人的支持而得到弥补……”

希特勒是在“水晶之夜”暴行后的第二天上午，在慕尼黑发表了这一坦承心扉的演讲的。因此，他选择不去提及袭击事件是值得注意的。事实上，就历史记录来看，他从未公开或私下讨论过这些袭击。就像1933年的抵制犹太人运动一样，这一次，希特勒也直觉地意识到，如果那些反对殴打自己身边的犹太人并将他们囚禁在集中营甚至杀害他们的非犹太裔德国人，把他的名字与暴行联系在一起，他的权威可能会受到损害。然而，如果不是因为他，这些袭击根本就不会发生。

但是，尽管希特勒试图掩盖1938年11月9日至10日夜间的暴行，“水晶之夜”仍然成为第三帝国历史上一个决定性的时刻，同时也是德国国内外对希特勒作为领导人的看法的一个决定性时刻。1938年11月16日，“水晶之夜”事件发生还不到一个星期，路德维希·贝克就在一次私人谈话中表示，他现在觉得希特勒是一个“彻头彻尾的精神病患者”，还说，“我已经多次警告过［德国的将军们］，但最终并没有人听我的”。[53]

在伦敦，“水晶之夜”显著改变了英国外交大臣哈利法克斯勋爵的看法。哈利法克斯此前是支持张伯伦在慕尼黑的行动的，也认可张伯伦所说的《慕尼黑协定》代表着“我们这个时代的和平”[54]。但现在，哈利法克斯在外交政策委员会的一次会议上表示，最近发生的事件表明，“疯子”成功地“控制”了德国。他认为：“[英国政府]眼下的目标应该是纠正一种错误的印象，即我们是颓废的、懦弱的，可以不受惩罚地被粗暴对待。”[55]

纳粹的反犹行动令后来在私下承认自己也“相当反犹”[56]的哈利法克斯感到震惊。他认为纳粹的做法已经越了界。然而，内维尔·张伯伦并不这样认为。毫无疑问，他谴责“水晶之夜”的暴行，但他并不认为这些事件与英国的安全或德国的外交政策意图有什么特别的关联。他之前选择了信任希特勒，之后也不会承认自己一直都是错的，至少现在不会，因为这极大地涉及他的个人权威。[57]

1939年1月30日，希特勒在德国议会发表讲话，几乎将他的真实野心暴露在了德国人民面前。这场讲话持续了两个多小时，因为希特勒对犹太人的“预言”而声名狼藉。希特勒的观点与党卫军杂志《黑色军团》几个月前透露的观点彼此呼应。[58]希特勒说：“如果国际金融界的犹太人在欧洲内外成功地使人类陷入另一场世界大战，那么结果将不是世界的布尔什维克化和犹太人的胜利，而是欧洲犹太种族的灭绝。”[59]

这场讲话中同样值得注意的是，希特勒对他的第二个执念——生存空间——的陈述。他说，总人口过剩的德国面临着一个简单的选择：要么继续出口制造业产品，以获取资金购买进口食品，要么获取更多的领土。他明确表示，自己更赞成后者。希特勒还说，德国与其西方、南方和北方的邻国都保持着和平关系，却没有提到“东方”，由此而指明了其野心所在。尽管如此,他并没有详细说明将如何扩展生存空间。

希特勒的表现值得关注,因为这很可能影响到他的克里斯玛式领导和声望。虽然他在演讲中也提到了自己对和平的渴望,但战争的威胁却笼罩着他的整个发言。整个演讲的潜台词还是和他在"水晶之夜"第二天早上向德国记者发表的演讲一样,实际上就是在说"如果事情不能友好地解决,就必须使用武力,但无论如何,事态不能再这样发展下去了"。《慕尼黑协定》签署后,希特勒仍然高度依赖数百万德国人的信任。与德国人对元首判断力的情感信念相联系的,仍然是对那个熟悉的行动理由的反复强调——"纠正《凡尔赛条约》的错误"。这使得德国人,比如德国空军军官卡尔·勃姆—泰特尔巴赫,仍然坚持认为希特勒"有些想法是对的"[60]。勃姆—泰特尔巴赫问道:"这么多年过去了,为什么第一次世界大战时的协约国——英国、法国和美国——仍然认为《凡尔赛条约》有效呢?这不可能!"[61]

希特勒是如何做到在保持其克里斯玛式领导完整无缺的同时又能推进战争的?另一个时常被忽视的原因是,他自己过去的行为帮助营造了他所声称的危险,推动了他现在的行为。一个极为相似的例子是,由于纳粹削减了精神病院的资金,精神病患者的生存环境极为糟糕,这让他们变得令人厌恶。[62]比如希特勒说,他希望德国大规模重整军备,是因为其他国家对德国构成了威胁,然而,正是德国重整军备的规模使这些国家又想重新武装自己。希特勒说美国媒体同情犹太人,但正是他对待德国犹太人的方式引发了这种同情。

希特勒通过疏远西方大国,通过大规模重整军备进一步加剧德国金融崩溃的风险,通过营造一种只有德国声誉受损(这是希特勒无法设想的)才能阻止战争的氛围。通过如此种种,希特勒使战争几乎不可避免。1939年1月30日在德国议会发表演讲时,希特勒已经获得了超出所有人想象的成就——他创造了一个南起卡林西亚、北至弗伦斯堡、西起亚琛、东至柯尼斯堡和维也纳的大德国。但是,这还不够。

现在,希特勒对冲突的渴望在德国国内已经几乎没有障碍了。到1939年1月,德国军队内部的反对意见几乎已经被一扫而空。例如,1938年12月18日,布劳希奇在关于如何训练德国军官的指示中写道:"足智多谋的元首把'前线同志情谊'这一深刻学说转变成了国家社会主义的意识形态,为我们建立并保护了新的大德意志帝国……所有领域都发生了巨大的改变。一个新德国人已经在第三帝国成长起来,他满怀理想……一个包括所有阶级在内的新的独特的民族共同体出现了,人民、国防军和纳粹党都属于这个共同体。我们坚定地忠于和信任为我们创造了这一切的人,那个用他的信念和意志创造了这个奇迹的人。"[63]

然而,就在四个月前,也就是1938年9月,国防军最高统帅部的阿尔弗雷德·约德尔将军还在他的日记中写道:"元首获得了德国人民的支持,却没有得到军队主要将领的支持,这真令人伤心。我认为,只有通过行动,将领们才能弥补因为不服从元首而犯下的过错。这和1914年的问题是一样的。军队里不服从元首的将军们,归根结底是源于他们的傲慢和自大。他们不再相信和服从,因为他们不认可元首的天赋,他们中的一些人肯定仍然把元首视为第一次世界大战时的那个下士,而不是俾斯麦之后最伟大的政治家。"[64]

从拒绝"认可元首的天赋",到"坚定地"忠于一位创造了"奇迹"的领导人,这一重大的转变竟然只用了四个月的时间。而这之所以成为可能,是《慕尼黑协定》和希特勒的克里斯玛式领导共同作用的结果。希特勒曾经说过,他确信一切都会好起来,而且都会比他的将军们所预期的要更好。这些高级军事将领中的许多人肯定已经感觉到了,现在唯一能做的就是和数百万德国人一样,“相信”元首的判断力。

希特勒正日益接近战争。尽管德国已经得到了苏台德区,但捷克斯洛伐克仍然存在,这让希特勒感到愤怒。他通过约阿希姆·里宾特洛甫向斯洛伐克人施压,要求他们宣布独立,脱离捷克。1938年3月14日,斯洛伐克议会如期宣布独立。现在,捷克斯洛伐克剩下的主要就是波希米亚和摩拉维亚了,非常容易受到纳粹的侵略。斯洛伐克独立后,英、法两国在慕尼黑会议上就捷克斯洛伐克的完整性所做的保证现在已经毫无意义了。他们同意捍卫的捷克斯洛伐克已经不复存在。

自慕尼黑会议和割让苏台德区以来,哈查总统领导的新捷克政府一直努力避免冒犯希特勒,但只要捷克不毁灭,他们无论怎么做都不可能让希特勒高兴。3月14日,哈查总统与捷克外长弗朗齐歇克·契瓦尔科夫斯基到达柏林,恳求希特勒不要下令入侵捷克剩余的领土。希特勒在阿尔贝特·施佩尔设计的新帝国总理府接待了他们。这座庞大的建筑两个月前才开始使用,希特勒想用它来震慑外国政治家。要到达希特勒的办公室,访客们必须先从接待大厅光滑的大理石地面上走过很长的一段路,这个长度是凡尔赛宫镜厅的两倍。进入希特勒的办公室后,他们会看到他桌上的一个镶嵌图案,正如施佩尔所回忆的,那是“一把半出鞘的剑”。希特勒看到这个设计时说:“好,好,当坐在我对面的外交官们看到这个时,他们会害怕得颤抖。”[65]

希特勒故意先看完了一部喜剧电影,在凌晨一点钟才与哈查见面,他告诉哈查,五个小时后,德国军队就将入侵捷克剩余的领土。哈查当场晕倒,在希特勒的医生西奥多·莫雷尔的帮助下才苏醒过来。凌晨四点钟,为了避免流血和杀戮,他同意将捷克斯洛伐克的剩余领土割让给德国。

像安娜·克劳特沃莫娃一样的捷克人都吓坏了。他们还记得,面对德国的侵略，捷克人是如何逃离苏台德区的："从边境回来的捷克人告诉我们，德国人是如何用枪托攻击和殴打他们的。人们不得不带着他们的小孩逃离。事实就是这样，德国人是无情的。他们真是冷酷无情，毫无理由地咒骂我们的人民。"[66]

在剩余的捷克领土上，大多数人都不是德国人。所以，希特勒这一次的行动并不是要夺回德国人或德国在第一次世界大战结束后失去的领土。这就是帝国主义侵略。安娜·克劳特沃莫娃问："他们有什么权利［入侵］？这是捷克共和国，捷克斯洛伐克。他们有什么权利对另一个国家这样？"德国人进入了布拉格，并将捷克人置于了他们的"保护"之下。在此后的日子里，许多人都在问和安娜同样的问题，其中也包括那些身居要职的人，比如英国外交部的亚历山大·卡多根爵士。他在1939年3月20日的日记中写道："恐怕我们已经走到了十字路口。我一直说，只要希特勒能假装他是在把德国人纳入帝国，我们就可以假装他有足够的理由。但如果他继续吞并其他国家，那就是我们该叫'住手！'的时候了。"[67]

到3月底，英国已经向三个国家做出承诺，称未来会保护他们免受德国的侵略。这三个国家是希腊、罗马尼亚和波兰。这对希特勒来说是一个挫折，因为他仍然希望可以通过某种方式说服英、法两国，让它们不干涉德国在东欧的行动。他想要获得苏联西部的土地，这是他一直以来的野心。为此，他一直在试探波兰人对与德国达成某种协议的反应。与德国和斯洛伐克达成的协议一样，这种协议将使波兰在不遭受德国入侵的情况下成为一个由纳粹统治的国家。希特勒认为，他已经向波兰人表明了"善意"，在苏台德区危机爆发时，他已经让波兰人获得了捷克斯洛伐克的领土切申。但现在，有了英国人的担保，波兰人不会任由纳粹欺负他们。

希特勒的外交政策“愿景”仍然没有改变，他仍然要与“血腥罪犯”苏联进行战争，但欧洲地理的现实打败了他。在德国和苏联之间有太多麻烦的国家，这些国家使他的梦想难以轻松实现。与波兰的战争似乎不可避免，与英、法两国的战争很可能也是一样。具有讽刺意味的是，为了保护自己的军队免于长期两线作战，希特勒与苏联缔结了互不侵犯条约。1939年8月24日凌晨，里宾特洛甫在莫斯科签署了这份条约。

对于希特勒来说，这份条约在许多方面都是一团糟。他要和错误的对手——英国——交战，还和错误的国家——苏联——签订了条约。这显然是他作为领导人的巨大失败。他有清晰的愿景，这是所有克里斯玛型领导者都需要拥有的；他也有能力对短期问题做出反应，这是所有政治家都需要的能力。但他没有能力将这两者有机结合在一起。五年前，希特勒在纽伦堡集会上发表了一场演讲。在那场后来被《意志的胜利》所记录的演讲中，希特勒呼吁纳粹党“在信念上要坚定”，但“在战术上要灵活应变”。但是，为了实现“坚定的”信念目标，希特勒“在战术上过于灵活应变”了。

无论如何，几乎可以肯定的是，希特勒与英国结盟的想法从一开始就错了。作为领导人，希特勒的一个弱点是，他在构建德国未来的“愿景”时，没有充分了解其潜在对手的态度。阿尔贝特·施佩尔写道：“他的幻想和愿望直接源于他不现实的工作和思考模式。希特勒实际上对他的敌人一无所知，甚至拒绝接受相关的信息。相反，他相信自己的灵感。”[68]然而，就英国的意图而言，希特勒的“灵感”是完全错误的。正如安妮塔·普拉茨莫乌斯卡教授所说的，英国在1939年春进行了明确的“战略评估”，得出的结论是，“欧洲的均势”正在“损害英国的利益”。[69]促使英国人开始考虑战争的正是这一点，而不是任何宏大的意识形态或人道主义关切。的确,很难想象英国政府会允许德国在中欧和东欧建立一个庞大的帝国。

听说张伯伦在1939年3月德国占领捷克领土后向波兰提供了担保,希特勒感到十分愤怒,因为张伯伦没有继续像在慕尼黑会议时那样行事,没有继续一味同意德国的要求。希特勒似乎还没有意识到,自己的行为已经在很大程度上使别人的行为发生了变化。张伯伦曾经信任希特勒,但希特勒违背了自己的诺言,所以张伯伦不会再信任他了。希特勒的"自我迷恋"和对自己"意志"的专注让他无法看清事实,那就是和他打交道的人有可能彻底改变对他的看法。

但无论如何,希特勒现在已经控制了唯一可以阻止他带领德国走向战争的机构——军队。1939年8月22日,在贝格霍夫举行的一次会议上,希特勒充分展现了这种控制。希特勒对他的将军们说:"从根本上说,一切都取决于我,取决于我的存在……将来可能再也不会出现一个比我更有权威的人了。"[70]希特勒命令他的军事统帅们,在即将到来的战争中,要对敌人"硬下心肠"。

然而,即使是在纳粹精英中,也还是有一些人在经历着内心的挣扎,一方面是对阿道夫·希特勒的克里斯玛式领导的"信仰",另一方面是对战争实际后果的担忧。其中最突出的就是赫尔曼·戈林。比起那些虚张声势、恃强凌弱的漫画对他的刻画,戈林是一个更为复杂的角色,他对希特勒所走的道路有着复杂的看法。这并不是说戈林反对纳粹的侵略。恰恰相反,他支持希特勒吞并奥地利,也很乐意向哈查总统描述他的轰炸机进入布拉格后的场面。和希特勒的将军们一样,戈林的担心涉及英国和法国,甚至还可能涉及美国和苏联的大范围冲突。戈林与女演员埃米·松内曼的婚姻很幸福,他的女儿埃达才刚满一周岁。他们在位于肖夫海德森林的卡琳宫和位于柏林的豪宅里过着富丽堂皇的生活。对于戈林来说，生活是美好的。他为什么要冒着失去这一切的风险帮助希特勒发动一场战争？众所周知，在慕尼黑会议上，戈林与约阿希姆·里宾特洛甫之间爆发了争吵，这恰好展现了戈林的担忧。戈林对好战的外交部长说，他［即戈林］了解战争，如果战争来临，他会驾驶第一架战机飞赴战场，而且会坚持让里宾特洛甫坐在他旁边的座位上。[71]

另一方面，正如我们已经多次在这段历史中看到的，戈林绝对相信阿道夫·希特勒的克里斯玛。希特勒在1939年1月30日发表讲话之后，戈林在议会最新的公开表态承诺会“盲目地”追随希特勒，他说希特勒“为我们恢复了一种有价值的生活，一种精彩而华丽的生活”。[72]

但是，尽管承诺会“盲目地”追随希特勒，戈林仍然希望避免战争。于是，1939年7月初，热心的业余外交家比格尔·达勒鲁斯出现了。戈林和四十九岁的瑞典商人达勒鲁斯已经相识多年。现在，对战争前景感到震惊的达勒鲁斯，与英国一些有影响力的朋友一起同戈林接触，提出要为德国和英国政府之间的和平而努力。戈林对此欣然接受，并于8月7日通过达勒鲁斯在德国北部的一所房子里会见了七名英国高级商人。此后，这位冷静而又慎重的瑞典人又多次与英、德双方会谈，并最终于8月27日在伦敦与内维尔·张伯伦、哈利法克斯勋爵和亚历山大·卡多根爵士讨论了戈林所简要阐述的德国的意图。

戈林的尝试从一开始就注定要失败。英国人不会同意强迫波兰人放弃任何领土给德国人——鉴于德国已经占领了捷克的领土，再一次绥靖是不可能的；而且，希特勒不仅要占领但泽和波兰走廊，还想要在东部得到生存空间。戈林知道这一切。他甚至还在5月份的一个军事会议上听到希特勒直言不讳地说“一定会有一场战争”[73]。那么，戈林为什么还要在达勒鲁斯身上浪费那么多时间呢？一种可能是，因为里宾特洛甫的存在,他觉得自己在希特勒身边受到了排挤,希望通过这次冒险重新回到权力中心。但根据达勒鲁斯对那个夏天的回忆,更为可能的是,戈林实际上是在尽其所能避免与英国的战争。亚历山大·卡多根爵士对8月30日发生的奇怪场景的描述也传递出了同样的信息。[74]当时,达勒鲁斯在英国外交部与戈林通电话,向他询问德国和英国之间是否有可能达成妥协——当然,这根本不可能。

戈林把自己的权力、名望和财富都归功于他在纳粹国家的地位——只有相信阿道夫·希特勒的克里斯玛式领导,他才能享有这种地位。现在,戈林正体会着这种信仰不好的一面——如果你出于盲目的信仰而追随一个领导人,那么之后如果担心这条道路会把你带到一个你不喜欢的地方,你就没有什么选择了。

8月29日凌晨,戈林安排达勒鲁斯和希特勒在帝国总理府会面,达勒鲁斯亲手将哈利法克斯勋爵的一封信交给了希特勒,信中表达了英国人对和平的渴望。戈林曾以为,这份没有锋芒的照会可以改变些什么,这表明他不顾一切地想要避免与英国的战争,并且急于通过显示自己对英国政府中权势人物的影响力来取悦希特勒。

与几个月之前的哈查一样,达勒鲁斯也在到达希特勒的办公室之前,走过了新帝国总理府豪华的大理石之路。见到达勒鲁斯时,希特勒目不转睛地盯着他,然后开始了一段关于德国历史的独白。达勒鲁斯看到了希特勒是如何在没有外界刺激的情况下进入兴奋状态的。达勒鲁斯写道:"他以一种吸引人的方式把自己的观点置于最有利的一面,但很遗憾,他根本无法看到或尊重另一方的观点。"[75]希特勒向达勒鲁斯吹嘘着德国军队的实力,而当他提到德国空军力量时,一直安静坐着的戈林"满意地咯咯笑了起来"。

此时,达勒鲁斯已经认定,希特勒的"精神状态显然是不稳定的",

因此，当他终于能够插上话的时候，他的语气很温和，试图让这位德国领导人平静下来。但是，当达勒鲁斯提到英、法两国的军事力量也很强大时，希特勒瞬间就做出了反应。希特勒“突然站了起来，变得非常激动和紧张，他走来走去，仿佛在自言自语地说，德国是不可抵挡的，通过一场迅速的战争就可以打败她的敌人。突然，他在屋子中央停了下来，站在那里瞪大了眼睛。他的声音含糊不清，他的举止完全不正常。他说话断断续续。很明显，他的思想集中在战争爆发后等待他完成的任务上。他说，‘如果会发生战争，我就会建造潜水艇，建造潜水艇，潜水艇，潜水艇，潜水艇’。他的声音越来越不清楚，最后根本就听不到了。然后，他定了定神，提高嗓门，好像是在对着一大群听众讲话似的，尖声叫道，‘我会建造飞机，建造飞机，飞机，飞机，我要摧毁我的敌人’。他看起来更像是故事书中的幽灵，而不是一个真正的人”。[76]

见面结束时，达勒鲁斯试图了解希特勒想从波兰人那里得到什么。但是，像他之前的许多人一样，他发现希特勒是不可能清楚详细地表达的。达勒鲁斯离开了，他震惊于希特勒的行为，也震惊于戈林在他的元首面前的低声下气。

作为政治史的一部分，达勒鲁斯这次非同寻常的遭遇并不难解释。希特勒一定认为，他应该利用哪怕是最微小的机会，说服英国不要因为波兰而陷入与德国的冲突，尽管他知道这几乎是不可能的。作为一位克里斯玛型领导者，希特勒这么做很耐人寻味。达勒鲁斯此前从未见过希特勒，这一次也没有发现希特勒的“克里斯玛”。事实上，他写道，他“丝毫没有看到人们普遍认为希特勒对每个人都具有的那种非凡魅力”[77]。相反，达勒鲁斯认为希特勒的心智是不健全的。

当然，希特勒经常发脾气，而且从来不能长时间与人进行礼貌且详细的正常交谈。同样，他以前也曾经在外交讨论中把愤怒作为一种策略——最引人注目的一次就是1938年2月12日奥地利总理库尔特·许士尼格到访贝格霍夫时。那天早上，希特勒对许士尼格大发雷霆，中午却摇身一变，和奥地利代表团一起共进午餐，俨然就是一个欢快的主人。当天在场的奥地利外交官奥托·皮克哈姆博士注意到，被希特勒痛骂之后，许士尼格在午餐时"非常沮丧"[78]，几乎惊魂未定。

但是，在与达勒鲁斯交谈时，希特勒似乎并没有有意识地把咆哮作为一种谈判策略。在这种情况下，达勒鲁斯似乎看到了真实的希特勒的一个重要方面。我们已经看到，希特勒的个性的核心部分就是他有无限的仇恨，而现在，他的仇恨与一种被赋予了极大自由以至于似乎已经失控的情感联系在了一起。希特勒能够在情感上感知世事，并向他人展现自己的情感，这是其克里斯玛吸引力的一个关键组成部分。在听众感受到情感之前，他必须首先有所感受。

但现在，希特勒真实情感的表达越来越让其他欧洲政治家和外交官认为他的精神状态"明显不稳定"，就像达勒鲁斯所说的那样。例如，英国驻柏林大使内维尔·亨德森认为希特勒"相当疯狂"，并且"已经精神错乱了"。[79]然而，希特勒仍然是德国无可匹敌的领导人。确实，戈林曾经平静地目睹了希特勒在达勒鲁斯面前的高谈阔论。

在这一决定性的时期，戈林和无数德国人继续支持着希特勒，这让我们看到了他们对希特勒领导力的感受。首先，多年来，戈林一直见证着希特勒慷慨激昂的演讲。虽然外国人可能认为希特勒是"疯子"，但戈林和其他纳粹精英却很难注意到激情和危险的不稳定之间的界限。例如，在哈查总统被迫同意放弃捷克领土后，年轻的德国外交官、纳粹党员曼弗雷德·施罗德在帝国总理府目睹了希特勒的行为。希特勒"一直在讲个不停"[80]，同时"向两位秘书做着口述"。当时，施罗德认为这种极度活跃的行为是"工作中的天才"的标志，但"今天回忆起来，我清楚地回想起他站起来然后又坐下的情景，我想他当时就像一个十足的疯子”。从具有超凡克里斯玛的“天才”到“十足的疯子”，这是同一个人对希特勒判断的变化，而促成这种改变的只是时间和经历。

许多支持希特勒的人在感到焦虑时，常会从一个熟悉的信念中寻找支持，这个信念就是希特勒受到了疯狂且激进的顾问们过度的影响。戈培尔1926年在班贝格会议上认为，希特勒之所以会批评格雷戈尔·施特拉塞尔的计划，是因为他落入了令人讨厌的巴伐利亚纳粹领导人的掌控。就像当年的戈培尔一样，现在很多人都指责好战的外交部长里宾特洛普，认为德国急于发动战争都是因为他。曼弗雷德·冯·施罗德说，德国外交部现在的问题是“如何摆脱里宾特洛甫，而与希特勒直接接触”。自相矛盾的是，他们一方面认为希特勒不知怎么地就被引入了歧途，另一方面却绝对相信希特勒内心深处知道什么是对德国最好的。这种信念的基础在于，希特勒不断表现出对自己判断的不可动摇的确定性，并且，他最近的一系列外交政策冒险最终都是对德国有利的。阿尔贝特·施佩尔写道：“希特勒表现出来的自信打消了我所有的疑虑。在那些日子里，我觉得他就像一个古代神话中的英雄，他完全知道自己的力量，会毫不迟疑地接受并巧妙地应对那些最疯狂的任务的考验。”[81]

内维尔·亨德森也觉得，希特勒成功的关键可能在于他无限的自信，以及他对下一步该做什么的直觉。和达勒鲁斯一样，亨德森在柏林期间从未发现过希特勒的克里斯玛，并且一直困惑于“他的伟大在于何处，他是如何成功地成为一个伟大民族无可争议的领导人的，他令那些追随者完全服从于他的影响力的潜在根源是什么”[82]。亨德森发现，一个答案是元首的追随者对其直觉的信心。“我经常问那些与希特勒接触最为密切的人，他的主要特质是什么。而我所得到的答案几乎是一致的，那就是他敏感的直觉。”[83]

与这种对希特勒的信仰紧密相关的，是追随者们觉得元首“注定”要带领德国走上他所选择的道路。维尔纳・冯・弗立契在被迫辞去陆军总司令的职务后说：“这个人［即希特勒］决定着德国命运的好坏。”而弗立契很确定希特勒将带领德国走向何方，他警告说，希特勒现在在把“把我们所有人拖入深渊”。[84]

然而，1939年夏天，许多德国人仍然相信，希特勒能够阻止与波兰的战争升级为一场更广泛的冲突。年轻的陆军军官乌尔里希・德・梅齐埃说：“有许多西方国家放任希特勒的例子，比如《慕尼黑协定》和占领布拉格。”[85] 1939年8月24日，当《苏德互不侵犯条约》签订的消息传来时，希特勒的外交政策似乎又取得了一次胜利。现在看起来，无论发生什么，德国人都不用再像二十五年前那样受困于两线战争了——西面有英、法两国，东面有俄罗斯。

1939年9月1日，德国国防军入侵波兰，两天后，英、法对德宣战。乌尔里希・德・梅齐埃现在只能面对这样一个现实：“有把握地预测［会发生什么］绝不是显而易见的。”[86]

第三篇

风险与回报

第十二章

大冒险

尽管学者们已经进行了数十年的历史研究，但公众对希特勒和纳粹主义仍然有一些错误的认识。其中最普遍的一个就是：德国在1940年之所以能战胜法国，是因为其具有装备上的优势，特别是德国国防军拥有更多的坦克，这让他们得以开创了闪电战。但实际情况并非如此。事实上，西线德军的坦克数量比盟国军队的坦克数量要少，并且已经有研究表明，从1939年9月战争开始到1940年夏天德国打败法国，在这段决定性时期，希特勒的成功有着更为复杂的原因，其中，他的克里斯玛起到了至关重要的作用。希特勒有明确的愿景、坚定的确信和雄辩的口才，他能够让追随者的无限野心得到释放，还能够营造出极为激动人心的氛围，让人觉得自己有可能创造历史——所有这一切都对德国的胜利起到了重要作用。

最重要的是，这是一段大冒险的时期。公众的一个普遍错误认识是，希特勒当时最大的冒险是决定入侵苏联。但实际上，他进攻法国的决定风险更大，1940年春，德国在西线发动的进攻被视为历史上最大的军事冒险之一。当时，根据传统经验，德军的进攻应该不会成功。[1]

此外，在这段时期，希特勒不仅要说服将军们服从他的命令，在西线发动进攻，还要决定对波兰战争的性质以及纳粹占领所要采取的形式。

然而，在几周之内，德国就完成了对波兰的军事摧毁，这并非不可思议。华沙的陷落发生在9月28日，但实际上，波兰的命运早在十一天前就已经很清楚了。那一天，经过与德国的磋商，苏联红军进攻了波兰东部，占领了波兰的领土。波兰被困在了希特勒和斯大林之间，根本没有任何机会。苏德两国根据《苏德互不侵犯条约》中的秘密协议，瓜分了波兰。

然而，纳粹在波兰占领区的政策绝不像军事行动那样简单。德国高级军官约翰内斯·布拉斯科维茨将军在1947年接受审讯时，仍然坚持自己当时的看法，认为“这场战争的目的是消除由于波兰走廊的形成而造成的政治和经济损失，并减轻被波兰和立陶宛所包围的东普鲁士飞地所受到的威胁，因此，这是一场势在必行的战争，虽然令人遗憾，却被视为一项神圣的职责”[2]。实际上，他声称他是在为“纠正《凡尔赛条约》的错误”而战斗。

第一次世界大战结束后，波兰从德国获得了大量领土，世世代代生活在那里的日耳曼人也全力支持德国为实现上述目标而进行的战争。查尔斯·布勒克尔·科尔萨特一家是波兰西部一个著名的日耳曼家庭。科尔萨特说：“对我们来说，《凡尔赛条约》的签订是一段艰难而痛苦的经历，因为它意味着我们被从帝国割离了。”他希望希特勒能创建一个新的德国，将所有日耳曼人都纳入其中。“每当广播中播放元首希特勒的演讲时，我们都目不转睛地盯着收音机，饶有兴趣地听他在说什么。听着元首的演讲，我们都相信希特勒正在创造一个奇迹，我们认为他将使帝国再次伟大，我们对这个人的成就充满了热情……只要不了解幕后的信息，每个人都会被他所深深吸引，而普通人是不了解幕后信息的。你会想，天哪，这个人真的是有作为，这才是一个像样的德国人。”[3]

因此，对于布拉斯科维茨、科尔萨特和其他数百万德国人来说，这不是一场“意识形态”之战，而是在经历了《凡尔赛条约》的屈辱之后，希特勒恢复德国领土和荣誉的承诺的一部分。至于说希特勒的克里斯玛对他们的影响，他们对希特勒的支持在很大程度上是基于这个共同目标。但很快，他们就会清楚自己错了。这根本就不是一场收复失地的常规战争。正如专门对这一时期进行研究的玛丽·富尔布鲁克教授所说：“1939年9月德国入侵波兰后，在一周之内就对平民、犹太妇女、儿童和老人犯下了大规模的暴行……上西里西亚东部的犹太教堂遭到焚烧，里面的人葬身火海。[1939年9月8日] 在本津犹太教堂周围的房子里居住的男女老幼都遭到了杀害。这是一场大规模的暴行……数百名平民丧生，他们有的是被活活烧死，有的是在试图逃跑时中弹身亡，还有的跳进河里想把身上的火扑灭，却在把头伸出水面喘口气时遭到射杀。”[4]虽然这些袭击的规模比1941年夏天德国入侵苏联时大屠杀的规模要小，但正如富尔布鲁克所说的，这些袭击是“一场暴行，不是正常的战争，与我们在第一次世界大战中看到的暴行不同。第一次世界大战中也有暴行，但那些暴行在军事上具有一定的合法性，但这些袭击不一样。这完全是种族袭击”。

很多德国士兵对他们所看到的一切感到震惊，德国国防军运输部队的威廉·摩西就是其中之一。他目睹了在有铜管乐队现场演奏的情况下，党卫军在一个公共广场上绞死了七八个波兰人。这一切，再加上他所看到的其他恐怖情景，让他“对一切都感到羞愧……我觉得这已经不像德国人的所作所为了……我已经有了这样的想法，‘如果有一颗子弹击中我，等战争结束后，我就不用再为说我是德国人而感到羞耻了’”[5]。

第二年，也就是1940年，查尔斯·布勒克尔·科尔萨特也经历了一件事，那件事让他认识到了纳粹占领波兰的本质。“一个星期天，我们坐在阳台上吃早餐。突然，一辆马车冲进了院子……我往下看时，看见了马，也认出了那个农夫……我母亲说，‘去看看他想要干什么’。于是我跑到院子里，走到车旁，农夫的波兰农场工人坐在里面，我认识他，至少是见过。在他旁边，坐着一个我不认识的人，也是个年轻人，他自言自语的时候，我看了他一眼。他似乎正处在极度震惊之中，自己在嘟囔。

“当我更靠近了马车一点儿，更仔细地观察那个人的时候，我注意到，他的脚被绑住了。那人自言自语说，‘我是个好工人，会驾驭马车’。于是，我问农场工人，‘这是谁？’他说，‘是个犹太人’。

“我跑回屋子里，把这一切都告诉了家人。我觉得这很重要，因为那是我见过的第一个活着的犹太人。后来，我母亲说，‘到楼下去找管家，让她给他弄点吃的’。

“于是，我下楼去找管家。她说，‘我这儿只剩下一点儿饭了’。她递给我一个带提手的蓝色罐子，里面装着用土豆做的略带酸味的牛奶汤。

“我离开厨房，当然得先上楼去把楼下的情况告诉家人。之后又花了些时间等食物热透。当我从侧门走出房子的时候，听到前面台阶上传来的声音。我转过身，看见祖母站在楼梯口，两个警察站在楼梯下，他们问，‘那个犹太人呢？’

“祖母说，‘我孙子刚去给他拿吃的了’。听罢，其中一个警察拿出警棍说，‘他可以先尝尝这个，[我们把他带走之后]他会尝到更多，但在此之前，必须先让他尝尝这个’。祖母手叉着腰说，‘告诉我，你一点都不为自己感到羞耻吗？’但他只是耸了耸肩说，‘这只不过是个犹太人’。然后，他们就带走了那个犹太人。他很可能当天就被绞死了。我不知道。”

布勒克尔·科尔萨特一家试图接受他们在波兰所目睹的可怕事件，因为毕竟这些事都是在一个他们眼中“像样的德国人”的领导下所做的，他们试图让自己相信，所有在德国占领军手中受苦受难的波兰人此前肯定都犯下过某种罪行。他们所渴望的那个拯救他们的人，肯定不会下令杀害无辜的，不是吗？正如科尔萨特所说：“人们会说，‘天哪，伟大而优秀的阿道夫·希特勒一定完全不知道他的手下在这里做了些什么，否则他绝不会让这一切发生！’我们为在街上看到的那些[德国]人的行为深感羞愧；他们表现出的优等民族的态度，他们炫耀制服的样子，他们说波兰人是劣等民族的整套说辞，所有这一切都让我们深感羞愧和沮丧。我们嘲笑他们[即波兰人]，但我们没有虐待他们，我们只是在暗地里嘲笑，说些类似于‘瞧，看看这些笨蛋！’的话。我们没有理由虐待他们，我们不会那样做的，那样做是不礼貌的，是不对的，一切都应该讲求礼仪，不是吗？德国人是不会做那种事的，对吗？但德国人来了之后的确做了那些事！”

早在9月发动入侵之前，纳粹就已经制订好了针对波兰特定群体的计划。1939年7月，纳粹决定组建五个（后来增加为六个）特别行动队，他们将在后方行动，以摧毁波兰的统治阶级为目标。[6] 9月7日，莱因哈德·海德里希对高级安全警察说，绝对不能让波兰的领导层“给我们惹麻烦”[7]。二百万波兰犹太人格外不堪一击，在战争的头几个月里就有数千人遭到杀害，其他人则被限制在了犹太人聚居区。1940年4月底，居住着二十三万犹太人的罗兹成为第一个遭到封锁的大型犹太人聚居区。戈培尔表示，这一切都得到了阿道夫·希特勒的批准。希特勒认为，波兰人“与其说是人类，不如说是动物”，并且“波兰人的肮脏是难以想象的”。戈培尔说，希特勒对波兰人的“判决”是“灭绝性的”。[8]

在波兰犯下暴行的并非只有纳粹党的党卫军和特别行动队，国防军士兵也参与了作恶。1939年10月，布劳希奇向所有德国军官颁布命令：“我们的一些军官内心缺乏坚定的态度，我们不能因为波兰战役的成功和已经取得的成就而忽视这一点。我们看到了大量令人担忧的事实，不当没收、非法占有、谋求私利、侵占盗窃、虐待或骚扰下属（有些是出于兴奋，有些是醉酒后无意识的行为）、下属部队不服从命令而造成严重后果、强奸已婚妇女等，这些唯利是图的行为再怎么谴责都不为过。”[9]

但也有一些德国军官对纳粹官员有计划的暴行感到震惊，约翰内斯·布拉斯科维茨将军就是其中之一。和此前的贝克一样，布拉斯科维茨也从未被阿道夫·希特勒的克里斯玛所折服。但他也是受到《凡尔赛条约》后果影响的大批军官中的一员。布拉斯科维茨尤其憎恶把他自己的出生地东普鲁士与德国其他地区分隔开来的波兰走廊。

布拉斯科维茨是一位新教牧师的儿子，他本人也是一名虔诚的基督徒。他很有教养，而且极其冷静。希特勒不喜欢他，在战前就认为他是一个胆小的将军，但布拉斯科维茨却率领德国第8集团军在布楚拉战役中表现出色。布楚拉位于华沙以西，该次战役是波兰战争中规模最大的一次战役。十五万多名波兰士兵陷入了一个巨大的包围圈，最终向德军投降。但尽管如此，希特勒9月13日在波兰见到布拉斯科维茨时仍然不为所动。希特勒后来说，布拉斯科维茨似乎并没有“理解他的使命”。希特勒的语言是隐晦的，却几乎是在肯定地说，布拉斯科维茨绝对是“保守派”，当然不可能成为未来的统帅。当天，希特勒对他的副官说：“我在找硬汉子，我需要狂热的国家社会主义者。”[10]陆军总参谋长哈尔德将军知道希特勒想要解除布拉斯科维茨的职务,他认为对布拉斯科维茨的指控是不公平的,为此,他支持对布拉斯科维茨展开调查,而调查结果表明,布拉斯科维茨在德国入侵波兰期间的表现十分出色。[11] 虽然希特勒仍然不为所动,但布拉斯科维茨却得以留在了波兰。

在对待波兰人的问题上,保守派军官和国家社会主义的"硬汉"之间肯定总是会产生冲突。这早就有了迹象。1939年9月19日,哈尔德将军在日记中记录道,党卫军的莱因哈德·海德里希曾说过,现在就要对波兰的"犹太人、知识分子、神职人员和贵族"发动"大清洗"。然而,哈尔德写道:"军队坚持认为,应该推迟'大清洗',直到12月初军队撤出并将波兰移交给公民政府。"[12] (当然,"大清洗"只是纳粹后来在战争中用来描述其暴行的众多委婉说法之一。而且,正如我们已经看到的,这次"大清洗"肯定不会被"推迟"到12月。事实上,据估计,到1939年年底,德国人已经处决了五万名波兰人。[13])

在一次与希特勒的会面后,爱德华·瓦格纳将军告诉哈尔德,波兰将成为一块"廉价奴隶"[14]之地,军队的行动必须不能超出"军事事务"的范围。纳粹的目的是让波兰陷入"彻底的混乱"。哈尔德在日记中称这是一个"邪恶的计划"。值得注意的是,在哈尔德写下这篇日记的前一天,也就是1939年10月17日,希特勒已经下令,党卫军和其他非军队的安全部队不受军队的管辖。即使看到党卫军在波兰做他们不愿意看到的事情,军方领导人也不再有任何追查作恶之人的合法权力。

纳粹占领的波兰西部将被分为两部分(不要忘了,波兰东部掌握在苏联手中,苏联人正在那里推行他们自己的种族重组的"邪恶计划")。其中一部分是以克拉科夫为中心的"总督辖区",处于坚定的纳粹分子汉斯·弗朗克的控制之下,将成为一个倾泻场,专门收押那些被逐出帝国的人;而另一部分将被并入德国。并入德国的部分将被进一步划分成几个新的地区。最大的两个分别是由阿尔贝特·福斯特管辖的但泽/西普鲁士和由阿尔图尔·格赖泽尔管辖的瓦尔特高。这两个人都是地方长官，也都是党卫军高级指挥官，他们负责以能够想象到的最为残忍的方式对波兰进行种族重组。而在波兰的陆军指挥官约翰内斯·布拉斯科维茨将军却靠边站了。

尽管如此，汉斯·弗朗克仍然极度厌恶布拉斯科维茨及其对波兰境内德国陆军的领导。1939年11月2日戈培尔拜访弗朗克时，这位纳粹统治者抱怨说，波兰境内的德国军队并没有“种族意识”[15]，妨碍了他的工作。这种厌恶是相互的。德军参谋官赫尔穆特·施蒂夫在1939年11月访问华沙时，震惊于弗朗克对总督辖区的统治所造成的影响。他在给妻子的信中写道：“这座城市的数百万人口中的大多数，在某个地方以某种方式勉强维持着悲惨的生活，谁都不知道要靠什么生活。一场难以言说的悲剧正在上演。人们也不知道这种生活还将持续多久……这座城市和这些人口注定要毁灭……如果你在漂亮的酒店房间里吃着烤鹅，同时又看到那些大概在三个月前还扮演着重要角色的妇女们，为了能让自己悲惨的生命活得久一点，仅仅只为了换取一条面包就把自己出卖给我们的士兵，你会觉得这太让人沮丧了……那些不再配做德国人的次等人会毁灭所有的妇女和儿童。我为自己是德国人而感到羞愧。”[16]

在信的结尾，施蒂夫提到，他见到了布拉斯科维茨将军，说将军“向我倾诉了心声，告诉了我他的担心和忧虑”。但在这一时期，布拉斯科维茨似乎并没有将发生在波兰的暴行直接归咎于希特勒。他似乎也正经历着贝克将军之前曾经经历过的认知轨迹。至少在最开始的时候，贝克和布拉斯科维茨并不会有强烈的自我谴责，他们更倾向于把这些暴行归咎于纳粹党卫军或是其他纳粹党狂热分子，而不是德国国家首脑，即使他们心里并不这样想。

1939年秋，布拉斯科维茨收集了党卫军在波兰犯下罪行的证据，并在11月16日向德国陆军总司令布劳希奇提交了一份报告。这份报告后来被交给了希特勒的军事副官格哈德·恩格尔少校，少校将它拿给了希特勒看。布拉斯科维茨的报告并没有副本留存下来，但恩格尔的记录让我们知道了希特勒的反应。“他一开始还能冷静地拿着这份报告，但随后就开始严厉指责军方领导人的‘幼稚态度’。你不能用救世军的方法来领导一场战争。此外，希特勒更坚定了他长期以来对布拉斯科维茨的厌恶情绪。他从未信任过布拉斯科维茨将军，也反对任命他为军队指挥官，并认为应该撤销布拉斯科维茨的职务，因为他并不合适。”[17]

然而，布拉斯科维茨并没有被剥夺指挥权。哈尔德和布劳希奇根本没有理会希特勒的看法。面对身兼国家首脑和德国武装部队统帅的希特勒的尖锐批评，布拉斯科维茨仍然留在了波兰，继续担任陆军指挥官。与战前一样，希特勒觉得自己无法像斯大林那样控制军队的人事任免。

布拉斯科维茨提交报告的时间，恰好是希特勒与他的将军们关系最为困难的时刻之一。不到三个月前，在1939年9月27日，希特勒与他的高级军事指挥官们举行了一次会议，在那以后，双方的关系就变得愈发困难。这次局面的紧张程度绝不亚于1937年11月希特勒宣布战争几乎不可避免的那次。因为希特勒现在宣布，他要制订进攻法国的“紧急计划”[18]。这对军队的指挥官们来说是一个毁灭性的消息。就在几个星期前，他们还希望英、法两国能够完全置身于战争之外，他们仍然害怕来自西线的进攻。考虑到大部分德军目前仍在东欧，德国现在特别容易受到攻击。然而，希特勒非但没有要求进行一段时间的军事收缩，以期能与英、法形成某种和平共处，反而告诉军队的指挥官们，他们应该尽快做好入侵法国的准备。

今天，我们很难理解希特勒的想法在这些将军们听来是多么疯狂。因为我们都知道最终的结果是德国在1940年春获得了引人注目的胜利，所以在回看历史时就难免会想，入侵法国在当时对德国人来说似乎是个明智的选择。但事实并非如此。英、法两国不仅比德国拥有更多的坦克，而且它们的坦克性能还更先进。法国的B型坦克配有75毫米加农炮和60毫米装甲，远远超过德国人当时使用的任何战车。此外，正如亚当·图兹教授所说的，仔细研究一下当时德国的军备方案就会发现，希特勒的想法仍然是绝对过时的。“如果我们仔细观察一下战争最初几个月的情况，就会发现不同寻常的是，希特勒在这几个月中优先考虑的并不是加快建造坦克，而是大量生产弹药，以避免德军再像1914年秋天那样在进攻中遭遇弹药危机。希特勒是第一次世界大战中的步兵，他还记得据称在第一次世界大战的第一阶段使德军陷入了困境的弹药供应危机。1939年12月，元首没有要求建造更多的坦克，而是要求在接下来的六个月里将弹药的产量增加两倍。所以，希特勒当时所设想的战争，似乎是一场与英吉利海峡的艰苦战斗。”[19]

德军总参谋部的几乎所有军官都痛苦地经历过上一场“与英吉利海峡的艰苦战斗”，在他们看来，希特勒考虑立刻入侵法国是很难成功的。高级军官们一致认为这根本不可能，按照估计，这样一场进攻最早也要到1942年才能发动。[20]

他们的敌人与他们的想法一致。法国尤其对战胜德国充满信心，有些法国人甚至认为不需要外部干预纳粹政权都会很快瓦解。法国对外军事情报机构的军事情报专家在当时的一份报告中称：“根据可靠的情报来源，希特勒政权将继续执政到1940年春，然后它就会被共产主义政权所取代。”[21]

将军们对进攻法国缺乏热情，这让希特勒大为愤怒。10月10日，他再次向他们发表长篇大论的演讲，进一步恶化了危机。正如他在1937年11月那次臭名昭著的会议上所做的一样，希特勒读了一份事先准备好的冗长的演讲稿。他再次展示了自己非同寻常的领导风格，完全由自己决定什么对德国是最好的，而将军们的工作仅仅是执行。在做出决定之前，希特勒没有与他的军事专家们进行磋商，也没有对他的目标是否可行进行过任何逻辑分析。

在某种层面上，这种领导技巧是有效的。它表明希特勒相信自己是一个“独一无二的天才”，一个不需要别人提供意见的克里斯玛型领导者。它也打击了希特勒反对者的信心，他们被迫继续对希特勒的观点做出反应，而无法事先参与决策。但是，这种领导方式同样也有很大的风险。在战争的这一阶段，希特勒对高级军事指挥官的控制在很大程度上依赖于他的说服技巧。所以，当他不能够说服他的听众，无法让他们相信自己是正确的时候，他就会遇到其他那些缺少克里斯玛的独裁者从来不会遇到的困难。

由于未能使将军们相信进攻法国是明智的，希特勒现在面临着越来越多的反对。哈尔德将军1939年10月14日的日记体现了他的心理状态。在与布劳希奇会晤后，他写道：“有三种可能：进攻、等待和改变。”[22]在哈尔德和布劳希奇看来，“改变”是指领导层的改变，即使不能完全解除阿道夫·希特勒的职务，也要让他靠边站。这样的行动是有先例的。在第一次世界大战期间，两位德国高级指挥官鲁登道夫和兴登堡控制了所有的战略军事决策，将德国皇帝威廉二世置于了权力的边缘。1918年11月，另外一位将军威廉·格罗纳告诉威廉二世他应该退位。但哈尔德和布劳希奇也意识到，他们面前的选择没有一个是理想的，特别是“改变”，因为“它本质上是负面的，会让我们容易受到攻击”。[23]

哈尔德和布劳希奇并不觉得入侵法国有什么道德或法律障碍，他们只是认为德国军队近期还不能胜任。因此，他们并不反对在西线发动进攻，只是反对输掉这场战争。这样想的并非只有他们。11月3日，哈尔德写道：“高级司令部里没有一个人认为，直接与希特勒合作的国防军最高统帅部下令发起的进攻有任何成功的希望。”[24]现在，尽管很不情愿，但布劳希奇和哈尔德已经在考虑发动一场反对希特勒的政变了。

与此同时，一年前流产的政变企图中许多熟悉的老面孔（包括路德维希·贝克）也在密谋阻止希特勒将德国带入与法国的灾难性战争。他们的一个想法是，希特勒下令在西线发动进攻后，让效忠于他们的部队向希特勒的司令部进军并逮捕希特勒。按照他们的计划，希特勒将被免职，而贝克将成为德国新的国家首脑。[25]

11月5日，在与希特勒的会面中，布劳希奇试图说服他，说军队还没有做好进攻法国的准备，还说对波兰的入侵已经暴露了一些纪律方面的问题。他甚至还把德国国防军在1939年的态度与第一次世界大战结束时德国军队的态度做了比较。不出所料，希特勒发脾气了。他威胁说要立即到前线去，亲自看看究竟发生了什么。更让布劳希奇感到担心的是，希特勒声称军队缺乏他所希望看到的战斗意志。希特勒谈到了“措森精神”[26]（措森是柏林南部的一个村庄，是军队战时司令部的所在地），说他将摧毁这种失败主义。布劳希奇备受希特勒的打击，在会面结束后表示自己不会再积极参与任何政变了。哈尔德担心希特勒怀疑高级军官正在密谋反对他，也放弃了领导反对元首的阴谋的想法。

这是一个发人深省的时刻。在11月5日与布劳希奇的会面中，希特勒没有说过任何旨在减少他对西线进攻的担忧的话。事实上，哈尔德和布劳希奇所面临的形势在当天晚些时候变得更加糟糕了，因为希特勒在与布劳希奇的会面结束后不久就发布了入侵法国的命令，进攻将于11月12日开始。然而现在，尽管希特勒已经确定了发动这场他们认为德国注定要失败的大规模战役的日期，他们却没能采取行动。

他们的根本性误判在于，一直认为可以对希特勒采取类似于二十一年前将德皇威廉二世边缘化并最终将其驱逐的行动。但与威廉二世不同，希特勒仍然被数百万德国人视为值得信赖的领导人。尽管德国正在与英、法交战，尽管这场战争的最终结果仍然不确定且令人担忧，但在元首的精心策划之下，德国人已经迅速击败了波兰人，并且将但泽、波兰走廊以及因为《凡尔赛条约》而割让给波兰的所有领土重新纳入了帝国的版图。所以，有一些人（比如十六岁的瓦尔特・毛特）认为："当与波兰的战争在三周内就结束了的时候……我们觉得自己是不可战胜的。"[27]

11月发生在慕尼黑的一系列事件，进一步表明了希特勒在德国普通民众中的受欢迎程度。在冲着布劳希奇发脾气的那次会面三天后，希特勒抵达慕尼黑，参加啤酒馆暴动十六周年纪念活动。他在贝格勃劳凯勒啤酒馆发表了演讲，然后就匆匆赶回慕尼黑火车站，乘火车返回柏林。他刚离开贝格勃劳凯勒啤酒馆大约十分钟，藏在啤酒馆一根柱子里的炸弹就爆炸了。几个月前，木匠乔治・埃尔塞偷偷在夜里把炸弹藏在了希特勒演讲台后面的柱子里。埃尔塞曾经是德国共产党的支持者，他对这场战争感到愤怒，认为杀死希特勒和其他纳粹领导人是改善德国局势的唯一方法。

埃尔塞是一个孤独的刺客，他的暗杀行动没有其他人的帮助。希特勒幸免于难，他又一次把自己的脱险归因于天意。但重要的是公众对这次暗杀行动的反应。党卫军情报机构帝国保安部编写的一份报告透露:“发生在慕尼黑的暗杀事件极大地增强了德国民众团结一致的信念,对元首的热爱也与日俱增……”[28] 1939年12月的另一份报告说:“自从战争爆发以来,特别是在慕尼黑发生刺杀未遂事件之后,许多店主开始在橱窗里展示元首的画像。有时候,对元首的敬意被展现出来的方式特别不符合高雅的审美。例如,据说在基尔一家烈酒商店的橱窗里,元首的画像被放在很多烈酒酒瓶中间,上面还写着‘我们绝不投降!’的标语。”[29]

在某种程度上,这种对希特勒的热情支持并不令人感到意外。六年多来,戈培尔的宣传一直在向民众灌输一种信息,那就是希特勒是一个准神秘人物,他的存在对德国未来的成功和安全至关重要。这种宣传和战争爆发前希特勒一连串的外交政策胜利一起产生了深远的影响。还有许多人可能仍然敬仰希特勒,但同时也对战争和一系列经济措施(如最近颁布的《战争经济法令》)的影响感到焦虑,因为这些都对他们的收入有重大影响。

答案不那么明显的是,为什么各个阴谋家小集团从一开始就没能充分理解,与德皇威廉二世不同,希特勒仍然享有极大的信任和尊敬。克里斯玛式领导会因为成功而得到加强,而希特勒还没有失败过。这是威廉・里特尔・冯・勒布将军所得到的教训。11月5日与希特勒的会面让布劳希奇偃旗息鼓之后,冯・勒布将军曾试图动员一些将军支持发动反希特勒的政变。出于对天气状况的考虑,以及对盟国军队调遣的担忧,希特勒推迟了原定于11月12日发动的入侵。事实上,发起进攻的日期后来又被多次推迟,最终被安排在了1940年5月10日。

然而,在1939年年底,与法国的冲突似乎仍然迫在眉睫。冯・勒布称在西线发起进攻是“疯狂的”[30]。他还对发生在波兰的暴行感到愤慨。他向哈尔德提出抗议，说在波兰的“警察”行动让德国“不配是一个文明国家”。[31]冯·勒布在准备发动政变时，曾试图争取博克将军和伦德施泰特将军的帮助，但他们二人对此都不感兴趣。最后，勒布自己手下的一名指挥官盖尔·冯·施韦彭伯格将军[32]表示，普通士兵和初级军官有可能会直接拒绝对希特勒采取行动。战争结束后，西线的另一位德国高级军官瓦尔特·内林证实了施韦彭伯格的判断，他说，命令他的士兵反抗政权是“徒劳的”，因为“在大多数年轻士兵那里，希特勒的威望已经根深蒂固了”。[33]

11月23日，希特勒在帝国总理府向大约二百名高级军事领导人发表讲话，再一次试图点燃将军们对即将到来的西线战争的热情。这是一场公开的较量，一方是希特勒的愿景，另一方是希特勒实现愿景必须要借助的人。希特勒知道，在这场较量中，他必须赢。

希特勒又一次使用了我们已经熟知的各种说服技巧。至关重要的是，要让将军们知道，他是唯一一个真正重要的人。他说“帝国的命运只取决于我”[34]，以此把自己描绘成一个被派来拯救德国的克里斯玛型督军。并且一如既往，这一次他也是在将自己的决定“告诉”将军们。

他在演讲中大谈历史，以此来证明尽管其他人曾对他表示怀疑，但以往的事实证明他总是正确的。他也谈到了自己的一些野蛮哲学：“在战斗中，我看到了所有生物的命运。如果不想屈服，战斗就不可避免。”他说他的使命很明确，就是为德国人争取急需的生存空间。

正是这样的演讲让休·特雷弗—罗珀在《希特勒的心态》一文中得出结论：对于希特勒来说，“人生的目的仅仅是让德国人成为世界的主人”，在他看来，“这不过是给德国人多些蛋糕，而给非德国人少些蛋糕罢了”。[35]但这低估了希特勒对将军们的呼吁。他不仅提出了一个实际的目标，即德国人必须征服更多的领土，还给出了一个哲学上的依据，即生命是一场永恒的斗争，我们每个人都是不战斗就要死亡的动物。这是在呼唤所有人释放潜伏在自己体内的野兽。整篇演讲中充斥着“毁灭”的字眼，希特勒说他“要毁灭一切反对我的人……我要毁灭敌人”。早在希特勒宣布发动“毁灭苏联的战争”之前，人们就已经看到他想要在西线实施“毁灭”行动了。此外，在演讲中，希特勒也呼吁在绝对的确定性中寻求庇护。他说：“我必须在胜利与毁灭之间做出选择，而我选择胜利。”正如我们已经看到的，给出“二选一”的选择是希特勒的惯用策略之一，就像他威胁说如果事态发展对他不利，他就会自杀——“我绝不会在人民的战败中幸存”。

希特勒显然觉得这次长篇大论不足以激发布劳希奇和哈尔德的战争热情，所以他在会后把他们叫到了办公室，向他们重申他对军队领导层的态度很不满意，并再次提到了“措森精神”[36]。布劳希奇“提出辞职”[37]，但希特勒要他留下继续履行自己的“职责”。

与此同时，哈尔德和他的同事们一直在不情愿地策划着西线的入侵行动，即使他们认为德国没有成功的可能。他们如此消极是对的。如果德国人按照原计划在11月初发动入侵，那么结果要么是立即战败，要么是陷入像第一次世界大战期间一样让德国人在西线流尽鲜血的僵局。然而，计划逐渐开始发生变化。一直负责在博克的B集团军群进攻荷兰和比利时时为其提供南翼保护的冯·伦德施泰特的A集团军群开始获得更多的资源。然而，直到11月23日希特勒召开会议时，被称为“黄色方案”的进攻计划仍然是一团糟，还没有哪个集团军群被指定为优先力量。

埃里希·冯·曼施泰因将军认为，要打败在法国的同盟国军队，不让战争陷入僵局，唯一的办法就是让A集团军群担任主要进攻力量。他提议让博克的B集团军群入侵比利时，以让同盟国相信他们是德军的主要进攻力量，而A集团军群的装甲部队则穿过阿登森林，渡过默兹河，冲向索姆河入海口的英吉利海峡沿岸地区。这样一来，大批英、法士兵将陷入A集团军群和B集团军群的钳形包围。然而，正如亚当·图兹教授所说："这次行动具有前所未有的风险，给了德国的对手英国、法国、比利时和荷兰一个机会，如果他们组织得当，就有机会对德国和跨越法国北部的德军发起毁灭性的反击。所以德国人完全明白，如果这次计划失败，他们就输掉了战争……这场冒险的结果可能是完胜……但也有灾难性战败的风险，这是他们完全明白的。"[38]

尽管风险巨大，或者说极有可能正是由于风险巨大，希特勒才在曼施泰因的亲自游说之后赞同了这一计划。两年前，古德里安将军就在他的《注意！坦克！》一书中提出了对装甲部队迅速作战的思考，哈尔德也在波兰亲眼看到了装甲部队引领进攻的重要性。在"黄色方案"的最终制订中，有很多因素发挥着作用，其中也有偶然事件的影响。1940年1月，一架德国飞机在比利时坠毁后，同盟国找到了一份最初常规进攻计划的副本。所以，德国人认为，慎重起见，应该从本质上改变进攻计划。

然而，这一革命性的入侵计划之所以能被采纳，其根本原因还是在于阿道夫·希特勒的意愿。希特勒总是先设定一个愿景——这次是"西线入侵"，然后再从其他人那里寻求实现愿景的具体思路。但他也一次又一次地用自己的行动证明，他热衷于"孤注一掷"的冒险。占领莱茵兰、吞并奥地利、慕尼黑危机，这些都是关系到德国命运的冒险。希特勒把承担风险的能力看作其伟大领导力的又一个标志，他蔑视那些总是求稳求安全的人。1939年8月，他说"慕尼黑人不会冒这个险"[39]。正是因为希特勒对冒险近乎痴迷，路德维希·贝克等传统军官才深感不安。但是，也有一些人认为，乐于冒险意味着希特勒可以接受新的思想。

在德国大获全胜之后，支撑了关于入侵法国的所有讨论的希特勒领导力的另一个特征，更为明显地显现了出来。希特勒不仅给德国人带来了创造历史的兴奋和机遇，还把这一点与人们现在、今天、此时此刻就应该采取行动的想法联系在了一起。希特勒常常提到，他能够用以实现目标的人生很短暂，他担心自己活不久。他总是很匆忙，并且把这种紧迫感传递给了他身边的每个人。他不相信有来世，这更加剧了他的紧迫感。这一时期，希特勒许多演讲的潜台词都是明确的：你只有一次生命，你会死去，会永远消失，不管你这一生是为了改变世界而承担巨大而激动人心的风险，还是默默地在办公室工作。这由你自己决定。无聊的生活和刺激的生活最终都会走向永恒的虚无。希特勒想走哪条路是很明显的。正如他在11月23日对将军们发表演讲在结尾时所说："我已经决定好我的人生，所以在我死去的时候我会问心无愧。"

此外，该计划也符合希特勒突袭敌人的愿望。希特勒后来说："突袭是成功的一半。这就是为什么一个人不能仅仅因为曾经成功过就无限期地重复一种做法的原因。"[40]早在1939年10月，在听说曼施泰因的计划之前，希特勒就已经意识到，他在西线的对手在意料之外的攻击面前特别脆弱。冯·博克将军在10月25日的日记中写道："元首强调，我们不能继续采用［第一次］世界大战的线性战术，我们必须通过摩托化部队和坦克部队快速、猛烈的进攻和迅速的推进来迫使敌人快速行动，这既不适合有计划、有步骤的法国人，也不适合沉闷的英国人。"[41]

后来的战斗证明希特勒的洞察是至关重要的。在措森的德军司令部，曼施泰因计划的战争博弈证实，整个进攻取决于一点，那就是，同盟国需要多长时间才能意识到主要的进攻不是来自比利时方向，而是来自阿登方向。如果德国人不能在四天之内渡过法国东部的默兹河，那么英、法两国就有时间意识到发生了什么，并调动大量军事力量来阻止他们。有一点在计划的制订阶段就已经很清楚了，那就是横跨默兹河的色当市将至关重要。夺取色当后迅速渡过默兹河，A集团军群在抵达索姆河入海口的法国海岸的一路上就没有了难以克服的天然障碍。(在德国领导层接受激进的“黄色方案”的决策中，历史也发挥了作用。德国军队一直处于第一次世界大战的阴影之下，而曼施泰因计划为德军提供了复仇的机会——不仅要打败法国人，还要羞辱他们。)

最终，希特勒希望，同盟国比德国人拥有更多的坦克也没关系——只要这些坦克一直部署在错误的位置。当然，这是一场冒险，而这场冒险最终将取得惊人的回报。同盟国对即将到来的战斗过于自信了，而这种过度自信正是他们失败的原因。法军指挥官莫里斯・甘末林将军十分傲慢，他在1939年9月就告诉自己手下的高级军官，如果德国人在1940年春发动进攻，他确定法国会获胜。[42]

阿道夫・希特勒同样对胜利充满信心。事实上，袭击法国的计划有一个引人注目之处，那就是，在各种战术和战略变化中，唯一不变的是希特勒对获胜的确信。3月17日，哈尔德将军在日记中写道，尽管许多德国指挥官深感焦虑，但希特勒“显然对成功充满信心”[43]。2月14日，哈尔德曾写道，古德里安将军和冯・维特斯海姆将军“显然对这次行动缺乏信心”[44]。2月25日，他只用了一个词形容与即将指挥B集团军群进攻行动的费多尔・冯・博克的会面，这个词就是“忧虑”[45]。

在“黄色方案”实施之前，希特勒又一次令同盟国惊讶——德国入侵了丹麦和挪威。希特勒知道，保护中立国瑞典的铁矿石供应对德国战争机器的运转至关重要，而大部分瑞典铁矿石都是经由挪威的纳尔维克港运抵德国的。很长时间以来，一直有传闻说同盟国可能会对斯堪的纳维亚半岛发动进攻，而事实上，德军于4月9日开始进攻时，英国人几乎同时开始了在挪威水域的布雷行动。

在陆地战场，德军仅用了几个小时就在丹麦大获全胜，在挪威也迅速取得了胜利。但在海上战场，德国海军却损失了十多艘战舰。然而，尽管英国皇家海军在海上取得了胜利，同盟国士兵却未能在挪威战场上打败德军。随后，挪威战役的失败引发了争议，张伯伦因此辞职。1940年5月10日，温斯顿·丘吉尔被任命为英国首相。恰巧在同一天，德国入侵法国和低地国家的行动开始了。

国防军112个师袭击了同盟国军队，其中装甲部队的人数还不到10%。最初，英、法两国都认为德军的行动完全在它们的预料之中。博克的B集团军群在战役开始之初向中立国比利时的进发，让甘末林将军认为自己的判断得到了证实，即进攻的主要方向在北方。那天见过甘末林的一位法国军官记得，甘末林哼着小曲走来走去，脸上带着满足的表情。[46]在英、法两国看来，为了获得袭击英国的空军基地，德国进攻比利时和荷兰是合乎逻辑的。

同盟国军队按计划挺进比利时与敌人交战。到5月14日，在阿尼和布雷达的战斗中，法军的表现比德军更胜一筹。然而，已经有迹象表明，德军可能将在其他地方采取行动。5月12日，同盟国已经获悉，德军A集团军群正穿过阿登森林大规模向前推进，但最初它们认为，这只是德军为了支持比利时主战场而采取的侧翼行动，所以对此并没有给予重视。但不久之后，事实就很明显了，德国人正对色当构成威胁，并打算渡过默兹河。5月13日，甘末林获悉，一些德军部队已经渡过默兹河，经由豪克斯抵达色当北部。同一天，德国空军对色当进行了猛烈的集中轰炸。5月14日，德军已经分多路成功渡过了默兹河。对法国人来说，这是一个毁灭性的消息。一名军官目睹了东北前线指挥官阿方斯—约瑟夫·乔治将军一边痛哭流涕一边说在色当“遭遇了一些失败”[47]。第二天早上七点半，法国总理保罗·雷诺给温斯顿·丘吉尔打了电话。丘吉尔拿起他床边的电话，听到“显然处于压力之下的”雷诺说，“我们被打败了……我们被打败了，我们输掉了这场战斗”[48]。

这是军事史上一个非同寻常的时刻。就像保罗—埃米尔·卡顿那本关于法国之战的著作的书名一样，这几乎是一场“在四天之内输掉的战争”[49]。德军在与同盟国军队的交战中迅速获胜，这对德国人集体心理的影响再怎么夸大都不为过。主动请求希特勒让自己在进攻中指挥德军一个装甲师的埃尔温·隆美尔说，所发生的事情“几乎是不可想象的”。他指挥的A集团军群先头部队第7装甲师的坦克，“已经完成突破，正在深入敌区。这不再只是一个美丽的梦想。这是现实”。[50]

这个“美丽的梦想”之所以能够成为现实，不仅仅要归因于希特勒坚持采纳冒险的曼施泰因计划和同盟国所遭遇的一连串失败，还要归因于一种创新性指挥方式的运用，这种之前由普鲁士军队首创的指挥方式与希特勒的领导方式完全吻合。按照罗伯特·塞蒂诺教授的说法，普鲁士军队开创了“某种形式的军事文化”，这种军事文化源于“普鲁士的地理、传统、其在欧洲的地位以及相对贫乏的资源。因此，这个国家几乎总是试图进行腓特烈大帝在18世纪提出的所谓‘迅速而猛烈的’战争。‘迅速而猛烈的’战争是指在战斗开始后的六到八周内，以相对快的速度战胜敌军主力……我认为，这始终是德国与其邻国不同的一点，这个国家被挤在中欧一个相对并不舒服的位置，资源基础较差，人口当然也比可能与其交战的各个国家要少”。[51]

反过来，这种“迅速而猛烈的”战争的必要性意味着，战场上的指挥官永远不能依赖那些经过了检验的防御战术。正如塞蒂诺所说：“早在18世纪，腓特烈大帝就简明扼要地阐述了普鲁士的战术学说，那就是普鲁士军队总是进攻。他始终要求骑兵部队必须首先发动进攻，而不能等待敌人的进攻。长期以来，猛烈进攻与快速调动的结合一直是德国军队的传统。”

在采用这种“牛头犬”战术的同时，德军还提出了任务指挥的概念。战地指挥官以完成上级下达的目标为任务，被授予了一定程度的独立决策权。这在英、法两国的军队中是从未有过的。隆美尔在入侵法国期间所采取的行动，就充分体现了德国的这种作战方式。隆美尔的第7装甲师是5月12日第一批在豪克斯渡过默兹河的部队之一，这让同盟国大为惊讶，因为在豪克斯附近，默兹河流经一个深深的峡谷，从而使这里成为一个理想的防御空间。法国第9军团的士兵已经在对岸挖好掩体准备战斗。隆美尔和他的手下在现场做出了一系列决策，包括点燃房子制造烟幕，以及使用滑轮绳索渡河，从而成功渡过了默兹河。最重要的是，隆美尔遵循了普鲁士军队迅速突然的行动原则。按照法军指挥官们先前的预计，在炸毁了默兹河上的所有桥梁之后，他们将有几天的时间来准备防御工事。而由于隆美尔行动迅速，他们实际只有几个小时的时间了。

虽然隆美尔是一位杰出的将军，但他实际上只是做了所有德军战场指挥官都会做的，甚至是普通士兵也会做的事情。正如曼施泰因将军在战后所写：“德军的作战方法实际上植根于德国人的性格，这种性格与毫无意义的‘盲从’截然相反，非常独特，并且作为日耳曼血统的一部分，它可能在冒险中找到了某种乐趣。”[52]

我们已经看到，很多时候，德国将军们最初对希特勒在重大战略问题上愿意冒极大的风险颇感震惊，1937年的那次会议以及入侵法国的决定都是例子。但自相矛盾的是，在行动层面上，德军却非常重视指挥官个人主动承担风险的能力。事实上，“任务指挥”也是希特勒在国内领导力的核心原则之一。希特勒说：“我从来没有和沙赫特（20世纪30

年代的德国财政部长）开会讨论过我们可以采取的政策。我只是简单地说，‘这是我所需要的，这是我必须拥有的’。”[53]希特勒的克里斯玛式领导的核心之一就是，他希望他的部下能够按照自己选择的方式实现他的宏伟愿景，这也是任务指挥的精髓。

1940年5月，同盟国军队的指挥方式与此形成了鲜明对比。例如，当时在驻扎法国的英国皇家工程兵部队服役的爱德华·奥茨回忆说，他在撤退时亲身经历了没有任务指挥的现场："我记得有不少戴着铜头盔的比利时人说，你知道，‘我们需要一名军官。如果我们能有一名军官，我们就会战斗，但是我们不知道该怎么做’……我想我［也］有点惊讶，法国军队竟然如此轻易地就放弃了，而这是我没有想到的。我们只是普通的士兵，按照军官的指令做事。关于战争，我们从来没有过任何战略或想法，上级让我们去哪里，我们就去哪里，到了就是了。”[54]

然而，尽管在大战略层面上希特勒乐于冒险并接受出人意料的新想法，但仍有迹象表明，如果战场上的事态进展与他的预期并不完全相同，他可能会既胆怯又迟疑。正如我们已经提到的，戈培尔是战前就已经发现希特勒这一特征的若干纳粹领导人之一。[55]现在，希特勒的将军们也见证了这一点。例如，在挪威行动中，瓦尔特·瓦利蒙特将军认为，在战事进展超出预期的情况下，希特勒表现出了“真正可怕的性格弱点”[56]。5月17日，当希特勒宣布A集团军群很容易受到侧翼攻击时，哈尔德记录道："元首非常紧张。他被自己的成功吓坏了，他害怕冒险，所以宁愿让我们放慢行动。”[57]第二天早上，希特勒对着哈尔德大发雷霆，并下令停止继续向西推进，直到晚上六点才改变了主意。哈尔德写道："正确的事最终还是做了，但是气氛很不好……”[58]

乍看起来，希特勒的这两个特质——乐于冒险和带着明显胆怯的优柔寡断——似乎是矛盾的。哈尔德当然就是这么看的。1940年6月

6日，在法国战役即将结束时，他写道，希特勒认为最高统帅部的计划过于“危险”，他想做“绝对安全”的事。哈尔德无法将这种态度与他之前对希特勒的了解统一起来，他之前认为希特勒是一个孤注一掷的冒险者。哈尔德说：“……他根本就不敢孤注一掷地冒险。”[59]但是，哈尔德错了。希特勒领导力的这两个方面并不是截然对立的，它们都是希特勒决策方式的产物。正如我们所看到的那样，希特勒的决策方式会令今天的许多当权者深恶痛绝。希特勒不会与有关各方协商，评估各种选择，然后再做出慎重的决定。相反，他会把自己关在房间里，等待灵感的到来。他说：“决策的实质并不是要不惜一切代价采取行动，而是当内心的某种确信命令你采取行动时不要犹豫不决。”[60]一旦他“内心的确信”告诉了他该做什么，希特勒就会运用他所有的说服力去让自己周围的人相信这是正确和合乎逻辑的前进方向。但是，这种决策方式有一个问题，那就是，它不适用于日常需要做出的一个又一个小决策。在诸如德军某一个师该采取什么样的具体行动的问题上，希特勒怎么能等到他“内心的确信”灵感爆发呢？当然，对于希特勒来说，解决问题的办法应该是，让哈尔德和陆军司令部的其他人以实现他根据自己“内心的确信”所设定的总体愿景为目标，自行做出具体的决策。但他不能这么做。而其中的原因并不难发现，那就是他对他们的决策能力缺乏信心。现在以哈尔德和布劳希奇为主的战场最高军事指挥官，难道不正是当初反对入侵法国的那些人吗？

讽刺的是，在法国战役中，希特勒最广为人知的胆怯的微观管理决策，其实根本就不是他本人做出的，那就是在5月24日下令德军停止进攻已经近在眼前的敦刻尔克。正如伊恩·克肖教授所说的，希特勒“实际上同意（很快就将成为陆军元帅的）德军西线指挥官冯·伦德施泰特将军的建议，冯·伦德施泰特想保护坦克部队的战斗力，希望坦克部队能够在日后发挥更大的作用，在向南进攻的过程中摧毁法国军队。并且，戈林已经向希特勒保证，德国空军的空袭将彻底摧毁英国军队。于是，希特勒同意了这个决定。但二十四小时后他又意识到这是一个错误，撤回了之前下达的停止进攻的命令。然而那时已经太晚了，英国人已经在逃离敦刻尔克了。事实上，尽管后来随着战争的深入，希特勒越来越无视将军们的意见，但在当时，他仍然是在听从将军们的建议”[61]。

由于德军延迟了向敦刻尔克的进发，包括渔船、游船和拖船在内的八百多艘民用船只得以抵达敦刻尔克，帮助英国皇家海军将同盟国军队通过英吉利海峡运送回了英国。共有三十三万多名同盟国士兵获救，而英国政府最初曾以为只有大约四万名士兵能够获救。但是，同盟国面临的形势依然严峻。在德军的进攻下，法国仅仅六个星期就沦陷了，并于6月22日与德国签署了停战协议，英国人也被迫撤退，除了士兵身上穿的衣服，几乎什么都没能带走。军事史学家杰弗里·瓦夫罗教授说：“他们的所有车辆都留在了海滩上。他们的大部分野战炮、反坦克炮、弹药和燃料储备都留给了德国人。重新制造这些装备需要很长的时间，所以，在西部沙漠战役中，你会看到老旧过时的车辆在行驶，因为好东西都留在了敦刻尔克。”[62]

1940年6月，希特勒正享受着他整个职业生涯的巅峰。法国、挪威、丹麦、比利时和荷兰都在德国的统治之下，而这一巨大的征服在短短几周内就实现了。德军伤亡人数还不到五万人，却俘获战俘一百二十多万人。[63]面对所有这些成功，凯特尔将希特勒称为“有史以来最伟大的军事领导人”。现在，希特勒面前只有一个麻烦了，那就是英国人。他们拒绝按照希特勒的意愿行事，从而将使希特勒的克里斯玛式领导遭遇前所未有的考验。

第十三章

克里斯玛与过度自信

1940年7月6日，在监督法国投降之后，希特勒驱车返回柏林，见证了近乎歇斯底里的狂欢。成千上万的柏林人拥上街头为他欢呼。男学生们爬上路边的灯杆，只为一睹元首的风采。他的车子从布满鲜花的街上驶过，纳粹万字旗在街道两旁飘扬。所有的兴奋和狂喜都只有一个焦点，那就是这个瘦小的男人。即使希特勒此前没有将自己视为上帝派来让德国变得伟大的正确人选，那么此时此刻他肯定也已经相信了这一点。

几周前，希特勒曾经在巴黎进行了一次早间旅行。通过他在当时表达的观点，我们可以洞察他在法国沦陷之后的心态。那天，在参观完万神庙、歌剧院和拿破仑墓等最重要的旅游景点之后，希特勒告诉阿尔贝特·施佩尔，他“常常在想我们是否不必摧毁巴黎”，因为这座城市太漂亮了，简直可以和柏林相媲美。但现在，他决定不毁灭法国的首都，是因为有一天柏林的伟大将使巴黎“相形见绌……”。施佩尔认为，这些话表明了希特勒“具有多重人格，既一直深知自己的责任，又冷酷无情，是一个憎恨人类的虚无主义者”[1]。但更好的解读或许是，这表明希特勒正沉浸在自己无限的个人权力之中。现在，他，也只有他，可以决定地球上最光辉的城市之一是否还能继续存在。

希特勒的自信完全就是自负，自负到他甚至在1940年7月下旬的一次会议上向军事指挥官们宣布，既然英国现在“毫无希望”，那么“我们就赢得了战争”。[2]这一时刻完美概括了克里斯玛式领导的优缺点，因为那些曾经使希特勒在德国战胜法国时发挥了关键作用的特质也将会让德国走向失败。在接下来的几个月里，希特勒将让我们看到，克里斯玛式领导的过度自信会导致什么样的后果。

现在，德国人面临的核心问题是，英国不承认战败。7月9日，在对议会发表的演讲中，希特勒呼吁英国“理性行事”，声称他看不到任何继续这场战争的“令人信服的理由”。[3]但英国人注定要拒绝这一“呼吁”。几周前，英国面临着最糟糕的战场局势，那时候英国人并没有想到最终能有那么多士兵成功从法国撤退。在当时举行的一系列战时内阁会议上，丘吉尔与他的同事们讨论了英国应该采取的立场，决定同德国作战。丘吉尔的逻辑颇有说服力，他认为，如果在法国战败后马上与德国签署和平条约，希特勒肯定会要求有效地解除英国的武装，那样一来，英国就将“完全任由他摆布”。因此，丘吉尔说：“如果我们继续战斗，即使战败，结果也不会比现在更糟。”[4]

希特勒与海军元帅雷德尔探讨了[5]对英国南部海岸发动海上入侵的可能性，但有证据表明，他们二人都怀疑这样的行动是否可行。他们有这样的怀疑是对的。正如亚当·图兹教授所说：“他们［德国人］直到1938年5月才开始考虑与英国交战，更不用说入侵了。海军军备计划直到1939年1月才开始实施。在此前的五年里，英国海军的军费支出一直高于德国海军，所以两国海军在1933年时就已经存在的巨大差距并没有缩小，反而在逐年加大。挪威战役的溃败使德国失去了大部分现代海军力量，这对德国海军来说是一场大灾难，他们实际上已经无力为1940年夏天的入侵提供海上掩护。”[6]

在这样的背景下，希特勒要求为入侵英国的“海狮行动”做准备而下达的“第16号作战指令”简直乐观到近乎荒唐。该作战指令要求在发动袭击前严重摧毁英国皇家空军的力量，以使其无法对入侵行动构成明显的威胁，同时必须用水雷“封锁住”多佛尔海峡，以防止英国皇家海军在德军渡过英吉利海峡时对他们发动攻击。但是，正如安德鲁·罗伯茨所说：“即使英国皇家空军被摧毁……我也不认为德国人能在1940年成功入侵。我认为，确保德军通过英吉利海峡所需要的实际计划根本就没有到位。平底船数量不足，且不是特别适合海战，如果皇家海军出战，德国人肯定会惨败。”[7]当然，这些并不是诋毁“少数人”在那年夏天和初秋的英国战役中做出的牺牲，而只是证实了希特勒和海军元帅雷德尔一直都明白，在1940年入侵英国几乎是不可行的。事实上，希特勒在1940年7月22日明确告诉布劳希奇，他认为渡过英吉利海峡是“非常危险的”，只有在“无法通过其他方式”对付英国人时才能这么做。[8]

所有这一切导致了一个巨大的悖论。一方面，1940年7月，作为一个克里斯玛型督军，希特勒对德国民众的吸引力达到了顶峰。当时十七岁的瓦尔特·毛特说：“战争只持续了三四个星期，一切都进行得很顺利。德国士兵显然势不可挡。有鉴于此，说实话，我们每个人都充满了热情，即使是那些之前对整个政权持不同态度的人也是一样。突然之间，由于一切都很顺利，没有人能够阻止我们，我们都变成了民族主义者。凡是有德国士兵出现的地方，其他人都无法立足。真的是这样。”[9]

但另一方面，曾经领导德国取得了这些军事成就的克里斯玛型督军，却不能如他所愿地结束与英国的战争。在希特勒看来，软弱无能的英国军队已经崩溃，已经从敦刻尔克海滩逃走了。

英国人为什么不认输呢？有证据表明，希特勒确实对英国人的固执感到困惑。哈尔德在7月13日的记录中指出，希特勒仍然对英国人“坚持不愿意”停战“深感困惑”。[10] 7月6日，希特勒可能已经受到了柏林人的热烈欢迎，他可能已经带领德国取得了“有史以来最伟大、最光荣的胜利”，却不能使英国退出这场冲突。7月22日，哈利法克斯勋爵在广播讲话中清楚地说明了英国拒绝希特勒“和平呼吁”的理由。“他［即希特勒］说他无意摧毁大英帝国，但他从未在讲话中表示和平必须建立在正义的基础之上，也没有承认欧洲其他国家拥有他经常提到的德国人应该拥有的自决权。他只会诉诸恐惧的本能，他唯一的理由就是威胁……任何人都不会怀疑，如果希特勒成功了，对于我们，对于其他许多人来说，让生命有意义的所有一切都将结束。我们知道，这场战争可能会让我们失去一切，但正因为我们所捍卫的东西是值得我们做出任何牺牲的，能成为如此珍贵的东西的捍卫者才是一种崇高的荣幸。”[11]

在战争结束之前，希特勒将会一直思考为什么英国人不愿意在此刻结束战争。他不能理解，英国人真的相信“我们所捍卫的东西是值得我们做出任何牺牲的”。他的态度更令人惊讶，因为他自己就完全信奉英国人所采取的这种“孤注一掷”的做法。他似乎认为只有自己才会从原则和荣誉出发，而别人都只会按照实用主义行事。

希特勒在1940年夏天的行动，也显示出了其领导方式在实践中的巨大弱点。他依赖于自己“内心的确信”，没有尝试去了解敌人观点的变化。他没能理解，英国人抵抗的根源在于他们已经不再相信德国领导人会信守诺言。正是基于这一点，1940年3月，还在担任英国海军大臣的丘吉尔才会说:“有些轻率、浅薄或愚钝的俗人有时会问我们‘英、法两国在为什么而战’,对此,我的回答是,‘如果我们停止战斗,你们很快就会知道答案了’。”[12]

同时,有迹象表明,在即将到来的战争中,英国会得到美国的支持。这也令希特勒感到担忧。1940年7月19日,富兰克林·罗斯福总统在民主党全国代表大会上说:“这不是一场普通的战争。这是一场革命,一场威胁全人类的武力革命。它的目的不是要解放人类,而是要为了某个独裁政权的利益把人类沦为奴隶,这个独裁政权已经让我们看到了它所希望获得的好处的性质和程度。这就是我们的世界和我们所有人的生活正面对的现实。面对这个时代的危险,没有人能够或者有希望能够保有自由人在和平时期所享有的个人选择权。”

许多德国人现在对希特勒能带领他们走向胜利抱有极大的信心,而与此形成鲜明对比的是,希特勒完全没有能力让英国人及他们的美国朋友相信德国已经赢得了这场战争。因此,希特勒承受着巨大的压力。他必须要凭借一己之力找到解决新问题的出路。德国最高统帅部正沉浸在战胜法国的历史性胜利之中,希特勒刚刚因为八名将军在战争中的出色表现而提升他们做了陆军元帅。而现在,希特勒需要告诉他们下一步该做什么了。

一个选择是入侵英国,但这一行动不仅被认为极其冒险,而且希特勒也不确定摧毁或占领大英帝国是否明智。他认为:一方面,大英帝国是美国或亚洲国家在海上称霸的有效牵制力量;而另一方面,英国和德国一样,人口相对过剩,如果不进口粮食,就无法自给自足。另一个选择是攻占直布罗陀和苏伊士运河,在地中海与英国军队交战,与此同时,U型潜水艇加强对大西洋上美国护航舰队的攻击,以迫使英国人坐到谈判桌前。除此之外,还有一个最后的选择,乍看起来,这个选择是最奇怪的，那就是撕毁互不侵犯条约，把矛头指向斯大林。教授伊恩·克肖爵士说："希特勒的这种想法在今天听起来确实很奇怪，但他的打算是，'我们通过苏联击败英国。通过一场闪电战击败苏联，这大约需要四五个月的时间。到年底我们就将摧毁苏联，届时，英国将失去它在欧洲的唯一潜在盟友，美国人也将回到他们自己所在的半球。我们将通过另一条途径打赢这场战争'。"[13]

当然，德国人最终选择了这一途径。1941年6月22日，星期日，德军进攻苏联，发动了人类历史上最大规模的入侵。而这个决定现在仍然经常被视为希特勒的克里斯玛式领导最有力的例证。普遍观点认为，向斯大林宣战，是希特勒说服他的将军们所做的最为疯狂的事情。毕竟，正如蒙哥马利元帅的名言所说的，战争的"首要原则"就是"不向莫斯科进军"。[14]哈尔德将军也在战后表示，他曾在1940年7月与布劳希奇会面，说希特勒想与苏联作战实在是太过"愚蠢"[15]。但这并不是他当时的想法。不管哈尔德在1940年是否抱有个人疑虑，他都没有像一年前抗议入侵法国那样反对入侵苏联，而是在法国战役刚刚结束后几天就开始主动考虑冒险进攻苏联的价值。[16]德国人也不一定相信不向莫斯科进军是战争的"原则"。蒙哥马利对历史的理解是粗略的。虽然拿破仑对俄国的进攻确实是以灾难而告终，但历史上还是有成功入侵俄国的先例。例如，1382年，希特勒的偶像成吉思汗的后代脱脱帖木儿就曾率军进入莫斯科，造成两万多莫斯科人丧生。并且，希特勒的将军们知道，他们自己也见证过成功与苏联交战的例子。1918年3月，德国与新生的苏维埃政权签订了《布列斯特—立托夫斯克和约》，根据该和约，德国在东部获得了包括白俄罗斯、乌克兰和波罗的海诸国在内的大片领土。虽然第一次世界大战结束后签订的更广泛的和约使德国人失去了这片领土，但成功抢占苏联领土的记忆仍然存在。正如德国历史学家戈洛·曼所说:"《布列斯特—立托夫斯克和约》被称为被遗忘的和平,但德国人并没有忘记它。他们知道,他们打败了俄国人,有时他们还会自豪地将此视为(没有获得报偿的)战争的真正成就。"[17]

对于军事指挥官们来说,与其他选择相比,希特勒决定考虑入侵苏联更为合理。1940年7月31日,希特勒在贝格霍夫的一次会议上同他们就此进行了讨论。[18]在会议的前半部分,海军元帅雷德尔就入侵英国的前景作了冗长而令人沮丧的报告。在希特勒面前,雷德尔竟然敢提议将入侵推迟到下一年,而此时德国空军对英军发动的大规模攻击的结果尚未见分晓。和往常一样,希特勒先是因为军事领导人缺乏对战争的热情而大发雷霆,接下来,他又对入侵的可行性表达了自己的"疑虑"。他说,如果决定不入侵英国,"我们的行动就必须以消除所有能让英国对改变局势寄予希望的因素为导向"。反过来说,这就意味着,俄罗斯(希特勒坚持称苏联为"俄罗斯",尽管俄罗斯仅仅是十几个苏维埃共和国中的一个)必须被"摧毁"。现在,在计划对苏联发动进攻的同时,德国人还在半心半意地准备制订入侵英国的连贯计划,直到1940年9月才最终决定推迟"海狮行动"。

对于许多为希特勒效力的人来说,入侵苏联的想法是说得通的。尤其是苏联红军在前一年冬天入侵芬兰期间表现不佳,事实已经证明他们绝对算不上一流的军队,20世纪30年代的大清洗削弱了他们的力量。正如我们已经看到的,希特勒从未试图以类似的方式大规模清除那些不完全支持纳粹的军官。事实上,根据戈培尔的说法,希特勒认为斯大林"可能是脑子出毛病了"[19],因为他仅仅出于对政治可靠性的怀疑就杀害了苏联红军最有经验的一些军官,或是解除了他们的职务。

所有这一切都意味着,像彼得·冯·德·格罗本这样的德国军官,不仅觉得他们能够自信地与苏联人交战,还认为进攻背后的基本思路是合理的。“在我看来，[德国入侵苏联]在某种程度上是不可避免的，尤其是从军事角度来看。我们现在面临着怎样的形势？法国被打败了。试图通过著名的‘海狮行动’战胜英国的努力失败了，因为德国不可能取得空中优势，相反，与英国空军的交战还造成了德国空军的损失。很明显，在可预见的未来，在两年之内，美国会站在我们的对立面参战。众所周知，罗斯福从一开始就决心发动这场战争。因此，问题产生了，那就是，我们能做些什么去对抗他们，对抗这种威胁。另一方面，极不稳定的俄罗斯要求越来越高……因此，我认为，绝对有必要在美国采取行动之前消除俄罗斯的威胁……包括军事领导人在内的一些人认为，通过一次短暂而有力的打击消灭俄罗斯军队是相对容易的。根据我所了解的关于俄罗斯军队的信息，我也认为这不是什么大问题。”[20]

当然，入侵苏联也会给希特勒创造机会，让他能够追求实现自己十六年前在《我的奋斗》中概述的扩展生存空间的基本目标。与斯大林签订的务实的互不侵犯条约将失去效力。最终，希特勒将可以带领德国人进攻其心中“犹太—布尔什维克世界阴谋”的“总部”。[21]而且，毫不意外的是，像瓦尔特·特拉弗纳一样一直相信纳粹此种宣传的党卫军成员，是支持德国向苏联开战的。“我们想阻止布尔什维克主义统治世界，你知道……我们决心阻止它在欧洲的进一步扩展。”[22]

但是，即便希特勒和他的同伴们认为，无论从现实角度还是从意识形态角度考虑，进攻苏联都是合理的，但他们的逻辑仍然存在着明显的缺陷。希特勒在7月31日说，“俄罗斯是英国最为依赖的因素”，但这一论断根本不是事实。英国政府中的关键人物一直对苏联持怀疑态度，无疑也不依赖斯大林。张伯伦、哈利法克斯勋爵和丘吉尔，都曾表示过对共产主义者的厌恶。就在不久前的1940年3月31日，丘吉尔还公开表示，他认为苏联人刚刚在芬兰证明了共产主义这一“致命的精神和道德疾病”对“其他国家的摧残”。[23]此外，迄今为止，斯大林的战略一直是置身于战争之外，以便让德国和西方盟国的力量相互消耗殆尽。尽管纳粹与斯大林之间的关系确实越来越紧张，尤其是在1940年夏天苏联占领波罗的海诸国之后，但仍然没有迹象表明斯大林想要与德国开战。

英国继续战争所依赖的不是苏联，而是美国。1940年5月20日是法国战役中最糟糕的日子之一，丘吉尔在那一天写信给罗斯福总统说："如果美国放手不管，就没有人有权责怪为幸存的居民尽力而为的人。"[24]正如戴维·雷诺兹教授提醒我们的，丘吉尔“总是把美国置于他的理念之中。他是半个美国人，长期以来一直主张英国与美国结盟并将美国拖入欧洲事务当中。这对他来说非常重要，但哈利法克斯或张伯伦却不会本能地受到影响。话虽如此，面对1940年夏天急剧变化的战争形势，任何一位英国领导人都不得不开始以新的方式看待美国，因为美国是唯一一个能够向英国提供重要支持的国家”[25]。

美国早在因为1941年12月日本偷袭珍珠港而参战之前，就已经在向英国提供军事支持了。最著名的就是1940年12月，罗斯福在连任美国总统后提出通过《租借法案》向英国提供军事装备，并且不要求英国立即偿还；但美国对英国的战争支持甚至在此之前就已经开始了。事实上，1940年7月，丘吉尔知道美国计划在一年半内为英国提供1万多架飞机。[26]这样一来，再加上英国自己在同一时期制造的1.5万架飞机，英国空军的发展速度就超过了德国空军。

当然，要阻止美国提供的物资流入英国，唯一可行的办法就是在运送物资的商船通过大西洋时将它们击沉。而德国要这么做也面临着问题。由于德国海军建设计划的重点已经转向从长期着眼建立一支庞大的水面作战舰队，U型潜水艇建造计划已经被忽视多年。战争开始时，德国海军只有不到36艘U型潜水艇能够对北大西洋的盟国商船队构成威胁。而1940年6月法国沦陷时，德国海军的U型潜水艇数量也只增加了20艘。[27]

在与将军们进行讨论时，希特勒试图用连他自己都觉得歪曲的逻辑来对抗美国的威胁。他认为，如果苏联战败，日本就能够更轻松地把重点放在亚洲和太平洋地区的领土扩张上，从而在美国和日本之间引发冲突。这样，美国人可能就要忙于保护他们自己在世界另一端的利益。此外，希特勒断言，即使美国人想在欧洲作战，也需要几年的时间才能做好战斗准备，而到那时，纳粹已经控制了欧洲大陆，在新东部帝国的原材料保证下坚不可摧。[28]

这是一项建立在希望之上的战略。希特勒希望日本迫使美国陷入太平洋冲突，这样美国就无法支援英国作战。同时，他希望英国在苏联战败后和平妥协。希望建立在希望之上。就连希特勒自己都无法掩盖一个事实，那就是，他实际上无法让任何一个希望成为现实。他无法命令德军越过大西洋去打败美国人，他甚至无法命令他们越过英吉利海峡去打败英国人。此外，作为一个地道的中欧人，希特勒从来没有表现出任何想要征服海洋的迹象。他认为德国应该在欧洲大陆扩张。

然而，在1940年夏天，并没有人认真质疑希特勒的分析。笼罩在他身上的克里斯玛光环越来越强大，每一个接近他的人都因为他最近的成功而为他的克里斯玛所吸引。希特勒曾经说过德国可以打败法国，而事实已经证明，那些怀疑他的人是错误的。现在，他又声称可以通过进攻苏联而打败英、美两国。帝国保安部1940年年底监控公众舆论的机密报告显示，许多普通民众并不知道希特勒对未来的确切计划，但他们仍然乐于相信他的判断。德国北部什未林的一个市民说，“当元首讲话时，所有的疑虑都消失了……”[29]；而帝国保安部认为，他的说法

“很有代表性”。1940年夏天的另一份报告称，希特勒从法国回国后的演讲“感情丰富，热情洋溢”，有人对当时民众的普遍情绪做出了这样的形容——“元首的演讲就像一场净化一切的雷雨”。[30]

促使民众形成这种情绪的，还有纳粹一直在向德国人灌输的优越感，对法国的胜利让德国人坚信了这一点。当时的一名学生后来回忆道：“我们被教导说，只有德国人才是有价值的人。有一本小册子叫《德国发明家、德国诗人、德国音乐家》，德国人是唯一的存在。我们如饥似渴地阅读这本小册子，完全相信我们德国人是最伟大的。我们会听一些新闻简讯，会感到无比自豪和感动，而且经常会有很多人流下骄傲的泪水。你得想象一下，虽然今天的我无法理解这一切，但当时的情况就是这样……就连我那多疑的父亲都突然开始说‘我们’了，而在此之前，在给我们讲战争故事时，他都会用‘我’，但现在突然变成‘我们’了。‘我们’是杰出的人！”[31]

希特勒突袭苏联的决定把历史记忆、现实考虑和浪漫情怀结合在了一起，他知道如何运用这些强有力的因素。自从13世纪条顿骑士征服波罗的海诸国以来，关于德国征服“东方”的骑士和征服故事就一直在被德国人传颂。较近的是，第一次世界大战期间曾在苏联领土上作战，战后又在波罗的海诸国自由军团服役的德国士兵，在历史回忆的基础上对这片广袤的土地形成了自己的看法。一名德国士兵回忆说：“俄罗斯文化的最深处没有一丝中欧文化的印记，它是一个亚洲国家，有大草原、沼泽、幽闭阴森的地下世界和凄凉的荒地。”[32]另一名士兵认为，德国人是这片荒原上的文明力量，是“文化的先驱”，“因此，不管他们自己是否已经意识到了这一点，德国士兵都已经成为敌人领土上的老师”。[33]此外，德国现在的军事规划专家们知道，他们要继续进行战争，就要依赖从苏联进口产品，特别是石油和谷物。如果斯大林威胁要停止供应这些重要物资，德国该怎么办？那么，为什么不为永久而安全地获取这些物资而斗争呢？

苏联外交部长维亚切斯拉夫·莫洛托夫在1940年11月12日对柏林的到访，更坚定了希特勒进攻苏联的决心。在《苏德互不侵犯条约》签署十五个月后，莫洛托夫受邀访问德国，讨论苏联与德国的关系。这位苏联外交部长的领导风格与希特勒的截然相反。他非常善于参加无休止的会议，并因此获得了“石头屁股”的绰号。他处理问题非常实际，对野心勃勃的幻想持怀疑态度。莫洛托夫本身就是一个没有什么魅力的人，因此他也最不可能被希特勒的宏大愿景所左右。双方于11月12日和13日在帝国总理府举行的会谈充分证明了这一点。

希特勒在会谈的开场白中强调，他想同莫洛托夫讨论的是苏德关系的“关键问题”。他试图以此避免谈论“微不足道的暂时考虑”。然后，他提出了“美国的问题”，暗示美国对英国的援助实际上是其玩世不恭的伎俩的一部分，其目的是“进一步重整军备，并通过获取军事基地增强军事力量”；但是在“1970年或1980年”之前，美国都没有能力“严重危及”其他国家。[34]与此同时，希特勒提出，苏联或许可以加入德国、意大利和日本近期签署的《三国公约》。

但莫洛托夫表示，“微不足道的暂时考虑”正是他所关心的问题。他并没有理会希特勒想泛泛而谈的打算，而是试图把谈话的重点放在眼前的实际问题上，比如德国对芬兰的意图。希特勒迅速回应了这个问题（“芬兰仍然在俄罗斯的势力范围内”），他脑海中显现的是“征服英国后”未来世界的图景——“大英帝国”将成为世界上一块巨大的破产土地，其面积四千万平方公里的国土将被瓜分。在这片破产的土地上，俄罗斯将获得不会冰冻的真正辽阔的海洋。但莫洛托夫对日后分割一个现在尚未被打败（甚至可能永远也不会被打败）的国家的资产并没有什么兴趣。在此次柏林之行稍后的一次会谈中，他明确告诉里宾特洛甫，他知道德国未来的计划建立在一个“假定”的基础之上，这个“假定”就是德国“实际上已经打赢了”对英国的战争。

莫洛托夫对希特勒的克里斯玛的排斥近乎不屑。他的这种态度是可以预见的，这不仅是他自己的个性使然，也与斯大林对这种领导方式的蔑视有关。为了成为列宁的继任者，斯大林至少击败了两个“克里斯玛型”竞争对手——季诺维也夫和托洛茨基，并通过狡猾的手段和强大的实力取得了成功。希特勒的成功靠的是言语的力量，这是其克里斯玛的基石；而斯大林对领导方式的看法与希特勒的完全不同。他说：“人不应该相信言语，行动比言语更重要。”[35]不出意料，与莫洛托夫的会谈没有成功。1940年12月18日，在会谈结束后不久，希特勒正式下令执行“巴巴罗萨计划”——入侵苏联。

与此同时，波兰境内的事态继续表明，希特勒及其追随者之间的相互关系能够造成极大的动荡和破坏性。和战前一样，希特勒对目标没有明确的定义，这是他领导其思想支持者的一个关键要素。用诺伯特·弗赖教授的话来说就是：“关键在于要模糊……即使你身处最高权力阶层，也无法看到一致的图景。”[36]正如约瑟夫·戈培尔于1940年4月5日在面对德国媒体的一次秘密信息发布会上所说：“今天，当有人问起我们对新欧洲的看法时，我们必须说，我们不知道。我们当然有自己的看法。但是，如果我们用语言把它表达出来，就会立即招来敌人，遇到更多的抵抗……今天我们说‘生存空间’。每个人都可以想象自己想要什么。当时机成熟时，我们就会知道我们想要什么。”[37]

这种领导方式让波兰的新统治者制造出了最为令人震惊的暴力和混乱。例如，新设立的瓦尔特高地区的统治者阿尔图尔·格赖泽尔和但泽/西普鲁士地区的纳粹头目阿尔贝特·福斯特都享有极大的个人权力，他们在行使权力时完全不顾及其他权威。他们两个人都是地区领导人（德国被划分为不同的地区，每个地区都有自己的领导人，所有地区领导人都是男性），由希特勒直接任命，并且直接受希特勒领导。许多地区领导人从纳粹运动一开始就跟随着希特勒。例如，阿尔贝特·福斯特是在1923年加入纳粹冲锋队的，那时他才二十一岁。希特勒告诉福斯特和格赖泽尔，“他们有十年的时间去实现自己管辖地区的日耳曼化，他不会过问他们所采取的方法”[38]。因此，他们两人都觉得可以随心所欲，按照自己喜欢的方式完成任务，并采取了不同的方法。格赖泽尔是希姆莱的亲密伙伴，他利用纳粹惯用的方法来确定自己统治的地区内哪些人是“日耳曼人”。福斯特同格赖泽尔一样残忍，但他的方法更加随意。他认为，可以先找出那些看上去是日耳曼式的村庄，然后再对这些村庄的居民集体实行“日耳曼化”，这样进展可以更迅速。在他们两人统治的地区，那些被认为不是“日耳曼人”的人都遭受了巨大的灾难，他们被驱逐到了总督辖区，饥饿和死亡是等待着他们中许多人的命运。

根据与斯大林达成的协议，数十万日耳曼人从新近完成了领土扩张的苏联境内的波罗的海诸国移民到了“德意志帝国”，他们的到来加剧了波兰局势的混乱。他们当中的许多人震惊地发现，他们回到的“帝国”并不在战前的德国边界之内，而是新近才并入帝国的原来属于波兰的领土。一些新移民得到了从被驱逐的波兰人和现在被囚禁在聚居区的犹太人那里没收的公寓和企业。然而，大多数移民而来的日耳曼人并没有找到新的家园，而是在收容营中饱受苦难，等待着纳粹当局解决问题。

海因里希·希姆莱是这一切苦难的幕后推手。他和波兰的其他纳粹统治者（如福斯特和格赖泽尔）一样，被希特勒赋予了极大的自由，可以使用自己认为必要的任何手段对波兰进行种族重组。希姆莱很清楚，希特勒会支持他采取暴力和激进的措施来完成任务。1940年夏天，希姆莱才三十九岁，但他已经是纳粹运动中的一名元老。他参加过1923年的啤酒馆暴动，还在1934年的“长刀之夜”对抗过恩斯特·罗姆。

此外，希姆莱也狂热地坚信“种族”在人类历史上的首要地位。1940年2月，他在纳粹地区领导人的集会上说：“我们需要弄清楚一件事，我们坚信，我们的血统，日耳曼民族的血统，实际上是世界上最佳的血统。我相信这一点，就像相信上帝一样……在一千个世纪之内，这种日耳曼民族的血统仍然将是最佳的血统，没有其他的血统能够超越我们的血统。我们比所有人、所有一切都优越。一旦我们从压抑和束缚中被解放出来，将没有人能够在才能和力量上超越我们。”[39]

为了追求“最佳的血统”，希特勒早在1939年10月就任命希姆莱为“加强德国日耳曼国家地位的帝国代表”。在这个职位上，希姆莱一直试图完成的种族重组是人类历史上规模最大的种族重组之一。或者，正如戈培尔在1940年1月的日记中所写：“希姆莱目前正在改变人口构成，但他并不总能成功。”[40]

不足为奇的是，希姆莱之所以能在帝国东部自由采取暴力行动，一个必要的先决条件就是希特勒对他的信任。希特勒相信希姆莱既对他极度忠诚，又完全折服于他的“克里斯玛天赋”。早在1923年1月，在还没有与希特勒打过交道时，希姆莱就已经写道：“他真是一个伟大的人，尤其是一个真实而纯洁的人。”[41]但是，尽管希特勒对希姆莱的忠诚充满信心，这位党卫军领导人在推动他所期望的改革的过程中，还是不得不面对波兰境内其他纳粹当权者的竞争。例如，希姆莱反对阿尔贝特·福斯特在但泽/西普鲁士进行种族鉴别的方式，认为他的做法不够严谨，但他发现无法按照自己的意志行事，因为福斯特是地区领导人，直接受希特勒的领导。总督辖区的纳粹统治者汉斯·弗朗克也向“四年计划”的负责人戈林抱怨说，希姆莱为了推行种族重组而把大批“非日耳曼人”驱逐到了总督辖区，从而造成了巨大影响。

但希姆莱善于巧妙地运用各种冲突的职位和野心之间错综复杂的关系。他知道希特勒不喜欢读备忘录，往往希望下属能够通过他的口头暗示了解他的需求。毕竟，在罗姆和冲锋队领导层遭到袭击时，希姆莱就是通过希特勒的口头暗示明白了自己和整个党卫军该怎么做的。但是，希姆莱也知道，在极偶尔的情况下，向希特勒提出书面建议也是有益的。他知道，只有在元首明确需要做出清晰决策时，在时机有利的时候，才应该这样做。1940年5月，当觉得这两个条件都已经具备时，他为希特勒写了一份名为《关于对待东部外国人口的一些想法》的长篇备忘录。很显然，种族政策在波兰的实行需要希特勒的指导，而希姆莱选择了在德军在法国战役中取得进展时把备忘录送到了希特勒的手中。

希姆莱没有向希特勒提出他想要解决的问题，相反，他提出了实施希特勒设想的方法。他建议，应该让“东部领土”上的“非日耳曼人”做无知的奴隶，只能教他们“不超过500的简单算术、名字的书写，以及一条教义，即服从德国人、诚实、勤劳和善良是神的诫命。阅读是没有必要的”[42]。与此同时，要搜遍这片土地，找到拥有“我们的血统”的孩子，把他们抢回来，带回德国抚养。

这完全是迎合希特勒的激进种族主义计划，也的确获得了希特勒的首肯。希特勒对希姆莱说，他认为这份备忘录“很好很正确”。克里斯托弗·布朗宁教授说：“这就是决策的方式。希特勒并没有制订并签署周密的计划，也没有把它一级级传达下去。他只是鼓励希姆莱与其他人斗争到底，如果他们不让步，就要施展自己现在在争取希特勒首肯时体现的能力。当然，希特勒日后还是有可能变卦的。你看，他在保留自己的选择，但是他在鼓励希姆莱，而希姆莱已经预料到这确实是希特勒长期以来一直希望做的事情。”[43]

“上级的愿景”由下属定义和实施，而下属往往容易向上级做出超过自己能力范围的承诺。与那些曾经清醒反对希特勒入侵法国的将军们不同，像希姆莱和戈林这样的对希特勒的克里斯玛持有坚定信念的人，会为了取悦自己的上司而总是做出几乎不可能——有时甚至是完全不可能——兑现的保证。在1940年夏天之前，戈林已经多次表现出这种倾向。在经济上，他在“四年计划”中设定了不现实的目标；在军事上，他曾向希特勒保证德国空军可以摧毁聚集在敦刻尔克海滩上的同盟国部队。而现实也已经表明，希姆莱是无法实现他野心勃勃的种族重组计划的。波兰境内波兰人的大规模迁移造成了行政和经济上的混乱，数十万对未来充满希望的日耳曼人来到新的帝国，却因为无处可去而被迫住在临时难民营。然而，在5月15日的备忘录中，希姆莱完全没有提到这些问题，反而主张进一步扩大东部的种族重组。和戈林一样，希姆莱知道，最重要的是，希特勒对那些既乐观又激进的计划感兴趣。

希特勒的克里斯玛式领导所造成的另一个后果是，他的直接下属们开始模仿元首，对阻碍实现最终目标的实际问题视而不见。希姆莱多次显示出了这一点，而其中最为明显的一次是他于1941年春第一次访问奥斯维辛集中营时。当时，设立奥斯维辛集中营的主要目的，是在上西里西亚的波兰人中制造恐惧。1940年6月集中营开放时，第一批囚犯是波兰政治犯。尽管确实有很多人由于遭受了可怕的虐待而死在那里，但那里当时还不是一个有计划地实施种族灭绝的地方。希姆莱决定去参观奥斯维辛集中营，因为他知道大型化学集团法本公司有意在附近开设一家新工厂。他希望奥斯维辛集中营能为这家拟建的合成橡胶工厂提供一些工人。

1941年3月1日，希姆莱与纳粹上西里西亚地方头目弗里茨·布拉赫特等人一起，会见了奥斯维辛集中营的指挥官鲁道夫·胡斯。希姆莱宣布要将集中营扩大三倍，并驳斥了对该计划的一系列反对意见。比如，针对排水问题，他说："先生们，集中营将会扩大。我的理由远比你们的反对重要得多。"[44]这句话就像希特勒很容易脱口而出的话一样，怎么想都是荒谬的，因为无论希姆莱多么想实现他的计划，实施计划的实际障碍都是存在的。当天晚些时候，鲁道夫·胡斯再次试图说服希姆莱，让他明白把这个集中营的容纳能力从一万名囚犯扩大到三万名囚犯所面临的问题有多严重。希姆莱回答说："我不想再听到任何困难了！对于党卫军的军官来说，困难是不存在的！当困难出现时，克服困难是他的职责。你怎么做是你的事，与我无关！"

不得不说，这的确是一种奇怪的行政体制，但它持续运作的时间超出了人们的想象，背后还是有一些深层原因的。多年以来，希特勒一直在强调，目标的实现主要靠意志力和信念，他声称自己已经通过纳粹夺取政权和战胜法国等成就证明了这一事实。然而，更重要的是，那些会因为纳粹未能实现其野心勃勃的目标而受苦的人，往往是纳粹根本不在乎的人，或是他们希望看到受苦的人。例如，成千上万的波兰人不是死在了被送往总督辖区的火车上，就是在到达总督辖区后因为没有食物和住处而饿死和冻死，而在纳粹眼中，他们可能只是"无领导的劳动阶级"中一个不重要的部分。

在纳粹的犹太人政策中，这种先是定下荒唐的目标，又在无法实现目标时对受害者置之不理的倾向是最为明显的。1939年9月底，纳粹已经统治着大量波兰犹太人（近二百万），对于他们，希特勒最初的“愿景”自然是和战前一样实施迫害和驱逐。数千名波兰犹太人被特别行动队开枪打死，而更多的人则在被驱逐之前被命令搬到了犹太人居住区。从纳粹早期的行动计划中，已经可以看出赋予指挥官自行决定权的可能性。莱因哈德·海德里希在给特别行动队领导人的一系列指示中写道：“很明显，现在还无法确定即将到来的任务的所有细节。以下指示和指导方针只是为了敦促特别行动队的领导人自行思考实际问题。”[45]

9月29日，希特勒说，他希望犹太人搬到新纳粹帝国的东南角，即布格河和维斯杜拉河之间[46]与波兰苏联占领区交界的一个偏远地区，在那里，他们将被迫进入劳改营。曾经在德国与奥地利合并后协助组织将犹太人驱逐出奥地利的三十三岁的党卫军上尉阿道夫·艾希曼在听说这一想法后，立即设法执行。没有证据表明，艾希曼这样做是出于命令要求。相反，他主动决定要看看自己是否能组织他认为上级希望看到的驱逐行动。10月6日，艾希曼见到了盖世太保头目海因里希·缪勒，后者赞成先尝试一些驱逐行动，看看是否能奏效。在接下来的几天里，艾希曼直接超越了这一职权，开始计划就连远在维也纳的犹太人也要被驱逐出去。令人难以置信的是，10月18日，在希特勒表明愿望仅仅三周之后，第一列载有近千名犹太人的火车就从捷克共和国境内的俄斯特拉发驶向了波兰东南部。[47] 10月20日，同样载有约一千名犹太人的一列火车驶离了维也纳。

在试图将犹太人驱逐出维也纳的过程中，艾希曼也在试图解决纳粹在德国与奥地利合并后在战前推行大规模日耳曼化时为自己制造的一个“问题”。纳粹关闭或侵吞犹太人的企业，使得许多犹太人无法谋生。那时，没能移民的犹太人就会成为纳粹国家的“负担”。甚至早在战争开始之前，纳粹策划者瓦尔特·拉菲尔斯贝格尔[48]就曾提议，应该强制留下来的犹太人住进集中营，让他们为建筑工程出力。现在，在战争条件下，类似这样的想法看起来是一定可以实现的。

然而，不出所料，艾希曼的计划陷入了混乱，被驱逐的犹太人到达波兰卢布林地区的尼斯科镇后遭受了可怕的痛苦。他们没有栖身之所，纳粹命令他们自己搭建简陋的小屋，他们中的许多人被带往与波兰苏联占领区接壤的边界，在那里，纳粹要求他们离开，永远不再回来。尽管直到1940年春天，仍有一些犹太人在尼斯科的临时集中营里受苦，但继续向这一地区转移犹太人的行动已经遭到禁止，艾希曼的计划被放弃了。

下令取消艾希曼计划的是希姆莱，取消计划的原因不是卷入其中的犹太人遭受的痛苦，而是他当前的优先任务是组织运送从苏联领土移民而来的日耳曼人，艾希曼的尼斯科计划分散了资源。希姆莱自己也有计划要把波兰犹太人驱逐到总督辖区。但这一临时计划造成了巨大的行政问题，以至于有人向戈林发出了抱怨，所以希姆莱随后才于1940年5月向希特勒提交了备忘录。

然而，尼斯科计划虽然短暂，却暴露了纳粹领导体系的本质，尤其是在与犹太人相关的问题上。希特勒几乎没有参与，但他的认可是至关重要的。其领导方式的本质在于，他只需要流露出赞成某一行动的迹象，就足以促使他的下属采取行动，不管行动的实施会遇到多少实际困难，他的下属们都会勇往直前，就连阿道夫·艾希曼这样级别较低的下属也是如此。的确，纳粹反犹政策的后续发展表明，希特勒认为疯狂的梦想是有可能实现的，他的这种观念太强了，所以他自己根本就不必做什么，其他人知道他想要的是一个什么样的世界，会为他去实现梦想。希特勒创造了一种氛围，正如希姆莱在1940年2月的讲话中所说的那样，一种纳粹可以“从压抑和束缚中解放出来”的氛围。

1940年夏天，不仅艾希曼的尼斯科计划没能实施，就连希姆莱将波兰犹太人运送到总督辖区的想法也没能实现。与此同时，波兰犹太人被限制在华沙、罗兹和克拉科夫等大城市的犹太人居住区，由于疾病和营养不良，很多人已经濒临死亡。例如，埃斯特拉·弗伦基尔在1940年春天和她的家人一起被困在了罗兹的犹太人居住区，她说，情况太糟糕了，“人们都只能想着如何能活过这［一］天”[49]。犹太人居住区原本只是纳粹在驱逐犹太人之前临时设置的，现在却成为对犹太人实施长期监禁的场所。苦难是巨大的。一位在1941年目睹了华沙犹太人居住区景况的波兰人在他的日记中写道：“大多数人都像是从噩梦中走出来的鬼魂，悲惨穷困，极其可怜……孩子们徒然地在街上哭泣，饥饿正带着他们走向死亡。他们喊叫着，乞求着，歌唱着，呻吟着，他们冻得发抖，没有内衣，没有衣服，没有鞋，他们衣衫褴褛，骨瘦如柴，破布条一样的法兰绒裹在他们消瘦的骨架上，孩子们因饥饿而肿胀，变丑，神志不清，在5岁时就已经完全成熟了，对生活感到沮丧和厌倦。”[50]

海因里希·希姆莱和汉斯·弗朗克等纳粹高级人物不仅对这种痛苦漠不关心，甚至还希望看到这种情况的发生。1939年11月，在谈到将犹太人驱逐到维斯杜拉河以东地区的计划时，汉斯·弗朗克说：“不要理会犹太人。犹太人的最终消失将给我们带来喜悦。他们死得越多越好。”[51]

为了实现驱逐犹太人的最初想法，德国外交部官员弗朗茨·拉德马赫在1940年夏天提出了一个奇怪而激进的解决办法，即将犹太人遣送到法国位于非洲东南海岸的殖民地——马达加斯加。将犹太人驱逐到远离欧洲的地方并不是一个新想法。19世纪的德国反犹分子保罗·德·拉加德[52]就曾首次提议将犹太人送往马达加斯加，这当然不是出于犹太人的福祉考虑，而是因为他认为应该以某种方式消灭犹太人。[53]（早在纳粹接受他的思想之前，拉加德还表明了其他许多观点，比如对自由主义的仇恨和对德国获取更多领土的渴望。）希姆莱在1940年5月的备忘录中也提到，他希望“可以通过将所有犹太人大规模转移到非洲或其他殖民地而看到‘犹太人’一词的完全消失”。

但现在，是拉德马赫提出了马达加斯加计划。拉德马赫不仅是一名职业外交官，也是一名坚定的纳粹分子，最近刚刚被任命为德国外交部犹太事务负责人。他认为，法国的战败，加上他所设想的很快就将到来的英国的投降以及欧洲战争的结束，为德国提供了很多全新的可能。其中之一就是“西方犹太人”应该“远离欧洲，比如说被送往马达加斯加”。[54] 1940年6月3日，拉德马赫在写给自己的上司德国外交部副部长马丁·路德的备忘录中提出了将犹太人遣送到马达加斯加的建议。但仅仅三个星期后，莱因哈德·海德里希就意识到了，拉德马赫的计划会让外交部参与他认为应该由自己负责的行动，于是，他告诉德国外交部长里宾特洛甫，他希望参与计划的讨论。结果，六个星期后，艾希曼提出了一份冗长的提议，要把四百万犹太人送到马达加斯加，让他们在党卫军的监督下生活，并在那里结束自己的一生。

希特勒肯定是赞成这些提议的。那年夏天，他向墨索里尼讲述了马达加斯加计划。8月17日，在与希特勒见面后，戈培尔在日记中写道：“我们想以后把犹太人运往马达加斯加。”[55]这一消息甚至传到了被囚禁在罗兹犹太人居住区的犹太人那里。1940年夏天，在犹太人居住区担任行政秘书的埃斯特拉·弗伦基尔说：“当时，我听到盖世太保里希特对鲁姆科夫斯基（犹太人居住区的负责人）说，‘我们要把你们全部转移到马达加斯加去，在那里，你将成为犹太人的国王或总统……’”[56]事实上，如果犹太人真的被送到马达加斯加，等待他们的几乎无疑会是灾难性的命运。根据波兰莱佩基委员会战前的评估，马达加斯加只能容纳不到一万个家庭定居，[57]而纳粹却计划将四百万犹太人送到那里。

马达加斯加计划存在的时间并没比艾希曼的尼斯科计划长多久。它始终依赖于英、德之间的和平。如果不能保证航道的安全，犹太人就永远不能被运送到非洲。尽管短暂，该计划却具有重要的意义，因为它表明了希特勒的思想信徒对犹太人命运的思考有多么极端。

纳粹在计划对苏联发动战争的同时，也在就该如何对待波兰人，特别是波兰犹太人提出越来越激进的想法。所有这些因素的共同作用导致了大量凶残的种族灭绝性建议的提出。德国学者过去二十年的开创性研究表明，纳粹体系内的“国务秘书”(类似于英国政府模式中的常务次官) 用野蛮的扩张性语言提出了可能导致数百万人被迁移和饿死的理论。他们这样做的部分原因在于，他们认为这一地区已经有太多人了。后来成为德国波森帝国大学教授的维尔纳·康策在战前写道：“在中东欧的大部分地区，农村人口过剩是当前最严重的社会和政治问题之一。”[58]由于受到保罗·莫姆贝特等社会科学家理论的影响，这些纳粹策划者认为可以计算出各个特定地区所谓的“最佳人口数量”。因此，他们提出，纳粹在东部已经占领的地区和下一步计划通过入侵苏联而占领的地区都有大量的多余人口。当然，他们也清楚，纳粹企图占领的一个地区此前曾经有过人口急剧减少的例子。1932年至1933年期间，斯大林曾经一手造成了乌克兰的饥荒，导致至少六百万人死亡。[59]学者们仍然在争论，斯大林是不是希望看到这些乌克兰人在苏联的现代化进程中消失，但可以肯定的是，在第二次世界大战爆发之前，纳粹就已经看到了一个清楚的例子，知道了如何在短时间内通过饥荒大幅减少东欧的人口。

对于这些纳粹策划者来说，这场战争无疑是一种释放。在总督辖区工作的年轻经济学家迪特里希・特罗施克博士在1940年4月的日记中写道："那些在东部服役的人发现自己处于一种独特的境遇之中。每个人都面临着非凡的机遇。谁都未曾想象到，他们现在所处的职位给他们带来的挑战、责任和主动权，比他们此前的人生中所做的任何事情带给他们的都要多。"[60]

正如克里斯托弗・布朗宁教授所说的，纳粹策划者们"在创造历史的过程中感到了某种陶醉……他们兴奋于自己正在超越其他人过往所做过的事情，兴奋于自己正在以一种前所未有的令人振奋的方式创造历史。这些人都是奇怪的混合体，他们具有很强的策划能力，也怀有令人陶醉的乌托邦式愿景。而纳粹正是因为将这种乌托邦式的陶醉和他们的技术专业知识结合在一起，才造成了巨大的破坏力，或者说才制订出了具有巨大破坏性的计划"[61]。

正如我们已经看到的，对于希特勒来说，从1939年9月德国军队进入波兰那一刻起，这场战争就是一场"意识形态"战争，但现在，这种意识形态思维的后果将在对苏联的战争中得到更强烈、更大规模的体现。1941年3月10日，在对德国高级军官发表的一次臭名昭著的讲话中，希特勒明确表达了自己的愿望。他说，即将对苏联发动的战争是一场"歼灭战"[62]，并特别要求"消灭布尔什维克官员和共产主义知识分子"。

一名年轻的德国军官在德国入侵苏联之前，就知道并接受了希特勒要杀害苏联共产党官员的决定。后来，他在回忆自己当时的想法时说："[与苏联人作战和在西线作战的] 区别在于，俄罗斯人或红军士兵被认为是劣等人，这是一场大规模的行动，因为有大量俄罗斯士兵。他们的实力，他们在数量上的优势，必须被改变……他们 [即纳粹领导人] 说，没有时间了，我们必须要战斗，我们必须奋力前进，不管是否会有更多的俄罗斯人死在我们前进的道路上。这是一群劣等人……这些劣等人实际上给了我们摧毁他们以及在某种程度上消灭他们的道德权利，这样他们就将不再是我们的威胁……布尔什维克总是被描绘成齿间咬着血刃的形象，描绘成只会破坏、杀人、殴打人致死、折磨人并把人驱逐到西伯利亚集中营的形象……这些布尔什维克有能力实施任何暴行和暴力，永远不能让他们成为这个世界的主导。”[63]

希特勒想对一群“劣等人”发动一场“歼灭战”。正是在这样的背景下，1941年5月2日，一些国务秘书、军官和其他官员召开了一次会议。他们在会议上形成的观点体现在了总结备忘录的前两点中：“1. 在战争的第三年，只有在整个国防军都能从俄罗斯获得给养的情况下，战争才能继续进行下去。2. 因此，如果我们从苏联获取了必需的物资，那么无疑会有几百万人挨饿。”[64]这些官员所说的“战争的第三年”是指1941年9月至1942年8月这段时间。而据后来披露，几百万这一数字实际为“三千万”。[65]

在随后由大屠杀所引发的恐怖成为关注焦点的背景下，这份非同寻常的“饥饿计划”文件并没有得到应有的关注。该计划并不是在这次会议上偶然形成的，而是一系列因果关系所导致的连锁反应。当天晚些时候，参加会议的唯一一名高级政府官员阿尔弗雷德·罗森贝格与希特勒进行了一次事先早已安排好的讨论，“更详细地探讨了东部问题”[66]。毫无疑问，他希望能够提出元首感兴趣的建议。后来，希特勒就不再希望看到他的高级部长们聚集在一起讨论政策了——上次内阁会议是在1938年召开的，这意味着低于内阁部长级别的会议即国务秘书的会议变得至关重要了。[67]（1942年1月召开的万湖会议讨论了犹太人的命运问题，是整个战争中最臭名昭著的会议之一。而就像5月2日的“饥饿”会议一样，万湖会议也是一次国务秘书级别的会议，这并非偶然。）希特勒的领导方式从内容和形式两方面，对在5月2日的会议上提出了饿死数百万人的计划的官员们产生了重要影响。希特勒不仅已经宣布这将是一场“歼灭战”，而且已经无数次表明他希望自己的追随者们寻求“激进”的解决方案。

因此，我们完全有理由认为，参加了1941年5月2日会议的那些人相信，他们计划让三千万人饿死不仅是在为领导人的利益服务，也是在为国家的利益服务。他们尤其记得第一次世界大战时协约国是如何封锁德国，企图以饥饿迫使德国屈服的。因此，亚当·图兹教授说："你在1940年到1942年间听到的完全是一种颠倒过来的言论，他们说'有人要挨饿了，但这次不是我们'。"并且，与通常以委婉的语言传达的有关大屠杀的决定不同（例如，即将被杀害的人会被说成是即将“受到特殊待遇”的人），“饥饿计划”被“明确写在了下发给德国占领军的指示文件中。因此，后方德国驻军的指挥官都收到了明确的指示——如果你想把食物分发给饥饿的俄罗斯人，那么请提醒你自己和你的部下，这样做危害的是帝国的生存，是战争能否持续到第二年、第三年、第四年”[68]。

当然，这种逻辑是希特勒以“非此即彼”的眼光看待世界的一种方式——“要么我们消灭敌人，要么我们被敌人消灭”。从最早在慕尼黑的啤酒馆里发表演讲时开始，通过简单而情绪化的方式把复杂问题简化为绝对选择，就一直是希特勒的克里斯玛式领导的关键组成部分。因此，毫不奇怪的是，就在入侵苏联的前几天，希特勒还用类似的方式对约瑟夫·戈培尔说："元首说，我们必须赢得胜利，不管我们做的是对的还是错的。无论怎样，我们必须赢得胜利，我们有充分的理由。因为如果不能获胜，我们整个民族……就会被消灭。"[69]

与之前纳粹的各种计划一样，饥饿计划最终也被证明是不可能按照预期规模实施的，因为德国军队没有足够的资源在每个苏联城市都囚禁数百万人并让他们饿死。但是，该计划背后的潜在思维还是在一些地方得到了实现。例如，1941年9月至1944年1月，德国军队包围了列宁格勒（即今天的圣彼得堡），导致六十多万名平民丧生，其中有许多人是因为食物匮乏而死。而纳粹不愿意在敌人身上“浪费”宝贵的食物，也是德国战俘营中三百多万苏联战俘死亡的重要原因之一。在个别一些城市，比如乌克兰东部的哈尔科夫，德国当局确实也曾经实施过饥饿政策。哈尔科夫是战争期间德国军队占领的人口最多的苏联城市。从1941年10月到达这座城市的那一刻起，一直到在1943年8月被苏联红军从这里驱逐出去，[70]德国人始终在想着从当地人手中夺取食物。当时十五岁的乌克兰女学生因娜·加夫里尔琴科说：“一个士兵冲进我们的房间，开始搜寻。他冲到书架后面，开始在那里寻找，扔出一些东西和书……然后他发现了一些糖，我们有一些糖。”[71]

在窃取了哈尔科夫居民的补给之后，德国人竭尽全力封锁了这座城市，以阻止当地人离开。他们只向帮助他们管理城市的少数苏联人提供食物，其余约十万当地人都被饿死。因娜·加夫里尔琴科看着她的父亲死于饥饿，这让她充分了解了饥饿的表现。“首先，当你饥饿的时候，你的身体会缺少蛋白质并且开始浮肿。但最初并不是全身浮肿，而是从手或脚开始。所以，如果你看看自己的手臂，就会发现它就像一根带着拳击手套的棍子。你无法握紧拳头，因为你的手指太肿了，无法弯曲。你的腿也是一样，像棍子一样，你的脚也肿了。然后是腹部和脸上的肿胀。脸上的肿胀很特殊，不是整张脸都肿，而只是脸的一部分肿，它会毁掉你的容貌。还有，在饥饿的最后阶段，你的嘴唇会张开，脸上会呈现出所谓饥饿的笑容。你不知道一个人是在笑还是在哭，但你能看到他的牙齿掉光了。然后就是腹泻，所谓的饥饿性腹泻。再接下来，嘴里会充满苦味。还会出现皮疹，一种红疹，先是在你的舌头上，然后是满嘴。”[72]

一些德国人乐于看到哈尔科夫人的毁灭。例如，当时还是个小男孩的阿纳托利·列娃走近一群德国士兵，向他们讨要一些食物，得到的却是满满一袋人类的粪便。他说：“他们一点都没有人类的感情，他们并不为孩子们感到难过。”[73]但也有一些德国人表现出了一些同情心，就像因娜·加夫里尔琴科回忆的那样：“当时，我正走在街上，已经是下午很晚了，我想已经过了三点，天渐渐黑了。我知道，如果四点之后我还在街上，我可能会被射杀，但我已经是在用自己最快的速度行走了，我还要走很长的路才能到家。我看到一个年轻的德国士兵，我记得他很年轻，我拦住他，问他几点了。我记得是三点多了，三点过很多了。他问我，‘你要去哪里？’我说‘回家’。他问‘离这儿远吗？’我说‘远’。他说，‘好吧，我跟你一起走吧’。然后，他就跟着我一起走，快走到我家时，他看了看我，我记得他拿着什么东西，好像是一个袋子，他看着我。我静静地站了一分钟，然后他拿出了一根香肠给我。我正困惑不解时，他跑了……所以德国人也不都是一个样。德国人是不同的，你不能说所有党卫军都是坏人，也不能说那些不是党卫军的人都是好人。你不能这么说。他们是不同的。”[74]

哈尔科夫德国占领军对待当地人的不同态度说明了一个更广泛的问题，那就是，在柏林温暖的办公室里开会，要求把三千万苏联人饿死是一回事，而目睹垂死的妇女和儿童所遭受的痛苦是另一回事。很多德国士兵能够接受这些人必须以这种方式死去的理由，但有些士兵却不能。饥饿计划没有考虑到执行者的感受。显然，并非每一个德国人都是无情的。希特勒没有认识到这个问题。他的演讲和命令（事实上，也是他的本性）是缺乏同情心的。他认为个人并不重要，只有民族才是重要的。他以为能够说服数百万德国人像他一样残忍地推行他的政策。他常常是成功的，但有时也会失败。

即将到来的与苏联的战争，也为纳粹提供了其他可能用以解决他们自己制造的犹太人“问题”的途径。1941年3月17日，希特勒会见了总督辖区的统治者汉斯·弗朗克，并告诉他，自己的目标远远不是让总督辖区成为帝国的倾泻场，而是要让总督辖区成为“无犹太人之所”，“在十五到二十年的时间里，让这一地区成为纯粹的日耳曼领土”。[75]这一时期的其他相关文件清楚地表明，一旦德国战胜了斯大林（希特勒认为这只需要几个星期的时间），犹太人就将被送往被征服的苏联领土。[76]尼斯科计划失败了，马达加斯加计划也失败了，但现在控制苏联荒地的前景为纳粹提供了把犹太人赶出帝国的途径。

与之前其他的战时计划一样，这样的驱逐行动几乎肯定会造成种族灭绝的后果。纳粹不仅计划让三千万苏联人饿死在他们打算把犹太人送到的领土上，而且希特勒还在1941年3月3日德国入侵苏联的前夕告诉约德尔将军，“必须消灭迄今一直在压迫人民的犹太—布尔什维克知识分子”[77]。此外，纳粹还组建了由莱因哈德·海德里希指挥的特别行动队，准备让其紧随向前挺进的德国军队行动，负责煽动对苏联犹太人的集体迫害，并射杀“为党或国家服务的犹太人”[78]。在计划阶段，大多数军方领导人不仅接受了特别行动队的存在，还接受了这一“歼灭战”的所有实际后果，包括杀害苏联政治官员和直接射杀游击队员，以及遭遇平民抵抗的情况下对所有人实行大规模报复。

希特勒就要发动他一直渴望的战争了，一场与他认为是世界上最危险的政权的战争。他想要征服苏联西部的领土，这不足为奇，1924年在《我的奋斗》一书中他就已经表明了自己的想法。而令人惊讶的是，1941年春天，他已经能够让许多人和他一起走上这条血腥的道路。正如我们已经看到的，他之所以能够做到这一点，背后有很多原因，既有现实原因，也有意识形态的原因。但是，数百万德国人之所以会接受东部的这场新战争，其中一个最重要的原因就是，他们相信阿道夫·希特勒的判断，他在过去所取得的成功和他的克里斯玛式领导构成了这种信任的基础。然而，即使是在计划阶段，这场新冲突看起来也是极度危险的。例如，格奥尔格·托马斯将军给出的信息表明[79]，1941年初，德国军队的燃料补给显然不够维系苏联战场上两个月的战争，德军只有在占领了距离柏林两千多英里远的高加索油田之后才能获得未来必需的燃料。然而，即使德国人能足够迅速地到达高加索地区（这还不能确定），如何将当地的石油运回需要燃料的德意志帝国也仍然是个问题。

1941年6月22日，希特勒在向德国人民发表的公告中声称，他被迫下令进攻苏联，因为西方同盟国一直在与斯大林和苏联领导人密谋毁灭德国，“我们现在必须反对犹太—盎格鲁—撒克逊战争贩子的阴谋，反对莫斯科布尔什维克政权中的犹太统治力量”[80]。但这只是一个肤浅的伪装，显然是丘吉尔所说的“他一贯背信弃义”[81]的一步。事实上，希特勒已经发起了他自己所谓的“世界历史上最伟大的斗争”[82]，因为他希望它发生。而这一决定将比其他任何决定都更为加速德国的战败，并摧毁他的克里斯玛式领导。

第十四章

错误的希望和对数百万人的谋杀

1941年6月22日，星期日，凌晨，德国国防军第一批士兵进入苏联领土，他们不仅发动了历史上规模最大、最血腥的入侵，也展开了对希特勒领导能力的最大考验，而这场考验终将暴露他的克里斯玛式领导的脆弱。

德国人（也不仅仅是德国人）的共识是，苏联将很快被打败。正如教授伊恩·克肖爵士所说："当时，希特勒认为五个月就可以打败苏联，戈培尔认为四个月就够了，而有些将军则认为连四个月都用不了。你可以将此视为德国人的集体疯狂。但是，美国情报部门认为这场战争将在三到六周内结束，他们认为苏联红军根本没有能力抵抗德国国防军。英国情报部门也认为德国战胜苏联是不可避免的结局。"[1]

事后想来，同盟国和德国人明明和我们一样，知道苏联有能力为这场战争动员大量的工业和人力资源，却普遍认为斯大林政权会崩溃，这几乎让人难以理解。但这种对德国人能速战速决的信心，是基于看似理性的思考之上的。正如我们所看到的那样，人们普遍认为，斯大林在20世纪30年代发动的大清洗严重削弱了红军的力量，也导致了苏联在近期的芬兰战争中表现不佳；而德国却只用了六周多的时间就战胜了法国，取得了奇迹般的胜利。但所有这些表面看来合乎理性的观点背后都有偏见的成分。西方一些高层人物鄙视苏联政权，一直都想看到最坏的情况发生在这个国家身上。在德黑兰和雅尔塔举行的"三巨头"会议上，同盟国中的许多人"选择性地遗忘"了1941年6月罗斯福总统最初支持斯大林时的表态。来自密苏里州的美国参议员本内特·克拉克甚至说："这是狗咬狗，斯大林和希特勒一样血腥。我认为我们不应该帮助任何一方。"[2] 1941年6月29日，一名英国高级将领在日记中写道："我避免使用'盟友'这个词，因为俄罗斯人本身就是一群卑鄙的杀人贼，是彻头彻尾的骗子。"[3]

至于德国战胜法国的原因，同盟国认为是德国国防军的出色，而不是英、法两国的无能。在1941年6月22日的讲话中，丘吉尔把德国国防军描述为"可怕的军事机器"。在同一次讲话中，丘吉尔还谈到希特勒在对苏联发动的战争中动用了"机械化部队"，但正如我们已经看到的，事实上，在法国战役中，英、法两国军队的机械化程度要比德国军队的更高。当然，可以理解的是，同盟国的领导人更愿意把重点放在敌人的力量而不是他们自己之前的无能上，但他们这样做的结果却是夸大了德军的装备实力。

在战争初期，德军北方集团军群、中央集团军群和南方集团军群三股力量同时挺进苏联，似乎就要验证轻松战胜红军的预言是正确的。当时还是一名年轻少校的彼得·冯·德·格罗本回忆道："我们原以为圣诞节前一切都会结束。"[4]党卫军第五维京装甲师的卡尔海因茨·本克和他的战友们"认为胜利很快就将到来，就像法国战役一样，我们一定能挺进到高加索地区，继续与土耳其和叙利亚作战。这就是我们当时的想法……并且，我们渴望被派上战场。6月22日，我们说，我们就要有机会了，我们也将能够证明自己，在东部，在战争开始的时候，我们能够继续战友们之前开始的行动。所以，闪电战是我们所期望的。当时我们才十七八岁，还很年轻，无忧无虑地参加了这场战争……我们有机会证明自己是士兵，我们要证明我们完全能像前辈们一样出色……嗯，我们认为在冬天来临时就能控制住局面，我们还有四五个月的时间。这是我们当时普遍的想法。而最初的成功证明我们是对的。战争一开始，我们就攻破了苏联的边界防御工事，抓了数十万俄罗斯战俘，很明显，对我们来说，在几周或几个月的时间里，这个庞大的帝国就将崩溃，而我们将实现目标”[5]。

不到一个星期，德军就准备攻占白俄罗斯的首府明斯克了。古德里安的第二装甲集团军似乎正在重现法国战役的胜利——事实上已经超越了那次胜利，因为他们仅仅用了五天就在苏联境内推进了近二百英里。在德国国内，这一切似乎证明了胜利将是轻松和迅速的。当时还是一名学生的玛丽亚·毛特回忆道："在每周的新闻短片中，我们可以看到德国军队的辉煌画面，所有的士兵都载歌载舞，欢呼雀跃，当然，这很有感染力。这一定是轻而易举的！我们很长时间以来也一直是这么想的。元首所说的都是对的。我确信，90%的人都这样认为。我也一直这样认为。同时，我也在想，天哪，他已经取得了这么多的成就！就是这样。他已经取得了很多的成就。"[6]

1941年7月3日，弗朗茨·哈尔德将军在日记中也同样热情地写道："因此，可以毫不夸张地说，两周之内对俄罗斯的战争就能取得胜利。"[7]即便态度如此傲慢，但哈尔德还是觉得有必要补充一点，那就是："占领敌人的生产中心仍然十分重要，因为只有这样才能阻止敌人借助其巨大的工业潜力和无穷无尽的人力资源重整旗鼓。"

德国人知道，他们不仅要战胜苏联，而且要迅速取胜。他们需要攫取苏维埃政权的工业资源,以对抗装备日益精良的西方敌国。1941年6月26日,在哈尔德自负地吹嘘“对俄罗斯的战争能取得胜利”之前的一个星期,戈林的亲密伙伴、“空军总监”艾哈德·米尔希元帅在与其他高级军事指挥官举行的一次会议上透露:“早在1941年5月1日,英、美两国飞机发动机的总产量就已经超过了德国和意大利两国的总和,而按照德国目前的产量,到1942年末,英、美两国的总产量将达到德国的两倍。”[8]要记住,米尔希做出这种悲观的估计时,美国还没有正式参战。

1941年夏天,希特勒和他的将军们开始意识到,战胜法国后的过度自信已经让他们忽视了在同红军交战时会遇到的困难。8月11日,哈尔德写道:“整个局势越来越清楚地表明,我们低估了俄罗斯巨人……时间因素对他们有利,因为他们离自己的资源很近,而我们离我们的资源越来越远。”[9]供给问题变得非常严重,以至于到8月底,德军的伤亡人数已经超过了四十万,但能立即填补他们力量空缺的人数却只有一半多。[10]

几乎从决定对苏联采取行动的那一刻起,希特勒和他的将军们就一直在争论不休,这更加剧了局势的恶化。争论的焦点是,对于德国国防军来说,挺进莫斯科到底应该被置于什么样的优先位置。哈尔德和他的许多同事认为,这应该占据绝对优先的位置,但希特勒却更倾向于先摧毁列宁格勒,接着向克里米亚和高加索推进,然后再进攻苏联的首都。8月中旬,哈尔德递交了一份备忘录,强烈要求陆军中央集团军群向莫斯科推进。但是,国防军最高统帅部作战局局长阿尔弗雷德·约德尔将军认为,继续相信希特勒的判断很重要。1941年8月20日,当哈尔德手下的一名军官提出他应该支持向莫斯科进军时,约德尔回应说:“我们一定不能试图强迫他[即希特勒]做违背自己内心确信的事。他的直觉通常都是正确的。”[11](对于元首“内心的确信”和“直觉”的依赖，显然是依赖克里斯玛式领导的公理。)

8月21日，希特勒给这场争论下了定论。他在官方指令中重申，在冬季到来之前占领莫斯科不应该成为这场战争的“主要”目标，相反，应当把重点放在占领克里米亚以及向高加索油田推进上。哈尔德因此而大发雷霆，他写道，希特勒要为这场战争的方式“负责”[12]，军方最高指挥层受到了“绝对可耻”的对待。但是，哈尔德的表现很虚伪。就在7月初，他还在准备分享战功，当时他认为，几周后德国就将“赢得”战争；但现在，他却想要完全推卸“低估”对手的责任。当战事没能按照预期那样进展时，希特勒显然是一个容易指责的对象，但失败的责任并不止在于他自己。

德国第二装甲集团军（通常也被称为古德里安装甲集团军）的指挥官海因茨·古德里安，也对希特勒决定要转战南部而不是继续向莫斯科挺进感到愤怒。8月23日，他在与希特勒见面时强有力地陈述了对苏联首都发动进攻的理由。他想尽了一切办法去说服希特勒，但都没能奏效。在让古德里安详细讲完之后，希特勒简单地向他解释了他的错误之处。经济考虑是最重要的，征服乌克兰比进攻莫斯科更重要。古德里安在战后写道：“我在这里第一次看到了我后来非常熟悉的场景。所有在场的人都点头同意希特勒所说的每一句话，没有人支持我的想法……鉴于国防军最高统帅部一致反对我的意见，我没有再进一步表明观点……”[13]作为国防军最高统帅部中的高层人物，陆军最高指挥官布劳希奇和哈尔德都没有参加会议，所以古德里安完全被孤立了。三年前，在布隆贝格/弗立契危机后，希特勒创建了国防军最高统帅部，这一机构的存在，以及他本人对该机构官员的克里斯玛式主宰，使得他当时的地位几乎坚不可摧。约德尔等国防军最高统帅部的领导人物，几乎已经变成了他的助威团。

但是，战争的压力仍然影响着希特勒。8月，当戈培尔到访希特勒在东普鲁士的司令部时，他认为元首“看起来有点疲惫和虚弱，这可能是由于他得了痢疾，也可能是由于过去几周他实在是精疲力竭。这并不奇怪。今天，整个大陆的责任都落在他的肩上”[14]。

然而，尽管对苏联的战争困难重重，但希特勒对冲突和流血的热爱并没有终止。那年秋天，在晚餐后的长篇大论中，他呼吁“每十五年或二十年”[15]发动一场战争，并要求10%的德国人为战斗而“牺牲”(即死亡)。他一点都不在乎那么多德国人在东线丧生。压力只会激起他对更大规模屠杀和复仇的渴望。几个星期后，他再次展现了自己的虚无主义，说：“不管是人杀死了老虎，还是老虎吃掉了人，地球都将继续转动。强者彰显自己的意志，这是自然法则。这个世界不会改变，自然法则是永恒的。”[16]这是一种态度，一种完全不顾道德或伦理责任的看待世界的方式，正如我们已经看到的那样，这就是他的众多追随者会为战争所带来的可能性而“陶醉”的核心原因。在拥护希特勒愿景的人当中，很少有人充分考虑过这种哲学的全部逻辑(至少在事态开始对他们不利之前)：如果不能获胜，你就“应该”消灭自己。然而，希特勒是少数从一开始就完全接受这一逻辑的纳粹分子之一。甚至早在1920年2月，他就已经在纳粹党的党纲中写入了一个“关乎生死”的承诺。纳粹党党纲的结尾处写着：“本党的领导者，誓为完成上述目的而奋斗，必要时，即使牺牲生命也在所不惜。”[17]现在，在呼吁对苏联进行一场“歼灭战”时，希特勒明白，按照他自己的逻辑，这意味着，如果战败，德国也将面临类似的命运。事实上，1942年1月，他私下里也这样说过，他呼吁德国人“自行消失”，除非他们准备“为了生存而献出自己的身体和灵魂”。[18]

希特勒没有对他周围的人隐瞒他潜在的末日般的想法。但是，只要成功似乎仍然确定无疑，他们就没有必要老是想着失败的后果。在经过了1941年8月的焦虑之后，对于德国人来说，一切似乎都在秋天好起来了，因为尽管古德里安认为他的行动从战略上讲是一个错误，但他带领的第二装甲集团军还是从中央集团军群的南边与伦德施泰特的南方集团军群实现了会合。结果，到9月底，在历史上最大规模的包围战基辅战役中，六十五万名红军士兵被困。这似乎是希特勒判断的又一次胜利。

希特勒观看了许多苏联士兵遭到毁灭的新闻短片，他说这一景象令他感到“兴奋”[19]。这场大屠杀使他想起了第一次世界大战。他说，那场冲突让他不再对战争抱有“理想主义”。他重申，堑壕战让他明白了，生命是一场“残酷的斗争”，唯一的目的就是“保护物种”。他接着把这一经验应用到了东线的战争中，命令德军让列宁格勒从地球上消失。德国军队被告知不要接受被包围的城市中居民的投降，因为向这些人提供食物和住房并不是德国人的责任。[20]

1941年10月3日，希特勒短暂返回柏林，在体育宫发表了演讲。在演讲中，他再一次提到了自己不合实际的幻觉，即由于斯大林密谋进攻帝国，德国不得不被迫与苏联开战。但他安抚德国人说，自6月22日以来，“一切都在按照计划进行”[21]。他甚至还宣称“对手已经被打倒，再也站不起来了”。六天后，也就是10月9日，有消息称五支苏联军队在维亚济马—布良斯克战役中遭到包围，帝国新闻负责人奥托·迪特里希宣布“东线战事已成定局”[22]。在接下来的几天里，德国媒体也紧随其后:《慕尼黑日报》的头版标题是“苏联战败了！”;《汉诺威信使报》的头版标题是“欧洲得到了拯救：元首的军事才能把欧洲从斯大林手中解救出来了”;《人民观察家报》也吹嘘说:“东线战事胜券在握！”[23]

但是，尽管德军在东线获胜的可能性很大，但还不能说已经胜券在握。希特勒在体育宫发表的演讲是冒了很大风险的。马克斯·韦伯写道:“纯粹克里斯玛式领导的‘合法性’来源于不断得到证明的个人力量。”[24]而希特勒在德军还没有获胜的情况下就宣称德军已经获胜,这很有可能损害他个人的克里斯玛。此外,正如哈尔德在1941年9月13日的日记中明确指出的,希特勒在讲这些话的时候心里很清楚,东线战争很有可能要持续到第二年。[25]

现在,希特勒同意德军在“台风行动”中直接向莫斯科挺进。德国国防军投入近二百万兵力对莫斯科正面的苏联红军发起了进攻,试图在冬季到来之前对苏联发起致命一击。10月,在中央集团军群向前推进时,希特勒自己陶醉在了战胜苏联后的设想当中。当月,他在东普鲁士司令部向追随者们发表了晚宴后的讲话,展示了自己最真实的一面:他决意要摧毁数百万苏联公民的生命(“唯一的职责是通过德国移民使这个国家日耳曼化,把当地人看作北美印第安人”[26]);他想把苏联的城市变成废墟(“我对摧毁基辅、莫斯科或圣彼得堡毫无感觉”[27]);他强烈憎恨犹太人(“不要告诉我,我们还是不能把他们驱逐到俄罗斯的沼泽地区!”[28])。但希特勒并不只是在咆哮东线的战争,他还谈到了基督教(“基督教的逻辑极端会系统化地导致人类的失败”[29]),谈到了洗手间设施的建造(“洗脸盆有一百种不同的样式有什么意义吗?”[30]),谈到了他爱记仇并寻求报复(“我有很多旧账要算,今天我没办法去想这些,但这并不意味着我会忘记。”[31])。正如休·特雷弗—罗珀所写的,这一切都揭示了希特勒是“世界上最粗俗、最残酷、最不宽宏大量的征服者”[32]。但这也再次展示了其克里斯玛式领导的核心要素:他的确定性,他不受传统道德的约束,他为未来无限的可能性而兴奋。尽管他几乎每天都对军事行动指手画脚并因此而激怒了哈尔德,但他仍然在1941年10月声称,他95%的决定都是他最好的下属们做出的[33],他们凭直觉就知道他想要什么。

希特勒说这些话的时候，莫斯科的恐慌情绪越来越严重。斯大林甚至考虑过逃离这座城市，但最终还是决定留下，并对首都实行戒严。但是，德军的胜利是不可持续的。他们的供给能力不足，并且很快就会有新的红军部队从西伯利亚赶来支援，因为斯大林获得了情报，知道希特勒的盟友日本并没有从远东进攻苏联的计划。

到1941年12月初，德军士兵距离克里姆林宫只有十二英里，但这已经是他们所能到达的最接近莫斯科中心的地方，因为苏联人在1941年12月5日发动了反攻，大约七十个师、一百多万红军投入了战斗。德国人努力遏制着苏联人的反攻。由于补给匮乏，尤其是缺少可以保暖的衣物和能在寒冷的天气里保护武器和车辆的装备，他们的力量已经遭到了削弱。

这也许是这场战争中最具有决定性的时刻。亚当·图兹教授说，这"绝对是一个关键的转折点……这是自第一次世界大战结束以来德国军队所遭受的第一次战败"[34]。伊恩·克肖爵士说，这是德国人遭遇的"第一次重大挫折"，意味着"战争将无限期地拖延下去"。[35]理查德·埃文斯教授说，这是"德国人第一次真正停下脚步，他们不知道该怎么办了"[36]。结果，德国领导层陷入了"一筹莫展"的境地。

当时在东线服役的国防军军官乌尔里希·德·梅齐埃形容说，这是一个毁灭性的时刻，"你必须想象一下，在[1941年]8月，一个二十九岁的年轻军官相信一切都将在9月结束，到了10月，他认为战争要持续更长的时间，而在12月，他意识到，这场战争将至少再持续三年"[37]。对于德·梅齐埃来说，1941年12月的战事也表明，德国领导层为冬季战争所做的准备严重不足。"一夜之间，我们这个师损失了500人，他们都冻死了……"同样严寒的冬季天气也彰显了苏联人的韧性，他们"非常能承受艰难困苦，要求也不高。他们很勇敢，但缺乏想象力。他们特别能吃苦耐劳，也能忍受痛苦。仅仅靠着口袋里的几颗葵花籽或是几粒玉米，他们就可以在野外熬过两三个冬夜。他们喝融化的雪水。我曾亲眼看到，一个年轻女子前一天晚上才在小木屋里的一张毛毯和一堆稻草上生下孩子，第二天就到马厩里去干活了……在看过这些简陋的住所、原始的村庄以及苏联人的生活方式之后，我们会感到，苏联的发展水平是无法与中欧和西欧的国家相比的。”

但现在，这些生活在“简陋”环境中的“缺乏想象力”的人，成功反击了德国人。被纳粹宣传机构称为“劣等人”的士兵似乎正在击败“优等种族”的超人。就在几个星期之前，德国报纸还曾在经过政府批准的情况下宣布苏联已经被“打败了”，希特勒也曾明确表示红军永远无法“再站起来了”。11月13日，在向苏联首都发起进攻的三个星期前，海因茨·古德里安接到命令，被告知他麾下位于莫斯科以东二百多英里以外的装甲部队要去切断苏联人对这座城市的增援。这又一次体现了德国人不合理且近乎疯狂的乐观。这是一个不可能完成的任务，完全不切实际，就像入侵月球一样是不可能实现的。人们经常会谈论起在战争最后的日子里，希特勒在柏林地堡中的幻想；而他在1941年秋季和初冬在东普鲁士司令部里的幻想虽然没有受到同样的关注，但至少也同样发人深省。

希特勒现在拒绝接受现实。在苏联人于12月发起反攻之前，他就已经被告知国防军无法获得足够的钢铁供给，但他拒绝接受“没有原材料可用”的现实，因为“他已经征服了整个欧洲”。[38] 1941年11月29日，当军备部长弗里茨·托特告诉他“已经无法再通过军事手段赢得战争”，政治解决是停止冲突的唯一办法时，希特勒回答说，他绝不会以这种方式结束战争。[39]

希特勒的克里斯玛吸引力的诸多核心要素——他的确定性，他的意志力，他拒绝承认失败，他相信自己的命运——正开始被那些信任他的人视为危险的弱点。他手下的一些最高层军事人物正承受着内心的焦虑，他们试图在从他们的下属那里了解到的现实和他们的领导人的顽固不化之间达成某种妥协。这从那年冬天的患病和撤职记录中可见一斑。1941年11月9日，陆军元帅布劳希奇心脏病发作。[40]希特勒和哈尔德都认为，东线战事造成的焦虑和压力导致了他健康的崩溃。1941年12月19日，希特勒解除了布劳希奇的指挥权。而此前一天，希特勒刚刚批准陆军元帅冯·博克辞去中央集团军群司令职务的请求。希特勒不早些决定挺进莫斯科令博克感到愤慨，但他在辞职请求中所写的理由是自己的胃病还没有痊愈。

东线战事的压力正在瓦解那些受命完成不可能完成的任务的军官的意志。1941年11月17日，恩斯特·乌德特将军自杀身亡。作为德国空军的装备主管，他承受了为赫尔曼·戈林工作的额外压力，因为戈林一直在向希特勒做着难以实现的承诺。戈林的疯狂承诺总是不可避免地造成极大的失望，在英国战役期间，乌德特因此而受到了影响。戈林曾向希特勒保证德国空军会击败英国皇家空军，他在德国空军失败之后把大量责任推到了乌德特的身上。

希特勒现在需要做出一系列重要的人事决定，其中最重要的就是应该让谁取代布劳希奇成为军队的统帅。希特勒需要一个他可以完全信赖的人。他一定已经感觉到，自己手中这份名单上的军事指挥官病弱无力，他需要一个足够强大的人来应对这场歼灭战的压力。希特勒认为，就这一点而言，唯一能胜任的人就是阿道夫·希特勒。他任命自己为德国军队的指挥官，自此，在德国武装部队最高统帅、德国总理、德国人民的元首和国家首脑之外，他又多了一个头衔。

作为一位克里斯玛型领导者，希特勒一直以来都是只负责设定总体愿景，而把细节留给自己的下属处理。但现在，他在自己的房间里待到中午，吃一顿漫长的午餐，然后再到山间散步，回来喝茶的日子已经结束了。面对困境，他承担了更多的工作。在这个过程中，他向自己的军事下属发出了明确的信息，那就是，不管就总体愿景而言还是就细节而言，他都比他们更了解情况。

这一新的现实，在他作为军队负责人召集的最初一次会议上得到了体现。1941年12月20日，希特勒与古德里安将军进行了一次五个小时的漫长会议。来到希特勒的司令部时，古德里安相信，“我们的最高统帅部会听取一位了解前线形势的将军提出的明智建议”[41]。他认为，面对苏联人的进攻，他的部队应该采取战术撤退。事实上，正如希特勒在这次会议上所了解到的，古德里安的部队已经在撤退了。对此，希特勒表示了强烈的反对，他坚持让古德里安的部队留在原地。他建议他们在冻土上挖洞来建造掩体。古德里安拒绝了这个想法，并争辩说，如果不撤退，他的士兵会大量死亡。希特勒的反应发人深省。他问道：“你认为腓特烈大帝的士兵想死吗？”希特勒争辩道，和腓特烈大帝一样，“我也有权要求任何一个德国士兵献出自己的生命”。古德里安回答说，每一个士兵都知道，在战争期间自己要冒生命的危险，但“我听到的你所表达的意图会造成与收获完全不成比例的损失”。

希特勒试图用保护士兵的愿望来解释古德里安的行为。他说：“士兵们所遭受的苦难给你留下的印象太深了。你太同情他们了。你应该更多地置身事外。相信我，着眼长远才能把问题看得更清楚。”[42]

古德里安没能让希特勒相信战术撤退是明智的，他离开东普鲁士返回了前线。不到一个星期，他就被解除了职务。并且，他不是唯一被撤职的将军。在12月危机之后，约有三十多名将军被撤职。1月17日，陆军元帅瓦尔特・冯・赖歇瑙死于中风，他是20世纪30年代初就开始支持希特勒的第一批高级军官之一。

希特勒把所有这些都看作达尔文自然选择学说的证据：如果他的将军们不够强大，那就这样吧；他会用其他更强硬的人取替他们。事实上，必须“强硬”是他在12月20日向中央集团军群发布的命令的主题，“必须用一切可能的手段，哪怕是最强硬的手段，向士兵们灌输捍卫他们脚下土地的狂热意志”。[43]

希特勒在那年冬天下令军队坚守阵地是否具有积极的战术意义仍有待商榷。全面的危机确实在春天得到了缓解，但这在一定程度上是斯大林决策不当的结果，并且，德国的军官们也在他们认为必要的时候把部队后撤了几英里，转移到了更易于防守的地方。然而，有一点是明确的，那就是，这表明希特勒是不可信的，他没有遵守对德国人民的承诺。敌人并没有像他在10月时所承诺的那样被摧毁。

12月7日，日本偷袭珍珠港，美国参战。这让希特勒在12月的处境更加糟糕了。四天后，希特勒（德国）向美国宣战。在希特勒看来，他这么做只不过是把已经持续了几个月的非正式冲突正式化了而已。美国军舰已经在大西洋为英国舰队护航，罗斯福也已经明确表示他将帮助丘吉尔。[44]希特勒认为，无论如何，美国人现在已经卷入了太平洋战争，美军可能还要再过一段时间才能在欧洲作战。因此，希特勒的注意力仍然主要集中在东线的战事上。

但他也在关注其他问题，在纳粹的两个秘密政策领域做出了重要决策，即实施成人安乐死计划和迫害犹太人。他在这一关键时期对这两个问题的处理，不仅让我们看到了纳粹国家残酷无情的本质，也让我们了解了在自己的决定很可能不受欢迎的情况下，希特勒是如何小心维护自己的克里斯玛声誉的。

1941年夏初，针对严重残疾人的安乐死计划已经实施了近两年。由于德国医生不会在没有某种形式官方支持的情况下参与这一计划，希特勒被迫在1939年10月签署了一份文件，授权元首总理府办公室负责人菲利普·鲍赫勒和他自己的医生卡尔·勃兰特进行“仁慈的”杀戮。希特勒认为，这场战争是推行安乐死政策的理想掩护。值得注意的是，他实际签署文件的时间是1939年10月，但他故意在文件上写了9月1日，即德国入侵波兰的时间。尽管有这份文件存在，希特勒还是希望尽可能把自己的名字从这一计划中抹去。例如，他后来拒绝通过对这一计划的正式立法，因为这样做会把他与杀戮直接联系起来。[45]

到1941年，德国境内已经建成了多个杀害选定的残疾人（既包括成年人，也包括儿童）的杀人中心。在像德累斯顿附近的索嫩斯泰因精神病院这样的地方，杀人的程序与纳粹之后在灭绝营中屠杀犹太人的方法有着明显的相似之处。病人们被告知要脱掉衣服“淋浴”，而“淋浴”室一旦被封上，他们就会被施放毒气。参与了这一罪行的人们竭尽全力保守秘密，在最终到达某一杀人中心之前，病人们常常会在若干精神病院之间被转移多次。但由于很多受害者的家属仍然关心他们的福祉，并且对他们的谋杀发生在德国境内，事实证明，要阻止有关消息外流是很难的。在一些情况下，家属们在听到虚假的死亡原因后，显然就会知道发生了什么。例如，一个受害者的死亡原因被报告为阑尾炎，但实际上他的阑尾早在几年以前就已经被切除了。[46]

1941年8月3日，明斯特主教奥古斯特·冯·加伦伯爵公开对安乐死运动提出了著名的抗议。他在讲坛上宣称，显然，患有无法治愈的疾病的人正在遭到杀害。他怒斥了“毫无价值的生命”这一整体说法。他还指出，一旦杀害精神病人的想法被接受，其他人很快就会有危险，比如从前线回来的严重受伤的士兵。他还提到了英国对德国的轰炸，认为这可能是上天对德国的某种报应。

在加伦的公开抗议之后，他雄辩的言论公开出版并发行了数千份，纳粹似乎正面临着越来越多的公众抗议。1941年早些时候，纳粹当局开始在德国的天主教区采取各种限制措施，包括不让修女教学，自那时起，天主教区的不满情绪就在发展。后来，在官方禁止学校钉十字架之后，抗议行动开始展开，出现了请愿甚至街头示威。值得注意的是，许多抗议者声称他们完全支持希特勒，但他的部下一定是在希特勒忙于战争的时候违背了他的意愿行事。一名抗议者在谈到当地的纳粹党官员时写道："你们身上穿的是纳粹制服，却有着布尔什维克和犹太人的内心，不然的话，你们就不会背着元首行动。我们的元首没有命令你们做这些事情。他每天关心的是战场上的士兵，而不是拆除学校里的十字架……"[47]住在慕尼黑北部一个小村庄的玛丽亚·艾格纳在一封信中写道："作为八个孩子的母亲，我得到了元首颁发给我的金质德意志母亲十字勋章。令我难以理解的是，上周一我第一次送我最小的孩子去上学，他竟然没有在学校看到十字架，而他的七个兄弟姐妹都是在十字架的庇护下长大的。我有五个儿子，其中两个已经履行了他们作为士兵的职责，学校里的十字架当然没有伤害到他们，反而象征着最高的承诺。我常常在思考，却无法解开这个谜团，我们的元首支持东线的士兵与布尔什维克主义作战，怎么可能在学校采取这样的措施呢？"[48]

我们已经看到，希特勒从许多普通德国人对他的信仰中得到了积极的好处，他们认为纳粹官员日常造成的问题与他们的元首并没有直接的关系，并且相信"如果他知道"发生了什么，一切问题都会得到纠正。从中，我们也看到了希特勒领导方式的又一个问题，看到了他为什么试图让自己远离那些可能会不受欢迎的政策，哪怕他希望看到这些政策的执行。希特勒知道，如果他公开支持从学校移除十字架或是实施安乐死，那么他的许多支持者，特别是数百万基督徒的幻想就会破灭。

因此，尽管私下里对基督教表示了彻头彻尾的厌恶，他还是取消了对校园中摆放十字架的禁令。此外，他不仅没有因为加伦主教公开挑战安乐死政策而将他关进集中营，还在1941年8月24日停止将残疾人送到杀人中心。至此，在安乐死行动中，已经有九万多人遭到谋杀；但杀戮并没有完全停止。以“14f13”为代号的杀害集中营中选定患病囚犯的计划仍在继续，个别精神病院也仍然在继续杀害病人。然而，对纳粹分子来说，这一切要比将病人大量运送到杀人中心容易保密得多。

这一切表明了教会动员民众抗议的潜在力量。希特勒意识到了这一点，并在秋天私下表示，希望基督教“慢慢地”死去，因为他知道这样做显然有引发不满的危险。他说：“最重要的是，在这件事上要聪明些，要避免可以避免的冲突。”[49]

但是，1941年，在避免直接挑战教会的同时，希特勒却加强了针对犹太人的措施。与他对基督徒的厌恶不同，希特勒对犹太人的仇恨几乎发自肺腑，并且，犹太人也无法像数百万基督徒那样动员起来抗议他们的遭遇。他们在帝国几乎没有有勇气站出来为他们辩护的朋友。例如，加伦主教在抗议安乐死计划时并没有提到对犹太人的迫害。

此外，与希特勒从未公开表示希望看到残疾人在安乐死行动中被杀害不同，他于1939年1月30日在议会发表了臭名昭著的讲话，在谈到犹太人的命运时明确表示，如果“国际犹太金融家”造成了世界大战，那么“欧洲犹太人的种族灭绝”就会随之而来。

但直到1941年初，希特勒还没有实行这样的政策。犹太人在波兰犹太人居住区遭受着虐待、迫害和监禁。大量犹太人已经死亡，但纳粹还没有消灭他们的系统计划。一个原因在于，正如我们已经看到的，希特勒希望与英国讲和，并且在此过程中防止美国像他所想的那样干预欧洲事务。大规模谋杀犹太人的政策将成为实现这一目标的障碍。但对苏联开战的前景提供了新的可能性。正如奥马尔・巴托夫教授所说："在苏联领土上发生的战争为大规模的种族屠杀提供了完美的掩护，我指的是各个方面的掩护。纳粹可以瞒过国际社会，瞒过德国人，甚至可以瞒过正在实施屠杀的人，因为这是一场残酷的战争，数百万人在这场战争中丧生，杀死另一个群体似乎也没有什么不同。我不得不说，如果更全面地看一下20世纪的种族灭绝，你就会发现，它几乎都是在战争或至少是被描述为战争的时候发生的，这里所说的战争不是所有的战争，而是为了生存的战争。"[50]

赫尔曼・戈林与莱因哈德・海德里希于1941年3月26日举行的一次会谈，证明了这一判断的准确性。在会谈中，他们讨论并认可了将犹太人驱逐到苏联贫瘠地区的计划。希特勒肯定是赞成这个想法的，因为他在3月25日亲口告诉汉斯・弗朗克，随着时间的推移，总督辖区要成为"无犹太人之所"[51]。很明显，这些犹太人要被送到更远的东方去受折磨，直至最终死去。

在执行将犹太人驱逐到荒野的政策的同时（纳粹预期这片荒野在不久后就将成为新的纳粹势力范围），纳粹还实施了一项更为直接的计划，即在德国军队进入苏联境内之后，杀害在后方选定的犹太人。莱因哈德・海德里希于1941年7月2日向特别行动队发出的指示表明，他希望在希特勒宣布对苏联展开歼灭战的背景下来看待这些杀戮。这一行动被描述为消除共产主义者和"犹太人"影响和控制的尝试，因为对于许多德军高级指挥官来说，这比直接的大规模灭绝政策更容易接受。第一次世界大战后德国共产主义革命的记忆，以及是犹太人煽动了革命的看法，仍然在引发着刺痛。武装党卫军的卡尔海因茨・本克是在

1933年加入希特勒青年团的，那时他才十一岁，后来，他又在1940年志愿加入了党卫军装甲师。对于他来说，犹太教和共产主义之间的联系是显而易见的。“犹太人被视为苏联的领导阶层，或者说是牢牢控制了苏联的人。”同时，他认为：“他们正试图以某种方式实现对日耳曼民族的控制……那毕竟是布尔什维克主义的目的，布尔什维克主义想要向西扩张到大西洋，并且传播到整个欧洲。我认为这个目的是不能忽视的。”[52]

在许多德国人看来，希特勒后来鼓励采取的对付苏联犹太“领导层”的“方案”可能过于激进或过于冒险了，但还是有很多人认为应该对苏联的犹太人采取某种行动，让他们不安的只是行动的激进程度。毕竟，在1939年8月出人意料地与斯大林签订互不侵犯条约之前，纳粹政权多年来一直在德国民众中煽动对布尔什维克的仇恨和恐惧。然而，希特勒也知道，残忍射杀苏联犹太人的想法不仅会招致其他国家的反对，在国内也只有最极端的反犹太主义者才可能会赞同。所以，与他在1933年4月抵制犹太人运动以及1938年“水晶之夜”暴行后所做的一样，希特勒没有把自己的名字和这些可能会破坏其声望的行动联系在一起。

冲突开始后，希姆莱下令增派党卫军部队支援特别行动队在苏联的行动，并将1941年夏天和初秋的杀戮对象扩展到包括犹太妇女和儿童在内。这一切都发生在希特勒7月15日在东普鲁士司令部与希姆莱会面之后。我们可以从希特勒转天对一些纳粹领导人发表的讲话了解到他当时的想法。他宣称，他想在东部为德国人创建一个“伊甸园”，而这应该通过“射杀那些怀疑［我们］的人”来实现。[53] 1941年夏秋，希特勒还曾谈到要让列宁格勒等城市的居民饿死，因此，纳粹对苏联犹太人所采取的力度越来越大的行动，可以被看作其摧毁东部数百万人的生命这一更为广泛目标的一部分。

这一时期，纳粹还在积极酝酿着另一个在帝国东部进行激进种族重组的计划。1941年7月15日，在入侵苏联的行动开始后还不到一个月，希姆莱就收到了《东方总计划》草案，这是解决东部领土问题的一个广泛设想。按照这一设想，大量土著人口将会消失。党卫军上校、乡镇规划专家康拉德·迈耶—赫特林教授在该计划的制订过程中发挥了关键作用。该计划随后经过了多次修改，从中可以清晰看出，将要被清除的人口的数量几乎肯定会超过四千万。[54]该计划从来没有明确说明这些人将会被转移到哪里，他们是否会遭到杀害，以及会以何种方式被杀害。最有可能的是，他们也会被运送到被占领的苏联远东荒原，在那里等待死亡。由于德国人没能按照原计划征服苏联，《东方总计划》也从来没能得到全面的实施，但它表明了纳粹在1941年夏秋对犹太人命运的打算。同时，这也是一个例子，说明了像迈耶—赫特林这样高智商的人在纳粹的统治下感受到了多大的自由，可以去空想出一个会给数百万人带来难以想象的痛苦的荒唐的准乌托邦计划。(战争结束后，只经过了短暂的监禁，迈耶—赫特林便恢复了他作为汉诺威工业大学教授的学术生涯。)

对苏联境内犹太人的射杀，也影响了纳粹对波兰、德国和即将被纳粹占领的其他地区犹太人命运的决策。最初的想法是，在战争结束后将这些犹太人驱逐到苏联。但现在，多个纳粹首要分子，包括柏林省党部头目、宣传部长约瑟夫·戈培尔，以及汉堡省党部头目卡尔·考夫曼在内，要求希特勒考虑提前执行计划，立即将德国犹太人驱逐出境。所有与该计划有关的人都知道，只有在希特勒同意的情况下，才能采取如此重要的行动。作为回应，希特勒在1941年8月告诉戈培尔说，他于1939年1月在议会所作的“预言”就要实现了，这个“预言”就是如果犹太人"挑起"另一场世界大战，就消灭他们。"东部的犹太人已经付出了代价；德国的犹太人也已经付出了一定的代价，而将来，他们还要付出更多。"[55]

1941年9月，希特勒同意将德国犹太人驱逐出境. 几个星期之后，汉堡的犹太人就被送到了东部。一名非犹太裔德国人在前往汉堡火车站的路上看到了一队犹太人，他回忆道，大约有五分之一的人支持他们离开，嘴里说着"感谢上帝，这些没用的吃货正在消失"[56]，但大多数人只是默默地看着。

来自汉堡的犹太人并没有被直接送到苏联的纳粹占领区，而是被送到了本就已经拥挤不堪的波兰罗兹犹太人居住区。他们的到来造成了一场危机，导致纳粹在1941年12月计划在位于罗兹以北120英里的海乌姆诺的一个灭绝中心，通过在汽车内施放毒气的方式杀害从犹太人居住区选出的犹太人。但是，在1941年10月至1942年2月间从"旧帝国"遭到驱逐的六万名犹太人中的大部分，都被直接送到了苏联的纳粹占领区。有些人刚一到达就遭到了特别行动队的枪杀，而另外一些人则被关进了犹太人居住区，为了给他们腾出地方，纳粹杀害了苏联犹太人。

犹太人被"送出"帝国这一事实，无疑有助于普通德国人不去考虑他们可能的命运。从1941年9月开始，德国犹太人被迫佩戴黄色大卫星作为自己的身份标志，就连纳粹政权的一些支持者都因此而为他们的犹太邻居感到"难过"[57]。但是，一旦这些犹太邻居被转移到东部，很多人就完全把他们忘了。

希特勒在这个秋天和冬天的行动，似乎完全是出于内心对犹太人的仇恨，而没有经过战略上的深思熟虑。正如我们已经看到的，虽然他在1941年9月决定把德国犹太人驱逐到东部，但对于他们应该被送去哪里却没有详细的规划，希姆莱不得不临时想出一个解决方案。可以肯定的是，这些犹太人的未来是极其暗淡的。

到1941年底，纳粹已经在设计或实施多种不同的谋杀手段。其中包括：强迫受害者进入密闭的汽车的后部，然后让他们吸入尾气中的有毒气体一氧化碳，从而达到杀人的目的，这种做法在海乌姆诺尤为盛行；特别行动队继续在苏联后方大规模射杀受害者；开始在波兰东南部的贝乌热茨建造第一座固定灭绝营，利用强大的柴油发动机排放的废气杀人，来自附近犹太人居住区的“不从事生产的”犹太人成为第一批受害者；在上西里西亚的奥斯维辛集中营，副指挥官正在试验使用一种名为齐克隆B的强力杀虫剂杀害苏联战俘和病人。在几个月内，这种手段也会被用来杀害周围地区的犹太人。

在那个秋天，希特勒从来没有下达过杀死犹太人的书面命令。相反，他继续用言语设定宽泛且凶残的目标，而把其余的工作留给纳粹体系去完成。那年12月，在红军发起反攻以及日本偷袭珍珠港后，希特勒对犹太人命运的看法变得更加危险了。12月11日，希特勒在议会发表演讲时声称，犹太人“纯粹的邪恶预谋”是罗斯福决定开始“转移外交政策方向”，为英国提供军事支持的原因。与他在20世纪20年代早期的演讲一样，这一次，希特勒又在演讲中声称，犹太人是共产主义苏联和资本主义美国的幕后政策黑手。

第二天，也就是12月12日，希特勒对帝国领导人进行了讲话，根据戈培尔的记录，他说，既然犹太人发动了世界大战，那么“他们将经历自己的灭绝”[58]。四天后，12月16日，刚刚听完希特勒讲话的汉斯·弗朗克在克拉科夫的一次会议上说：“无论我们在哪里找到了犹太人，都必须要消灭他们。”弗朗克说，在柏林，他被告知要“消灭”犹太人。[59]一个月后，1942年1月20日，臭名昭著的万湖会议在柏林郊外举行。在这次会议上，莱因哈德·海德里希讨论了与犹太人命运有关的各种问题，包括如何定义谁是应该被驱逐的“犹太人”。

人们很容易将所有这一切看作一个相对简单的因果关系链。希特勒在1941年12月12日宣布了一项灭绝犹太人的决定，随后，负责执行这项决定的各机构开始行动。但这种看法是错误的。希特勒并没有在12月12日的讲话中宣布在全欧洲范围内灭绝犹太人的计划，并且与普遍的看法相反，利用毒气杀害所有犹太人也不是在万湖会议上提出的。虽然会上讨论到了加速杀害总督辖区犹太人的计划（这些犹太人就是汉斯·弗朗克在12月16日“消灭他们自己”的讲话中提到的那些犹太人），但海德里希希望其他身体状况良好的犹太人能被送到东部去修筑大型公路。仍然会有大量犹太人死亡，但这并不是我们所了解的大屠杀计划。直到1942年春，也就是万湖会议后两个月，第一批来自斯洛伐克的外国犹太人才抵达了奥斯维辛集中营。他们中的许多人尽管没有刚一到达就被谋杀，但随后在由农民小屋改建而来的简易毒气室中遭到了杀害。索比堡和贝乌热茨的死亡营也在同一时间开始进行杀戮，但遭到杀害的大多是波兰犹太人，是来自总督辖区的犹太人。直到夏初，外国犹太人才开始到达。

1942年夏天，犹太人问题的“最终解决方案”终于明朗了，那就是要彻底“灭绝”纳粹统治下的所有犹太人，而且这项政策将立即付诸实施，而不是在战争胜利“后”的某个时间点才开始。到了8月，来自西欧的犹太人不再被送往波兰的犹太人居住区，而是被直接送往灭绝营，而只有奥斯维辛一个灭绝营可以在处死到达这里的犹太人之前，先从他们当中“选择”出数量可观的一些人去从事劳动。贝乌热茨、索比堡和特雷布林卡灭绝营都是纯粹的死亡营，到达这些灭绝营的犹太人99%以上都会在几小时内被用毒气毒死。波兰犹太人托伊维·布拉特在1943年被送到索比堡灭绝营，是为数不多的被纳粹选中可以在那里工作，暂时得以推迟了死亡的犹太人之一。他回忆了简单的统计数据背后的实际情况和情感现实。他回忆道："大约三千名犹太人被从荷兰运送到索比堡……我们帮他们提着沉重的行李。后来，我们被告知要把妇女和儿童分到一边，男人分到另一边……我和另外几个年轻人站在一起，大喊着。我让他们放下自己的行李，让妇女们把她们的手提包扔到一边。这时，我注意到她们的眼睛，妇女们的眼睛里有着某种焦虑，她们害怕了。因为手提包里放的是最重要的东西，一个女人不想放下手提包，德国人就用鞭子抽她……他们不知道自己几分钟后就会死。纳粹会先剪掉他们的头发，然后告诉他们沿着营房往前走，走几分钟他们就到了毒气室。我确定，这是一个非常完美的陷阱，我也确定，他们在毒气室里看到从喷头喷出来的是气体而不是水时，可能还以为是设备出现了某种故障。我记得还有一次，[另外] 一列从荷兰开来的火车半夜才到达。三千多人刚一到达就被杀害了。我记得，那是一个美丽的夜晚，漫天都是星星，当他们的尸体被从毒气室中拖出来焚烧的时候，似乎什么都未曾发生过。星星还在同样的地方。"[60]

托伊维·布拉特破坏了纳粹的数据，他在索比堡幸存了下来。1943年10月，他在一次大规模越狱中成功逃脱。他所见证的杀戮是阿道夫·希特勒统治的象征。但是，在索比堡和其他死亡营建造毒气室的决策过程既不简单也不直接。没有一个绝对的决策时间点，而只有一系列的事态升级点：入侵苏联；1941年秋驱逐犹太人；纳粹主要领导人在珍珠港事件后于12月举行的会议；以及1942年将屠杀范围扩大到整个纳粹帝国的犹太人。

几乎可以说，纳粹是在逐步发现他们对待犹太人的方式可以有多激进的。历史上，从来没有人这样做过，从来没有人搜遍全欧洲去消灭一个民族，男人、女人和儿童都不放过。正如戴维·西塞拉尼教授所说：“‘最终解决方案’之所以变得如此特殊，是因为纳粹发现仅仅将犹太人驱逐到某个地方，无论发生什么都对他们视而不见是不可能的，所以就决定将他们转移到他们肯定会被杀害的地方，并做出巨大的努力去谋杀他们。他们并不一定马上就被杀害，因为纳粹会留下一些人从事劳动，但最终，他们都要被杀死。他们不会只是死在非洲的海岛，死在西伯利亚或是死在保留地，也不会只是死于斑疹伤寒或饥饿。他们会被杀害。这是激进的。这是前所未有的。”[61]

希特勒要对这一切负责，不只是因为他想让这一切发生。他之所以应该负责，是因为他的克里斯玛式领导发挥了至关重要的作用，使其下属的整个谋杀阴谋得以合法化。在那一时期的演讲、日记和其他文件中，人们会发现元首才是大屠杀合法性的最终来源。当下属们感到焦虑时，当他们从心存疑虑慢慢变得决心坚定时，他们总会这样安慰自己：所有这一切都是“按照元首的意愿”[62]完成的。正如戈培尔在1942年3月的日记中谈到对犹太人“施加”的“野蛮”惩罚时所写：“元首是激进解决方案的不懈先锋和代言人，而这正是事物的本质所要求的，也是不可避免的。”[63]

一旦希特勒的追随者接受了他的愿景，并相信他支持他们杀害犹太人，他们就会自下而上地发起一系列行动。由此，希特勒创建了一个动力更强的毁灭系统，这个系统不需要他对所有细节逐一授权。这并不仅仅是德军的“任务指挥”[64]概念在“最终解决方案”中的应用。德军的“任务指挥”有严格的指挥层级，而在杀害犹太人时，纳粹国家的各个机构之间为解决“犹太人问题”展开了竞争。实际上，莱因哈德·海德里希召集万湖会议的一个目的就是为了结束这场冲突，显示党卫军的控制权。与“任务指挥”不同，参与杀戮过程的人也并不只是提出不同的想法，以执行一个明确界定的愿景。"最终解决方案"的演变是一个真正双向的过程，大量自下而上的行动后来要么得到了最高层的决策支持，要么遭到了阻止。这个系统甚至允许级别相对较低的官员向上级提出建议，比如，党卫军少校罗尔夫—海因茨·赫普纳就曾在1941年7月向他的上司阿道夫·艾希曼建议，面对罗兹犹太人居住区即将出现的食物短缺，"最人道"的解决办法可能是"快速杀死那些不适合工作的犹太人"。[65]

像赫普纳这样的纳粹分子认为，他们可以采取行动，为他们自己制造的犹太人"问题"提出"解决方案"。这一点与他们的反犹信仰一起，导致了希特勒的克里斯玛式领导最重要的后果之一——责任内化。他们中的许多人后来声称，自己在参与灭绝行动时只是"奉命行事"，但事实远非如此，他们当时认为自己所做的是"正确的"。例如，阿道夫·艾希曼在1945年对他的同事们说，他知道自己在数百万犹太人的死亡中发挥了作用，"这让他非常满意，进入坟墓里时都会大笑"[66]。甚至就连职位级别很低的党卫军第一步兵旅士兵汉斯·弗里德里希都会在六十多年后表示，他对于自己在1941年秋天亲自射杀的犹太人"完全"没有感觉，因为他"对犹太人的仇恨太深了"。[67]

站在这一切背后的是阿道夫·希特勒，他授权、支持并认可了杀戮过程。1942年，希特勒表示，在东部强迫劳工问题上，他准备做出妥协并采取务实的行动。4月，在听过阿尔贝特·施佩尔的陈述后，希特勒同意降低这些人工作的繁重度。[68]但他对犹太人的态度则不然。他们都是注定要被杀害的，任何其他的战时考虑都不会改变这一点。事实上，可以断言的是，此时，希特勒已经看到了战争的一个目的，那就是犹太人应该死。

第四篇

流血与死亡

第十五章

最后的机会

1941年12月是战争的一个根本转折点：从那时起，战败似乎成了纳粹最有可能的结局。德国人没能在苏联取得闪电战的胜利，美国参战，纳粹在屠杀数百万当地居民的同时统治东部帝国的尝试遇到了巨大的后勤补给困难，所有这一切都强有力地表明，德国在开始走向战败。

包括阿尔贝特·施奈德在内的当时在莫斯科前线服役的一些士兵认为，“战争已经失败了，这实际上就是战争的结局……即使那时撤退还没有开始”。施奈德之所以会有这样的看法，并不是因为德国遭受了军事挫折，而是因为德军在占领的苏联土地上的所作所为。“人们［即苏联公民］遭到了有计划的抢劫……住在这个村子［及附近］的每个人都被抢劫了，德军把地窖搜了一遍，想看看是否能找到土豆或其他食物，根本就不考虑这些人自己会不会饿死……我认为，如果能公正地对待这些人，我们甚至可能已经赢得了这场战争。”[1]

和惯常的做法一样，这一次，在戈培尔的帮助下，希特勒也把没能战胜苏联的责任推给了别人，主要是他手下的将军们身上。例如，1942

年3月，希特勒说布劳希奇是一个“虚荣、怯懦的坏蛋，甚至都不能对局势做出评估，更不用说掌握局势了”。戈培尔在日记中记录了希特勒的观点，显然毫不讽刺地写道：“他［即布劳希奇］的不断干涉和一贯不服从完全破坏了元首设计的清晰的东线计划。”[2]

当时，斯大林作为苏联军队最高统帅的不当指挥也帮了希特勒。1942年1月5日，斯大林命令苏联军队在整条战线上几乎同时发动了一系列进攻。尽管他的军事专家们提出了反对，但他还是坚持执行了这个野心勃勃的荒唐计划。红军没能利用1941年12月在莫斯科郊外取得的战果，1942年5月，在灾难性的哈尔科夫战役中，多支苏联军队遭到包围，二十多万红军士兵被俘。

然而，尽管如此，德国人仍然面临着根本性的困难，尤其是美国的参战极大地改变了英国的处境。丘吉尔在听到日本袭击珍珠港的消息时写道：“如果我宣称有美国站在我们这边将是我最大的快乐，没有一个美国人会认为我是错的。我并没有假装准确衡量过日本的军事实力，但现在，我知道美国参战了，会一直坚持到最后。所以我们已经赢了！”[3]

丘吉尔是对的。希特勒在1940年没能穿越英吉利海峡入侵英国，更不可能入侵美国。那么，德国如何才能获得胜利呢？希特勒仍然坚持认为，如果能够打败苏联，就能够遏制西方盟国。而很多在德军服役的人仍然相信他，显著证明了人们对于他的克里斯玛式领导的信任。例如，武装党卫军的卡尔海因茨·本克就确信，一切都会好起来。“当时，我们无条件地准备向元首做出承诺……你知道，我们［于1942年秋天］在柏林见到他时，他仍然充满了魅力。那是战争期间我唯一一次近距离见到他，当时他在体育宫对军官学员发表演讲。让我们印象深刻的是，他穿着灰色的军装，佩戴的唯一装饰就是铁十字勋章。即使现在回想起来，我也不得不说，当我再次听到他的演讲时，我被吸引住了。我并不想再回到那个时候，但当时的情况就是如此。如果你自己当时并没有参与其中的话，是很难向子孙们讲述这些的。”[4]

他在1942年继续支持希特勒，其中一个关键原因在于，他相信其领袖的目标不仅是正确的，而且是鼓舞人心的。“他设定了一个非凡的愿景，一个乌托邦式的愿景。我们都被迷住了……事实上，生存空间正在向欧洲大陆东部扩展。当时，我认为这是正确的。在杀人的时候什么都不考虑……如今，我们有时会开玩笑说，我们很高兴输掉了战争，因为如果我们当时获胜了，现在我就会成为一个地区的指挥官，一个省党部头目，在一个远离家乡的地方履行职责……你知道，我想我们当时只是感觉自己比别人优越，比斯拉夫人优越。今天想来，这似乎太幼稚了。这个庞大的帝国！”[5]

1942年，作为第14装甲师的一名军官，约阿希姆·施滕佩尔充满了信心。“我只能说，我们都受到了信念的鼓舞，我们坚信无论做什么都会成功。”他和他的同志们认为：“没有什么是我们不能实现的，尽管有困难，尽管装备匮乏，我们也一直相信并确信，领导层会处理好一切。”[6]

1942年，威廉·罗斯非常想加入武装党卫军。他受到了招募海报上“眼睛里流露出这种目光”的金发党卫军成员的鼓舞。但是，因为他还未满十八岁，所以需要得到父亲的批准。“我告诉他［我需要得到他的批准］，他很开心他的大儿子将要成为一名真正的士兵了，一名武装党卫军士兵！他当然签字同意了……1942年6月1日是我17岁的生日，6月8日，我被征召入伍。”

罗斯加入了党卫军警卫旗队。他的父亲自豪地告诉他，这是“武装党卫军最精锐的部队”。他仍然记得党卫军的“荣誉准则”：“我们不能锁上自己的柜子，因为在警卫旗队没有人会行窃。”罗斯还接受了思想教育，这是建立在他自七岁起就在纳粹的控制下接受的教育的基础之上的。“我们还接受什么宣传？我们有政治课程……阿道夫·希特勒的人生故事。现在，我可以向你们讲述纳粹党和党卫军的发展史。那时，我们被告知，如果没有第一次世界大战，就不会有我们正在打的第二次世界大战。阿道夫·希特勒自己就是第一次世界大战中的一名士兵，他的政党不能容忍如此大面积的领土和殖民地被夺走，我们必须让一切回到以前的样子。这就是我们的动力。我们就是这样被教育的，我们完全相信了。我非常自豪，非常非常自豪。”[7]

休假时，罗斯会炫耀他警卫旗队成员的身份。“我们的制服真是棒极了，[袖子]上面写着阿道夫·希特勒的名字。当我们穿着制服来到一个地方，比如一个酒吧时，我看见一个女孩，说我要和她约会。我们来自警卫旗队！我永远不会忘记，在意大利米兰时，我们来到一家理发店，一家20年代的理发店，一切都是镀铬的，我们从未见过这样的地方。我们走进去，所有座位都坐满了。意大利理发师们喊了句什么，然后所有人都站了起来，我们每个人都得到了座位。我们不是普通的士兵，我们是特殊的化身。这当然给我们留下了深刻的印象。”

关于党卫军征服东方帝国的任务，以及在这一过程中所面对的“劣等的”人们，罗斯说他“只相信宣传。所以，如果宣传说俄罗斯人是劣等人，我们更有价值，我们就必须打败他们，得到我们生存所需的土地[那时我们相信这一点]。十七岁的时候，我不知道我们所拥有的土地是太多了还是不够。我无法理解‘劣等人’。我只是听说这些，并相信这些。不仅是我，几乎每个人都是这样。极少数人即使不相信也什么都不敢说。这是一代人的问题。你无法理解[当时]人们的心态。我们十七岁，已经习惯了服从。我们已经习惯于相信宣传。宣传告诉我们，希特勒是个超人”。

然而，已经有迹象表明，越来越多的德国士兵和他们的亲属开始怀疑希特勒的超人特质。其中一个迹象就是，在过去，亲属们在德国报纸上刊登讣告时常常会说自己的儿子是“为元首”而不是“为德国”而死，但现在，他们使用这种措辞的频率降低了。例如，1940年夏天，德国南部报纸《法兰克信使报》[8]刊登的讣告中，有40%以上提到了希特勒，但是，1942年下半年，这一比例下降到了只有12%。此外，有记录显示，自1942年春季开始，在慕尼黑法庭上被指控发表贬低纳粹言论的人数增多了。[9]

德国普通民众的态度也发生了同样的变化，他们对希特勒1942年4月26日在议会发表的演讲的反应证明了这一点。那是德国议会的最后一次会议。希特勒试图在演讲中美化现实，但感到欢欣鼓舞的只有顽固的纳粹分子。他把东线遇到的问题都归咎于意外的坏天气，指责同盟国发动了战争。他说，这样的天气“在这些地区甚至是百年一遇”[10]。至关重要的是，希特勒并没有说将如何赢得这场战争。事实上，这次演讲中包含着一个让德国民众担忧的暗示，那就是虚无主义。“在这场‘要么生存、要么毁灭’的斗争中，我们德国人要赢得一切，因为输掉战争将意味着我们的末日。”[11]除此之外，希特勒还托词说，他之所以要在议会发表演讲，是为了让议会投票确认他在法律体系中的完全权威；但这似乎无关紧要。难道希特勒还没有在这个国家获得完全的权威吗？

戈培尔在演讲结束后立即与希特勒进行了会面，觉得“他很高兴把一切都说出来了”。但就在两天后，戈培尔写道：“[外国媒体] 得出的结论是，元首的演讲就像是一个溺水者发出的叫喊。”[12]甚至就连德国听众都做出了消极的反应。戈培尔收到的一份秘密报告说，德国人民“对军事形势有所怀疑。最重要的是，人们认为，因为元首谈到了东线的第二场冬季战役，所以就连他自己也不相信对苏联的战争能在今年夏天结束”[13]。结果，这次演讲导致了“不安全感的蔓延”。

4月29日，墨索里尼在希特勒发表演讲仅仅三天后的到访，更进一步加深了人们对希特勒的克里斯玛吸引力正在减弱的感受。愤世嫉俗的意大利外交部长、墨索里尼的女婿加莱阿佐·齐亚诺伯爵在日记中记录下了这次会面的气氛。在他们到达萨尔茨堡后，他写道：“德国人很热情，这让我提高了警惕。因为德国人的礼貌总是和他们的好运成反比。”[14]第二天，在描述意大利代表团与希特勒的会晤时，他说：“希特勒一直在说啊，说啊，说啊。墨索里尼很难受，他自己本身就有爱说的习惯，却不得不保持沉默。接下来的一天，午饭后，希特勒不间断地讲了一小时四十分钟……然而，那些德国人并没有像我们一样害怕这种痛苦。可怜的人们啊。他们每天都要忍受这些，我敢肯定，他们能记住每一个手势、每一个词和每一个停顿。约德尔将军在经历了这场史诗般的挣扎后，终于在沙发上睡着了。”[15]

当然，希特勒的行为一向如此，正如我们所看到的那样，甚至第一次世界大战之前，他就已经让他在维也纳的室友感到厌烦。但新的变化是，二十多年前在慕尼黑的啤酒馆里开始出现的希特勒与听众之间的克里斯玛联系感现在正在减弱，而这背后的原因并不像人们想象的那么简单。克里斯玛型权威并不一定会因为领导者没能获得成功而遭到削弱。例如，在啤酒馆暴动时，希特勒和纳粹党是极不成功的，但是在因为叛国罪而受审后，对于希特勒的克里斯玛的感受在其支持者中间实际上是增加了。应该说，克里斯玛型领导者的问题是在失败的模式不断发展的时候出现的，尤其是在民众越来越觉得领袖的承诺不可信的时候。

希特勒在1942年4月所面临的困难可以追溯到他在前一年10月

所发表的演讲，当时，他几乎做出了打败苏联的承诺。但现在，德国民众知道，他们的领导人大错特错了。不仅如此，他现在似乎已经无法再控制局面，而是开始受局势的摆布了。例如，希特勒在回避德国如何才能打败美国的话题，而德国人注意到了这一点。齐亚诺肯定也发现了这一点，他在1942年4月30日写道："我认为，美国人能做的和将要做的事情让他们所有人感到不安，而德国人选择了闭上眼睛，装作看不见。但这并不能阻止更聪明、更诚实的人去思考美国能做什么，这种思考会让他们感到后背直冒凉气。"[16]

然而，威廉·罗斯和卡尔海因茨·本克等士兵的证词，以及当时其他许多德国人的反应却表明，作为一位克里斯玛型领导者，希特勒在1942年仍然享有极大的支持。这仍然是一个关于信仰的问题，不同的人会在不同的时间质疑自己的信仰。而对于绝对的信徒来说，即使事态的发展前景变得愈发暗淡，他们的信念也能始终坚定。毕竟，正如戈林在1936年9月所说："元首的天赋会让那些看上去显然不可能实现的事情很快成为现实。"[17]

但是，对希特勒的信念使人们无法看清战争的现实。希特勒自己也是如此，对于红军的力量，他只相信他自己愿意相信的。哈尔德将军因此而绝望地写道："这种低估敌人能力的习惯倾向越来越荒谬，正在发展成为明确的危险。局势越来越令人无法忍受，已经没有什么可以严肃对待的余地了。"[18]

但是，1942年春夏之交，在经历了冬季的挫折之后，希特勒所面临的形势似乎有所好转，至少从表面上看是如此。在远东，尽管日本人刚刚在1942年6月的中途岛战役中损失了重要的航空母舰，但他们仍然在与美国人交战；在北非沙漠战役中，埃尔温·隆美尔正在快速成为德国的英雄，他的非洲军团于6月20日占领了图卜鲁格，并俘获了三万名同盟国战俘；在北冰洋，7月初，德军的潜艇和飞机摧毁了同盟国PQ17舰队，39艘向苏联运送物资的船只中有24艘被击沉，对于同盟国来说，这是一场灾难，北冰洋航线上的物资运输因此而暂时停止；在苏联南部的大草原上，德军发起的新一轮进攻“蓝色行动”，正迅速沿东南方向朝斯大林格勒和高加索油田推进。事实上，希特勒很有信心，他在7月下旬下令兵分两路，A集团军群向南朝高加索油田推进，B集团军群继续向东朝斯大林格勒推进。这在很大程度上表明了希特勒的过度自信（尽管这种过度自信是出于他不顾一切地想要迅速结束东线战争），并且为六个月后德军第6集团军在斯大林格勒的覆灭埋下了灾难的种子。

作为追随希特勒时间最久的人之一，赫尔曼·戈林也表现出了类似的、近乎怪异的过度自信。现在的他也已经像希特勒一样，拒绝听取务实的反对意见。1942年8月，他对包括帝国要员在内的纳粹高层发表的演讲，就像是一名残酷的校长在向需要被好好痛打的孩子们训话。他说：“上帝知道，你们不是被派去［纳粹占领的国家］为你们所统治的人谋福祉的，而是要为了德国人的生存尽可能从他们那里攫取资源。我期待你们努力这样去做。现在必须彻底停止对外国人的这种长期关切。我这里有关于你们工作进展的报告。在我看来，你们所统治的领土上的人完全不重要。如果你们说，那里的人会挨饿，那就让他们饿死去吧。这对我来说无所谓。只要德国人不饿倒就行。”[19]随后，戈林又要求大幅增加对德国本土的粮食供应，似乎是一时兴起就提高了定额。他说：“去年，法国交付了五十五万吨粮食，现在，我要求把数量增加到一百二十万吨。从现在起，两周后，我要看到你们提交的旨在完成任务的计划。对这个问题的讨论到此为止。”

然而，只有在可能成功的情况下，诉诸个人“意志”才有可能行得通。在根本没有资源可以获取时，再怎么要求都是没有用的。但这一明确的现实并没能阻止戈林、希姆莱和希特勒提出不可能实现的要求。1942年8月11日，在戈林召集纳粹党高层会议仅仅五天后，希特勒会见了负责保证德军战时煤炭供应的天才实业家保罗·普莱格。普莱格向希特勒解释说，煤炭产量正在下降，他需要更多有经验的矿工，但承诺分配给他的都是东部营养不良的劳工。希特勒听了他的话后回答说，如果煤炭短缺，钢铁产量就不可能增加，而如果钢铁产量无法增加，战争就会失败。对此，普莱格能做出怎样的回应呢？他只能回答说，他将尽“人力之所能”去实现希特勒期望达到的目标。[20]

尽管希特勒在与普莱格会晤时的表现显示出了克里斯玛式领导所潜藏的巨大危险，但这至少表明了他仍然在努力扮演着克里斯玛型领导者的角色。但他在同一时期所做出的其他一些决策却表明，他自己也一定心存疑虑，怀疑自己是否真的仍然是一位克里斯玛型领导者。1942年9月9日，希特勒解除了李斯特A集团军群总司令的职务；越来越渴望迅速取胜的他，认为李斯特拖了自己的后退。这一行动本身并不令人感到意外，因为希特勒之前也曾解除过其他军事指挥官的职务。值得注意的是希特勒对李斯特继任者的选择，因为他选择了自己。

这是希特勒迄今为止最奇怪的任命。即使抛开他又一次要自己向自己汇报的荒唐不说，[21]他也不可能在一千多英里之外有效地指挥士兵作战。并且，在同一个月内，希特勒还解除了哈尔德将军陆军总参谋长的职务——哈尔德在最后一篇日记里写道，“我的精神已经疲惫不堪了”[22]——并任命以阿谀奉承而闻名的军官库尔特·蔡茨勒为哈尔德的继任者。所有这些决定都表明了元首的司令部内日益绝望的气氛。

希特勒现在当然有充分的理由去怀疑德军实际上是否有能力打赢这场战争。到1942年秋，德军的物资供给形势已经非常糟糕，陆军军备负责人弗洛姆将军在一份报告中写道，希特勒应该立即通过政治解决方式结束战争。[23]这就是希特勒开始将东线的注意力集中到斯大林格勒一个城市的背景。1942年8月，B集团军群下属的第6集团军抵达伏尔加河，9月初，德军已经进入斯大林格勒市区作战。专门研究过这场战争的安东尼·比弗说："[希特勒] 没有从高加索地区得到他想要的东西，所以便命令第6集团军攻占斯大林格勒，而这座以斯大林的名字命名的城市因为希特勒的执迷而成为一个陷阱。它是个诱饵。在战争中，指挥官如果执迷于某个特定的目标，就无法看清全局，从而造成巨大的灾难。"[24]

斯大林格勒改变了人们对希特勒的克里斯玛式领导的认知。像约阿希姆·施滕佩尔一样，第6集团军士兵对希特勒的信仰由此遭到了摧毁。作为第14装甲师的一名年轻军官，施滕佩尔在那个夏天乐观地跨过了俄罗斯的大草原。在到达位于伏尔加河（将俄罗斯的亚洲领土与欧洲领土划分开来的宽阔河流）西岸狭长地带的斯大林格勒时，他和他的同志们认为"把敌人赶回东岸只不过是时间问题"[25]。四个月前德军在哈尔科夫战役中的胜利，以及"蓝色行动"相对轻松的开始，让他们受到了鼓舞。

但是，进入斯大林格勒后，他们遭遇了苏联军队坚决而猛烈的抵抗。施滕佩尔说："到处都是狙击手，子弹从洞里、角落里、烧毁的房屋的烟囱里和土堆里射向我们……许多 [苏联] 妇女穿着军装，她们都是出色的狙击手，让那里成为我们活生生的地狱。"对于第6集团军的士兵来说，另一个问题是，他们中的许多人都是坐着坦克穿越大草原的，并不熟悉在房屋和工厂的废墟中进行的肉搏战。"我们对此完全不熟悉，我们也从来没有接受过这方面的训练……你必须走到前面去，俯身、蹲下、跪下，枪声从四面八方响起。你的周围满是炮弹打到工厂废墟上的声音……当你突然与对手面对面时，看到他们的感受难以形容。[你想着]‘他想杀了我，我必须杀了他’。我无法形容那种感觉。没有任何的犹豫，也没有任何人道的考虑……我们被反复告知‘再往前推进一百米，你就成功了！[即抵达伏尔加河]’但是，如果没有力气，我们又怎样才能成功呢？对运送补给的人来说同样是恐怖的。在夜幕的掩护下，我们的人终于把食物放在保温容器里带到了前线，虽然那时食物已经完全凉了，可是他们却突然被身后的俄罗斯人杀害了。我们一直在等待食物，却永远都等不到，因为他们被抓住了，被俘虏了，甚至被俄罗斯侦察兵或侦察巡逻队从背后射杀了。”随着时间一天天过去，施滕佩尔发现，“每一次攻击都造成了巨大的损失，很容易就能计算出剩下的人还能坚持多久”。

1942年9月30日，希特勒在一次演讲中所做出的承诺，进一步加剧了在斯大林格勒的第6集团军的困境。他说：“你们可以放心，没有人可以把我们从这个地方赶走。”[26]与一年前宣称德军已经获胜时相比，这一次，希特勒的表态更加明确。希特勒毫不含糊地说，德军永远不会从斯大林格勒撤退。当时身为武装党卫军初级军官的卡尔海因茨·本克听了希特勒的演讲后说：“我们将拿下斯大林格勒！”他和他的同志们对此“一点儿也不怀疑，一点儿也不”。[27]

我们永远也无法确定，希特勒做出如此承诺的动机是什么。也许，他的决定受到了这座城市的名称的影响。更有可能的是，希特勒意识到，在经历了前一年的惨败之后，他需要重建人们对自己承诺的信心，而他真心以为自己可以向德国人兑现这个承诺。此外，正如安东尼·比弗所说的，希特勒“在某种程度上相信，如果德军士兵坚定不移，他就将永远是对的。这是他所谓的‘意志的胜利’，他认为道德决策和决断可以战胜一切”[28]。

但是，随着冬天的到来，事实已经非常明显，德国第6集团军无法将苏联第62集团军完全赶出这座城市。瓦西里·崔可夫是一个非常强悍的人，他手下的军官如果让他感到不悦，就会遭到他的痛打。在他的指挥下，红军士兵紧守着伏尔加河西岸，或是坚守在建筑物的废墟中。当时在斯大林格勒作战的年轻苏联军官阿纳托利·梅列什科说："我们的原则是，要把爪子伸进敌人的喉咙里，紧紧抓住他们，这样我们才能活下来。这就是崔可夫的战术。"[29]

当苏联第62集团军在斯大林格勒坚守时，斯大林两位最杰出的将军——朱可夫和瓦西列夫斯基正准备发动一场帮助他们解困的进攻。这场代号为"天王星行动"的进攻是一次大规模包围行动。最开始，红军士兵并没有进攻斯大林格勒，而是向城市西部一百英里处的敌军侧翼发起了攻击，与保护德军补给线的力量较弱的罗马尼亚部队交战。这场于1942年11月19日发起的进攻取得了惊人的成功，仅仅四天后，红军就成功地彻底切断了斯大林格勒德军的后援。

"天王星行动"的成功暴露了希特勒领导方式的一系列缺陷。最重要的是，它显示了希特勒极端傲慢的后果：他严重低估了苏联人的抵抗能力。具体而言，他忽视了苏联人聪明地学习德军战术的能力。因为苏联军队春天曾经在哈尔科夫战役中落入了德国人设下的陷阱，希特勒便认为他们将来也会有类似的表现。但是，从苏联政府的最高层约瑟夫·斯大林到苏军最底层的普通士兵，苏联的整个军事机器都发生了变化。最近几个月，在高级将领们面前，斯大林已经不再那么专横了。例如，他允许朱可夫和瓦西列夫斯基不受阻碍地发起并推进"天王星行动"，同时，部队的训练和协调也取得了进展。最重要的是，苏联人运用了"马斯基洛夫卡"战术，采用伪装手段让德国人无法发现他们的军事集结。

希特勒对敌人能力的低估已经蔓延到了他手下的指挥官们身上。1941年10月23日，就在“天王星行动”开始前的几个星期，新任陆军总参谋长库尔特·蔡茨勒宣称，苏联人“没有能力发动一场影响深远的大规模进攻”[30]。然而，即使苏联红军出人意料地成功包围了德军第6集团军，希特勒仍然在继续低估他的对手。因为资源供给不足，曼施泰因试图帮助第6集团军摆脱困境的“冬季风暴行动”不到一周就被取消了。戈林吹嘘说德国空军可以从空中为第6集团军提供充足的补给，但事实证明，这不过是他不切实际的空想。由于未能得到救援，第6集团军在包围圈内的情况越来越糟糕。在斯大林格勒作战的德军营长格哈德·欣登朗说：“圣诞节过后，士气迅速恶化，也有食物和补给［匮乏］的问题。”[31]

但是，第6集团军的许多士兵仍然希望能获得救援。他们会去听，会认为自己听到了来解救他们的德国坦克向前推进的声音。正如一位被困在斯大林格勒的军官所说：“我相信元首不会放弃我们；他不会牺牲第6集团军；他会把第6集团军解救出去。”[32]

他们错了，他们的元首已经放弃他们了。希特勒接下来所做的只是在斯大林格勒沦陷之前，于1943年1月30日提拔第6集团军指挥官弗里德里希·保卢斯为陆军元帅，希望以此让斯大林格勒战役有一个瓦格纳式的结局。很明显，希特勒想让保卢斯自杀，因为此前没有任何一个德国元帅允许自己被敌人俘虏。但是，保卢斯决定不自杀，并被红军俘获。对此，希特勒既愤怒又怀疑。他听了这个消息后说：“这太让我伤心了，因为那么多士兵的英雄气概被一个没有骨气的弱者给毁了……”[33]

希特勒那天讲话的文字记录，揭示了其领导方式中日益突出的一面，即在失败时选择死亡的意愿。两年多以后，他将让世界看到这一点。希特勒问:“那意味着什么?‘生命’吗?……每个人都得死,但超越个体的民族将永生。一个人怎么能害怕这一刻呢?死亡(可以)让人从痛苦中解脱出来……”[34]保卢斯没有成为“不朽的民族英雄”[35],而是“宁愿”去了莫斯科,在卢比扬卡监狱里“被老鼠咬”。而且,保卢斯还开了一个危险的先例,其他军官将来也可能不会战斗到死。希特勒很清楚最后的结局应该是什么:“……你们聚集在一起,建起一个全面的防御工事,用最后一发子弹把自己打死。如果你想象着一个女人在被侮辱多次之后,仍然保持着自己的那份尊严,把自己反锁起来,立即开枪自杀——我不会尊重那些[宁愿]被俘虏的士兵。”[36]

自从二十三年前加入德国工人党以来,希特勒一直表现得像个赌徒,准备着为了那些既可能成功也可能失败的事而冒巨大的风险。他还说过,他曾经认为斯大林格勒战役将会“英勇地”结束,他所谓的“英勇”是指如果有必要的话,德军指挥官最后会选择站着自杀。就此而言,保卢斯和第6集团军的其他许多指挥官都让他失望了。他很快就会去尝试并确保其他数百万德国人不会这样做。

第十六章

克里斯玛之死

斯大林格勒的耻辱使人们对希特勒的克里斯玛的信仰普遍减退。因此，希特勒又继续当了两年德国领导人是很不寻常的。有时，人们会对这种现象做出解释说，纳粹政权开始更多地依靠恐怖和威胁继续掌权，这些胁迫做法过去就一直存在，但现在变得更加盛行了。而这只是其中的部分原因。希特勒的克里斯玛吸引力并没有完全消失，其遗存还具有较长时期的破坏性影响。

希特勒试图以各种方式限制斯大林格勒事件对其声望所造成的损害。最明显的就是，在战败期间，他从来不会出现在公众面前。1943年1月30日，在希特勒被任命为德国总理十周年的纪念日，戈培尔接到了一个不幸的任务，代替希特勒宣读了一份冗长的声明。同一天，戈林发表了广播讲话，向德国人阐明为什么仍然应该相信希特勒。他给出的理由直截了当："上帝"把希特勒派到了德国，让这个第一次世界大战中的"普通士兵"成为伟人。所以，我们怎么能认为现在正在发生的一切都"毫无意义"[1]呢？显然，这是在试图呼吁人们继续"相信"希特勒的克里斯玛——如果不是加倍相信的话。实际上，第6集团军在投降前的几天就已经从希特勒的司令部那里得到了同样简单的告诫，那就是要永远记住“元首知道怎么做最好”[2]。

要让他们听从这一建议显然是困难的。因为毫无疑问，希特勒违背了自己在前一年9月所做的承诺，当时他曾经说过，“没有人”能够把德国国防军赶出斯大林格勒。并且，正如1943年上半年发生的其他事件所表明的那样，面对同盟国现在所拥有的明显优势，仅仅敦促德国武装部队继续战斗根本称不上是一种战略。大西洋战役的当前进展就是一个例子。1943年5月，德国海军被迫从北大西洋撤回了所有U型潜水艇，彻底承认了德国的战败。作为战争中最成功的U型潜水艇艇长，于尔根·奥斯丁从他的视角出发解释了为什么必须做出这样的决定：“如果一艘U型潜水艇发现了一艘运输船，它当然会发出相应的信号，然后其他U型潜水艇就能够相应地调整航向，从而发现整个运输船队……只要敌方护航舰无法在夜间发现U型潜水艇，这个系统就能正常运转……[但是]从1942年下半年开始，[英国]护航舰就已经能够探测到[U型潜水艇发出的]无线信号所在的方向了，因此，如果运输船附近的潜水艇发出信号，敌方驱逐舰就能够直接找到U型潜水艇。并且，英国的雷达技术发展得比德国的快得多，护航舰也配备了雷达，因此，从那以后，护航舰在夜间也能够利用雷达探测到船只的位置，只要U型潜水艇发出无线电信号，它们就能够找到潜水艇的方向。同盟国在这两个方面享有优势，因此我们必须在1943年初停止大西洋战争。我们停止了北大西洋的所有潜艇战，因为那些潜水艇已经不够安全了。”[3]

在同盟国雷达技术取得进展的同时，英国布莱切利园的破译人员也破译了德国海军的恩尼格玛密码，再加上盟军对大西洋运输舰队提供的防空掩护的增强，美国和英国之间的海上生命线是不可能被破坏的。它象征着纳粹在战争中失败的一个重要原因，即他们没有时间和资源去创新。每一次，在德军取得初步胜利后，战场上的主动权很快就会被转移到装备更为精良、人数更多的对手那里。尽管新任军备部长阿尔贝特·施佩尔发出了各种咆哮，不断暗示德国即将拿出“神奇武器”，但1943年的这些现实已经注定了德国是不可能赢得这场战争的。德国海军面对同盟国在大西洋的技术进步束手无策，德国陆军面对东线红军战略意识和力量的不断增强也没有任何办法。

德国空军无力保护德国城镇免受袭击的事实是有目共睹的。从1943年3月开始，鲁尔工业区遭到了大规模轰炸。盟军7月下旬对汉堡的轰炸造成四万多人死亡，这一数字超过了德国空军1940年到1941年间大规模轰炸英国城市的整个过程中伦敦的死亡人数。就像在大西洋战役中一样，在空袭战中，同盟国更强大的创新和资源优势让德国人饱受其苦。

在7月25日的汉堡轰炸之前，意大利人已经表明了他们准备如何处置他们自己的克里斯玛型领导者——贝尼托·墨索里尼。20世纪20年代初，墨索里尼曾经激励过阿道夫·希特勒和纳粹党人。看到战争的走向后，意大利法西斯最高委员会投票将墨索里尼赶下了台，他在拜见国王后遭到了逮捕。不久之后，意大利退出了轴心国，并试图退出战争。时任外交官的意大利国家法西斯党成员马里奥·蒙代洛说：“当然，无论在什么时候，你对一个朋友、一个盟友的背叛都是不值得尊重的，但这种事是会发生的。有时候，我们比德国人更现实。当然，现实的我们不再忠于现任领导人了。我并不是要说这是一件高贵的事，但它符合我们的性格。”[4]

然而，让希特勒比墨索里尼多执政了近两年的，不仅仅是德国人和意大利人之间的“性格”差异。这两个国家的权力结构有着重要的区别。墨索里尼并没有像希特勒那样废除所有可以追究他责任的机构。国家首脑是意大利国王而非墨索里尼,法西斯委员会的成员仍然可以开会并通过投票宣布他们不再信任墨索里尼。在纳粹德国,这一切都不可能发生。希特勒总是对任何可能挑战其权威的事情更加警觉——1934年,他成为国家首脑,在战争爆发前,他让内阁作为一个政治论坛而衰弱消亡。

同时,希特勒继续依靠个人吸引力激励他的将军们。墨索里尼被免职几个月后,时任德国陆军中央集团军群作战总指挥的彼得·冯·德·格罗本与其他高级指挥官一起,参加了希特勒在东普鲁士的狼穴指挥部召集的会议。冯·德·格罗本看着希特勒和将军们"就我们唯一的坦克师是否得到了正确的部署讨论了两个小时……所以,一个人站在这里,越来越绝望……每次会议结束时,他 [即希特勒] 都会亲自对负责的陆军元帅说,'你是不会抛弃我的',他会与他们紧握双手……他具有强大的操纵和影响他人的能力"[5]。出身贵族的冯·德·格罗本还透露,希特勒在这些会面中的行为举止绝对不像一个疯子。"我只能通过我参加的这些会议做出判断,但他在各个方面总是无可指责的。我从未经历过任何残暴的行为或类似的事情。"

德军总参谋部军官约翰—阿道夫·格拉夫·冯·基尔曼斯埃格见证了希特勒激励作用的继续。他和他的朋友将此称为"国防军最高指挥部病毒"。每当有新的军官到来,他们都会自问"要多久才会染上病毒?"基尔曼斯埃格认为,只有在与希特勒密切接触时,人们才会感染上这种"病毒"。"可以说,我唯一一次被感染,是在希特勒给我下达了一项关于时任罗马尼亚领导人安东内斯库元帅的个人指令时。当时只有三个人在场,左边是总参谋长,中间是希特勒,右边是我。我就站在那里。总参谋长 [对希特勒] 说,'你想要给约翰—阿道夫·基尔曼斯埃格伯爵下达一个私人指令'。你可能会说我是他的密使。希特勒转过身来看着我，就在那一刻，我有一种强烈的感觉，'这个人完全知道你在想什么'。这就是我的感觉。"[6]

希特勒的空军副官尼古劳斯·冯·贝洛回忆说，希特勒"从未流露过软弱的迹象，也从未显示过他觉得形势是毫无希望的……看到他设法对挫折给予积极评价，甚至成功说服了那些与他密切合作的人，我被他深深吸引了"[7]。在某种程度上，希特勒是用他多年来一直在使用的方法做到这一点的，那就是盯着别人眼睛看的时间比正常情况下更长，在那一刻让人感受到静止，没有丝毫的怀疑，直接散发着个人吸引力而博得忠诚。但现在，站在希特勒面前的每一位军官都知道，他们眼前的这个人在过去三年中带领德国取得了伟大的胜利，即使是现在，在德国最近遭遇了失败的情况下，这些胜利也没有被遗忘。也许，只是也许，元首仍然知道怎么做"最好"。

像卡尔·德尼茨一样忠实追随希特勒的高级军官们，尤其容易受到他的这一吸引力的影响。例如，于尔根·奥斯丁记得他曾经在战时陪同德尼茨一起见过希特勒。在进入房间见元首之前，德尼茨告诉奥斯丁，他会向希特勒表达自己对海军实现目标能力的怀疑。然后，德尼茨就走进房间去见希特勒了。但是，希特勒一出现，德尼茨就被改变了。他现在对未来充满了信心，用奥斯丁的话来说，就是"飘浮在情感海洋之上"[8]。

总参谋部的军官乌尔里希·德·梅齐埃在战争快要结束时参加过多次希特勒召集的会议，他证实说："我经历过很多这样的例子，军官们本来是想要告诉他不能再这样继续下去了，甚至已经有人这么对他说了。而在听他讲了一个小时之后，他们会说'我想再试一次'……嗯，你知道，他有强大的意志力，他有能力去说服别人，可以让所有理性的观点都显得黯然失色……如果他下令进攻高加索地区，而后勤专家告诉他燃料补给不足，他会说‘那就去抢夺汽油吧。我不关心补给，必须要发起进攻’。”[9]

和以前一样，希特勒的说服力只对那些认为他有吸引力的人有效。比如，在斯大林格勒被俘的京特尔·冯·贝洛上校就不那么容易受到希特勒的影响。“对我来说，希特勒从来就不是一个高人一等或具有压倒性领导力的人物。我从未有过这种感觉。他也从未给我留下过太多印象。你现在可能会想，这是我五十年后的态度，但是，我可以肯定，我从未对他有过这种感觉。他从来没有让我着迷过。”[10]然而，我们并不难发现冯·贝洛没有被希特勒所吸引的原因，他从来没有为任何人而折服过。他承认说：“在我的整个生命中，我一直是一个非常实际的人。我妻子曾经说，‘你总是那么现实’。”

对于那些在见过希特勒之后会被他带到“情感海洋”上的人来说，结果是令人感到舒适的，但这往往只是短期的。尽管希特勒的克里斯玛仍然发挥着影响，这背后的原因显而易见，毕竟德国最高统帅部里没有人愿意相信战争已经失败了，但是，一个人需要拥有相当强大的自我欺骗能力，才能假装相信希特勒仍然能够兑现他关于一个更光明未来的承诺。例如，1944年6月，长期以来一直被人们认为和希特勒一样乐观的库尔特·蔡茨勒将军再也无法承受这种压力了。他的精神崩溃了，辞去了德国陆军总参谋长的职务。

毋庸置疑，希特勒有能力说服许多见到他的人“再试一次”，但这背后还必须有其他强有力的理由来让战争继续，而这与他可能仍然拥有的克里斯玛权力却几乎没什么关系。首先，要让纳粹精英们了解战争开始以来，特别是入侵苏联以来纳粹所犯下的种种罪行。海因里希·希姆莱非常清楚，这可能会成为一个强有力的激励因素。1943年

10月6日，在波森的一次纳粹高层会议上，他甚至故意详细说明了党卫军一直以来在做的事。他明确告诉纳粹高层，灭绝犹太人的行动正在进行，“犹太人问题”将在年底得到“解决”。此外，他还说，有必要杀死犹太妇女、儿童和男性，以防止一个“复仇者”种族不断成长并在未来寻求报复。值得注意的是，在讲话接近尾声时，希姆莱告诉他的听众们，“你们现在知道这一切了”。[11]

与纳粹精英们分享大规模谋杀数百万人的信息是一种有效的方法，可以激发他们的共同责任感以战斗到底。出席10月6日的会议给阿尔贝特·施佩尔以后的生活带来了许多困难，由此可以看出这种信息分享的威力到底有多大。在战争最后的那段日子里，施佩尔曾努力想要阻止希特勒摧毁德国的基础设施，这样的一个人如何才能在1943年秋天得知灭绝犹太人的真相时扮演好一个“优秀的纳粹分子”呢？不出所料，施佩尔顽强地（即使难以令人相信）坚持着自己，他提前离开了会场，没有听希姆莱在波森所说的话。

当然，了解纳粹在东部所犯下暴行的并不只有纳粹的精英们。例如，彼得·冯·德·格罗本就在作为陆军中央集团军群指挥官协调一次战术撤退时，确切地了解了正在发生的事情。一位党卫军军官走近他说：“我听说你想从那边的领土上撤退。”冯·德·格罗本说“对”，而这个军官回应说，“不，那是不可能的”。当冯·德·格罗本反问为什么不可能时，他被告知因为“那里有万人坑”。接着，这名军官从口袋里拿出了几张照片，照片上看起来像“萝卜坑”的地方实际上是党卫军掩埋受害者的地方。这名党卫军军官说：“在任何情况下，这都不能落入俄国人的手中。”冯·德·格罗本说：“好吧，我亲爱的兄弟，你负责除去痕迹吧。”

冯·德·格罗本说：“这是我第一次听说那些人在做的事……你知

道，当时我没有理由在那里对他进行说教。我没有资格这样做。是的，我记得，我很震惊，很震惊。让我们想象一下，我真的被深深地震惊了，我什么都不记得了。我该怎么做？我能做什么？”

“我可以去找我的陆军元帅，去告诉他我刚刚发现了什么吗？我不记得我实际上和他说了什么。或者我可以回家，说‘好吧，我不能再服从了’。但这完全是不可能的。告诉我，如果是你，你会怎么做？”[12]

在了解了这些大规模屠杀事件的情况下，冯·德·格罗本为什么还是觉得他应该继续尽己所能为希特勒效劳呢？对此，他给出的另外一个理由是：“那些在俄罗斯作战的［德国］人仍然认为，无论如何，他们都必须阻止俄国人进入德国，进入我所来自的东普鲁士。因此，尽管有着根本的怀疑和拒绝，人们肯定会尽最大的努力通过军事手段阻止俄国人进入德国。”这些焦虑都是在纳粹当局加紧胁迫和使用恐怖手段的背景下产生的。在这一背景下，海因里希·希姆莱于1943年8月被任命为内政部长绝非偶然。

但是，再多的威胁、内疚或恐惧，都无法改变德国正在输掉这场战争的事实。1943年，德军在库尔斯克发起的夏季攻势“堡垒行动”的失败，标志着德军已经无法成功地在东线发起大规模反击。但是，与希特勒关系密切的军官，比如尼古劳斯·冯·贝洛，仍然对他们的元首抱有信心。冯·贝洛说：“有一段时间，我不相信还能获得胜利，但我也不认为会失败。1943年年底，我坚信希特勒仍然能够找到政治和军事解决办法。我并不是唯一一个沉浸于这么自相矛盾信念中的人。”[13]

尽管如此，1944年初，希特勒的党卫军副官弗里茨·达尔格斯还是用“压抑”一词描述了元首司令部内的气氛。“每当又有总参谋部的军官到来时，我们都很担心，他这次又会给我们带来什么坏消息呢？”但是，在达尔格斯和他的战友们看来，他们的元首显然会不顾一切地战斗到底。“希特勒曾经说过，‘我不会在午夜到来前五分钟放弃的。我会在午夜过后五分钟放弃’。而谁又会要求他放弃呢？‘我的元首，您认为我们还有可能打赢这场战争吗？’你能告诉我谁敢问他这个问题吗？”[14]达尔格斯用一个比喻解释了为什么他觉得不可能放弃——一个人不可能“从一辆正在行驶的火车上下来”。另外一些人则把自己比作“在暴风雨中被困在船上的水手”，以此来形容自己所处的困境。

然而，也有一些德国军官持有截然不同的观点，他们不仅认为战争已经失败了，还认为杀死希特勒是避免进一步遭受苦难的唯一办法。一群贵族出身的军官是这一计划背后的核心密谋者。例如，陆军中央集团军群总参谋长海宁·冯·特莱斯科夫少将就是其中的一位领导者，他来自德国东部的一个贵族家庭。和路德维希·贝克一样，特莱斯科夫最初也认为希特勒是一个有用的政治领导人，认为他会使德国的军队变得强大，并努力“纠正《凡尔赛条约》的错误”。尽管在1940年德国对法国的惊人胜利中发挥了作用，但特莱斯科夫在政治上却非常老练，他很清楚，如果英国赢得了美国这个盟友，那么德国的战败将不可避免。[15]

在担任高级职务后，特莱斯科夫任命了一些支持其观点的军官在身边任职。这直接导致了在1943年3月13日希特勒访问陆军中央集团军群时开枪射杀他的计划。最终，这一计划因为在最后一刻没能得到中央集团军群总指挥、陆军元帅克卢格的支持而被取消了，而克卢格之前曾经对这一计划表示过支持。谋杀希特勒计划的另一位密谋者法比安·冯·施拉布伦多夫写道：“他［即克卢格］一再提出各种理由，声称世界、德国人民和德国士兵此时都不会理解这样的行为。”[16]

特莱斯科夫仍然决心要杀死希特勒，他把一枚炸弹假装成两瓶君度酒包起来，[17]交给了与希特勒同机飞行的海因茨·勃兰特中校。特莱斯科夫希望这枚炸弹能在空中爆炸，炸死飞机上的所有人。冯·施拉布伦多夫说，这种方法的优点是“可以避免刺杀的耻辱，至少可以官方地将希特勒之死归因于意外的飞机失事”[18]。但是，炸弹没有爆炸。

接下来的一周，鲁道夫·克里斯托弗·冯·格斯多夫男爵又进行了一次谋杀希特勒的尝试。格斯多夫是特莱斯科夫在陆军中央集团军群的亲密知己，他计划在希特勒于1943年3月21日在柏林参观缴获的红军武器展览时炸死希特勒。格斯多夫在自己的制服里面藏了两枚炸弹，陪着希特勒参观展览。但是，因为希特勒停留的时间比预想的要短，格斯多夫不得不冲到厕所拆除了已经在炸弹上设置好的延迟爆炸引信。

对于能接近希特勒的军官们来说，有一种比把自己变成人体炸弹更容易的方法可以杀死希特勒。只要拿出一支手枪扣动扳机就行了。彼得·冯·德·格罗本说：“很多人说‘你们会被检查武器吗？’我说‘不会’。‘那为什么没有人射杀他呢？’我随时都可以这样做。我随身带着公文包，我当然可以把手枪放在里面。而且，我离他只有两步远，我只需要掏出手枪扣动扳机……我要确切地告诉你为什么［我没有这样做］。首先，我担心那将是我生命的终结；其次，作为一名上校，我认为以这种方式干预命运不是我的使命。”[19]

格奥尔格·冯·伯泽拉格尔也是一位希望看到希特勒死亡的德国贵族军官，对于一些像他这样的密谋者来说，面对面射杀希特勒在情感上是不可能的。他透露说[20]，尽管他在战斗中的表现已经证明了他的勇气，但他并不觉得自己“能胜任这一任务”。法比安·冯·施拉布伦多夫对伯泽拉格尔无法射杀希特勒表示了同情，他写道：“即使是一个猎人，当他等待已久的猎物最终出现在视线中时，他也会有狂热的期待。一个人在克服了种种障碍之后，明知情况不利还会冒着生命危险拔出枪，在充分意识到自己行动的成败将决定数百万人的命运时，他的内心和头脑会更为混乱！”[21]为了解决这个问题，伯泽拉格尔提议率领一队士兵与希特勒的武装卫队展开对抗，在随后的交火中杀死希特勒。这个不切实际的办法从未得到采纳。

如果希特勒会第二次到访陆军中央集团军群，那么密谋杀死他的军官们就会尝试同时开枪杀死他，他们将此称为“集体刺杀”计划。通过这种方式杀死希特勒是为了“帮助所有有良知的人减轻负担”[22]。但是，在1943年3月的那次访问之后，希特勒再也没有回来过。

一年后，也就是1944年3月，终于有人准备尝试面对面射杀希特勒了。陆军元帅布施的副官埃伯哈德·冯·布赖滕布赫上尉准备在贝格霍夫的一次军事会议上从口袋里掏出手枪杀死元首。但不凑巧的是，低级军官们那天没有被允许靠近希特勒。[23]

四个月后，针对希特勒的最著名的暗杀行动于1944年7月20日得以实施。克劳斯·申克·格拉夫·冯·施陶芬贝格，一个出生于城堡中的贵族，决定不开枪打死元首，而是再次尝试炸死他。在一次于狼穴举行的午间军事会议上，他在会议桌下的一个公文包里放了一枚炸弹。然后，施陶芬贝格就飞往了柏林，以协调那里的抵抗运动。炸弹在十二点五十分爆炸，但众所周知，希特勒在这次暗杀行动中幸免于难，只受了轻伤。

当天晚上五点左右，路德维希·贝克出现在了位于柏林班德勒大街的德军最高司令部办公室里。多年以来，他一直断断续续地参与针对希特勒的阴谋，现在又被密谋暗杀希特勒的军官们选定为了新的国家首脑，因为正如参与策划了未遂政变的外交官汉斯·吉泽菲乌斯所写：“实际上，路德维希·贝克将军高居于所有各方之上……贝克是唯一一位声誉没有受损的将军，也是唯一一位曾经自愿辞职的将军。”[24]

现在的问题是，无论是贝克还是其他密谋者，都不能确定希特勒是否已经死了。身处狼穴的凯特尔告诉在班德勒大街的其他军官们，希特勒在暗杀行动中只受了轻伤。但他说的是实话吗？柏林其他士兵的忠诚也是一个问题。贝克问同谋的弗里德里希·奥尔布里希特将军，他在大楼外部署的警卫对他有多忠诚。贝克特别想知道，这些人是否愿意为奥尔布里希特而死。这是政变中的一个核心问题。希特勒身边仍然有人愿意为他而死，这是不言自明的。阿道夫·希特勒党卫军警卫旗队是阿道夫·希特勒的生命卫士，和党卫军的其他编队一样，他们也以"吾之荣誉即忠诚"为座右铭。但是，如果忠于希特勒的部队发起进攻，奥尔布里希特的士兵会为他而死吗？奥尔布里希特只能回答："我不知道。"[25]

当天晚上，希特勒又一次惊人地展现了他一贯具有的立即激发下属个人忠诚的能力。当时，犹豫不决的国防军大德意志装甲师少校奥托·恩斯特·雷默从约瑟夫·戈培尔手中接过电话，听到了从另一端传来的希特勒的声音。希特勒问："雷默少校，你能听出是我吗？你听得出我的声音吗？"[26]雷默回答说他听得出，然后希特勒就命令他帮助镇压政变。雷默立即服从了。

战争结束后，雷默说，他感觉"整个阴谋的组织方式太业余了……施陶芬贝格组织的此类政变要想成功，就必须杀死希特勒，因为人们曾经宣誓［效忠］的对象是希特勒。懦弱地把炸弹放在角落里是无法成功的，他应该有勇气用手枪射杀希特勒。这才是一个真正的男人会做的事情，如果他这样做了，我会尊重他"[27]。这种评价对施陶芬贝格是不公平的，他是一个相当勇敢的人，他之所以觉得自己不能为了射杀希特勒而死，是因为他相信柏林方面之后还需要他来帮助组织政变。而在战后否认了大屠杀的雷默，虽然无疑是一个极其令人不快的人，但他所说到的一点还是正确的，那就是，希特勒的死对政变的成功至关重要。的确，1944年7月20日政变的失败清楚表明，阿道夫·希特勒这个人是纳粹国家的核心。炸弹爆炸后，政变阴谋的潜在支持者们所关心的问题，仅仅是“希特勒还活着吗？”例如，西线总司令克卢格元帅以前就曾经为是否要支持政变而犹豫不决，他坚定地认为，在希特勒似乎已经幸存之后，他不能再参与政变了。所以，即使是在1944年7月，在苏军发起进攻一个月之后，在德国陆军中央集团军群已经接近全面崩溃之际，希特勒在这个地球上的存在本身仍然足以粉碎政变的阴谋。意大利人并不一定要杀死墨索里尼才能让他下台，但是，只有死亡才能摧毁希特勒对德国的控制。

7月20日晚上九点三十分，在贝克宣称自己是新的国家首脑不到五个小时之后，班德勒大街发生了一场枪战，忠于希特勒的士兵企图重新夺回大楼。他们相对轻松地取得了成功，贝克被捕。他问自己是否能有机会自杀，德国国内预备军总司令弗雷德里希·弗洛姆同意了。(弗洛姆在政变的策划阶段曾牵涉其中，但在当晚早些时候拒绝了参与政变。) 贝克用手枪抵住自己的头，扣动了扳机，但子弹只是从他头上擦过，让他大为惊讶的是，他发现自己竟然还活着。接着，弗洛姆命令手下将施陶芬贝格和政变中其他一些关键的同谋者带出大楼，开枪射杀了他们。他给了贝克第二次自杀的机会。贝克再次扣动了扳机，这一次，子弹让他失去了知觉，但他仍然没有死。最终，第三颗子弹要了贝克的命，射出这颗子弹的是一名忠于阿道夫·希特勒的德国士兵。

第二次世界大战结束后，这些密谋发动政变的人受到了英雄般的对待，因为德国人试图摆脱这段麻烦的历史。但在当时，他们却遭到了希特勒及其忠诚支持者的唾骂。乌尔里希·德·梅齐埃说：“前线的士兵和军官们最初一点都不同情暗杀行动，因为他们觉得谋杀最高统帅的行动是在他们背后进行的。他们不知道谋杀的动机是什么……他们只知道有人要谋杀帝国元首。对我来说，情况就完全不一样了，因为我知道行凶者是谁，知道他们的动机。因此，我很遗憾刺杀行动没有成功，但我不能这样说。”[28]

纳粹党卫军情报机构帝国保安部在炸弹袭击之后编写的报告证实了德·梅齐埃的说法，即大多数士兵都对这次谋杀希特勒的行动感到震惊，并且感到震惊的不仅仅是士兵，还有德国的普通民众。[29]许多人仍然认为希特勒是无私的，认为他正在尽自己最大的努力阻止德国的战败。是的，德军遭遇了一些挫折，但是，鉴于红军正在逼近，并且同盟国前一年也已经表示只接受德国人的“无条件投降”，因此，许多人认为，用达尔格斯的话来说，现在不是“从一辆正在行驶的火车上下来”的时候。

希特勒任命海因茨·古德里安将军为德国陆军总参谋长，接替了蔡茨勒。早在1941年12月，希特勒就解除了古德里安的职务，但现在，这位之前的福将又重新获得了希特勒的青睐。古德里安曾经帮助德军攻克了法国，还曾经在德军入侵苏联的初期带领部队实现了向莫斯科的挺进。1944年7月21日，希特勒在与古德里安会面时明确表示，他永远不会容忍他新的总参谋长辞职。蔡茨勒在最终离职前曾经辞职了五次，现在，希特勒坚持要找一个能坚持下去的人。

最初，古德里安觉得，在经历了暗杀行动之后，希特勒的表现“异常平静”[30]。但很快，形势就变得明朗起来：“他对整个人类，尤其是对总参谋部的军官和将军们，已经产生了深深的不信任……同他打交道本来就已经够困难的了，现在更是成为一种日益严重的折磨。他经常完全失去自制，他的语言也变得越来越暴力。”[31]

古德里安不仅担任了总参谋长，还为臭名昭著的“荣誉法庭”工作。该法庭以涉嫌参与炸弹袭击为由解除了一些军官的职务，让他们在“人民法庭”受审并遭到处决。他的这种行为及其与纳粹政权的其他一些合作，让罗伯特·塞蒂诺教授等军事历史学家对他形成了极为负面的看法。“他在德国占领的波兰获得了大片土地，这显然意味着曾经居住在那里的波兰人被驱逐了。古德里安是一个与政权完全紧密结合的人，直到战争的最后一刻，他仍然在接受第三帝国的大量贿赂。所以我想说，他是一个相当令人讨厌的人，而这一点是大量历史学家在第二次世界大战结束后的几十年里通过勤奋研究所发现的。如果我是战地指挥官，接到命令要去夺取一个目标城市，那么我会让谁率领军队去执行任务呢？我可能仍然会找海因茨·古德里安，无论他今后在哪，我会找他看看我们是否能想出一些办法。但如果我是一个仲裁者，要去判断是非对错，要去找一个在战争中仍然能坚持道德标准的人，我绝对不会去找他。”[32]

但是，自身利益考虑并不能完全解释古德里安担任德国陆军总参谋长的动机。希特勒可能仍然拥有的任何残存的克里斯玛的影响也无法对此做出解释，因为正如我们已经看到的，希特勒的克里斯玛式领导对古德里安是没有作用的，他之所以会在1941年12月遭到解职，在很大程度上就是因为他与元首之间的争辩。正如古德里安在他的回忆录中所说的那样，他之所以会继续支持希特勒，主要原因是：“东线正在深渊的边缘摇摇欲坠，必须要拯救数百万德国士兵和平民。如果我拒绝尝试拯救东部的军队和我的祖国东德，我会觉得自己是个卑鄙的懦夫。”[33]

正如塞蒂诺教授所说的那样，我们不应该完全相信古德里安在他的回忆录中所说的表面之言。他说他极度厌恶自己必须在“荣誉法庭”任职，极度厌恶对同事的迫害，但这些都是假的。他对策划炸弹袭击的人感到极度愤怒，这倒是真的。古德里安认为，即使希特勒被炸死了，政变阴谋也注定要失败。因为他最关注的是苏联军队不断逼近这一迫在眉睫的问题，在这一问题上，他的观点是，阴谋发动政变的人并不比希特勒更清楚该如何使德国摆脱与斯大林的战争并防止苏联人的报复。

现在，正是这种对红军可能做的事情的恐惧，控制着许多德国人的思想。在士兵中盛传着这样一句话："孩子们，享受战争吧，和平会很可怕！"[34]在针对希特勒的炸弹袭击失败三个月后，德国人了解了如果苏联军队进入东普鲁士，他们国家的新占领者会有什么样的所作所为。1944年10月20日，红军占领了内梅尔斯多夫小镇，犯下了一系列暴行。自那以后，人们一直在争论内梅尔斯多夫暴行的确切规模，[35]但红军杀害平民并强奸妇女的事实是毫无疑问的。例如，10月25日访问了该地区的莱因哈特将军在次日写信给妻子说："布尔什维克像野兽一样肆虐，他们竟然连儿童都杀，更不用说暴力侵犯并杀害妇女和女孩了。"[36]

对于希特勒和其他数百万德国人来说，苏联人在内梅尔斯多夫犯下的暴行象征着继续战斗的理由。在得知内梅尔斯多夫屠杀后，希特勒说："他们是来自亚洲大草原的动物，我对他们发动的战争是一场为了欧洲人类的尊严而进行的战争。"[37]尽管希特勒对苏联发动的"歼灭战"已经夺去了数百万人的生命，尽管红军士兵对德国平民犯下暴行的主要原因之一就是要复仇，但希特勒丝毫没有觉得自己的表态充满了讽刺。

然而，德国人在苏联人手中所遭受的苦难，即使在某种程度上可以理解，但还是不能被原谅。安娜·塞迪格就是数十万逃往西部的遭受过红军侮辱的德国妇女之一。她带着她一岁的儿子西格弗里德。"我们没有东西可吃。西格弗里德渴了，虽然我又怀孕了，但我仍然用母乳喂他。我还会把雪放在嘴里含化，这样他就可以喝到雪水了。至少我们还有雪。”一天晚上，她在为自己和孩子寻找避难所时遇到了一群红军士兵。“俄国人来了，他们用手电筒照着我。其中一个人说，‘女人，现在你有地方住了’。他们所说的能住的地方是一个防空洞，里面有一张桌子。那天晚上，一个又一个俄国人在桌子上轮奸了我。我就像死了一样，全身痉挛。我感到厌恶。是的，除了厌恶，我找不到任何别的词来表达我的感受。这完全违背了我们的意愿。他们认为这样对待我们是公平的。我不知道当时一共有多少个男人，十个还是十五个。我只知道他们对我的强奸没完没了，他们一个接着一个。我记得，其中一个人也想要强奸我，但他后来说，‘有多少同志已经上过她了？把你们的衣服穿上’。”[38]

对于德国人来说，总体形势比之前更加严峻。同盟国现在能生产出来的资源的规模使德国人完全相形见绌。例如，在1944年，德国人生产的战斗机和轰炸机的数量还不到三万五千架，而英国、美国和苏联一共生产了近十三万架。[39]尽管德国人仍然在梦想着制造出“神奇武器”，幻想着西方盟国和斯大林之间出现分裂，但是，到1944年年底，德国的命运已经是显而易见了。1944年4月，苏联人占领了罗马尼亚的油井，对于德国人来说，这是一个毁灭性的打击。由于资源的匮乏，德国的战争机器已经继续运转不了几个月了，而德国人将为了这场战争的继续而付出巨大的代价。1944年，仅有不到二百万德国人因为战争而死亡，但1945年，这一数字将成倍增长，仅1月份就超过了四十万人。[40]

希特勒仍然在努力使人们确信，一切最终都会好起来。这是在纳粹运动领导层中间维持战斗意愿的一个重要因素。在一群纳粹信徒面前，他的乐观主义仍然是具有感染力的。12月初，在德军发起注定失败的阿登攻势之前，希特勒津津乐道地向约瑟夫·戈培尔讲述了美好的未来,这位宣传部长甚至因此而辗转难眠。[41]

然而,希特勒从未因为“贫穷”而表现出自卑,这种能力一直是其克里斯玛吸引力的一个核心部分。然而现在,甚至连他自己都发现,要掩饰自己也认为德国会输掉这场战争的想法是很困难的。在阿登战役失败后,尼古劳斯·冯·贝洛听到希特勒承认战争的结束已经近在眼前,但他只能保证自己永远不会“投降”,而且会“和我们一起征服世界”。[42]

失败主义日益在德国民众中蔓延,盖世太保有了负责枪杀“抢劫者、背叛者和其他乌合之众”[43]的新使命。在那些为了政权而战的人们心中,“元首知道怎么做最好”的信念似乎也在破灭。1945年3月,在西方盟国关押的德国战俘中,只有五分之一的人还在相信希特勒,而在当年年初,相信他们元首的比例是这个比例的三倍。[44]

当时已经成为中校的乌尔里希·德·梅齐埃生动地描述了正在快速衰弱的第三帝国领导人的形象:“那时,希特勒已经是一个病人了,他的右臂严重地麻痹颤抖,他的步伐非常缓慢,他戴着蓝色的眼镜,视力很差,所有给他看的东西都必须用大号字体写出来。但他丝毫没有丧失他那有如魔力一般的克里斯玛。在战争的最后阶段,作为作战部的作战总指挥,我可能不得不在夜间做十到十五次的汇报。在这一过程中,我有两个方面的感受。一方面,他是一个人,是一个能够对其他人产生难以形容的、如魔力般影响的人,只有极少极少数人能够抗拒这种魔力。那些一直在他身边的人都完全折服于他。我知道,只有极少数人能成功地抵挡住他个人的克里斯玛,不管他看起来有多么丑陋。然而,另一方面是更为危险的,那就是,他是一个患有精神疾病的人,以至于对德国人民有一种过度膨胀的自我认同感,他生活在这种自我认同之中。我听他亲口说过,他主观地坚信,日耳曼民族在他的末日和国家社会主义的末日到来之后是无法继续存在的，是注定要崩溃的。这太恶心了。”[45]

希特勒不希望看到德国被完整地移交给战胜国，这一点当然是肯定的。1945年3月，他对阿尔贝特·施佩尔说：“如果战争失败了，人民也将不复存在。没有必要担心德国人民需要什么才能维持最基本的生存。相反，我们最好连这些东西一起摧毁。既然这个民族已经被证明是弱者了，那么未来就只属于那个强大的东方民族。无论如何，在这场斗争结束之后，只有那些劣等人才会留下来，因为好人都已经被杀了。”[46]

事实上，这种观点本不应该令施佩尔、纳粹精英或任何读过《我的奋斗》的人感到惊讶。在希特勒的思维当中，这种逻辑是不可避免的。生命是一场永恒的斗争，“弱者”理应死去。在纳粹赢得胜利时，这种关于力量、权力和征服的愿景十分具有吸引力，但现在，纳粹的战败却使它彻底成为虚无。施佩尔承认，希特勒想要把德国夷为平地的想法把他吓坏了，但希特勒的这种想法是完全可以预见的。他只不过是在坚持着自己1924年在书中首次表达的世界观。

这一时刻象征着相信希特勒的克里斯玛式领导的灾难性后果。希特勒总是在说，他绝不允许德国军队1918年在外国领土上投降的历史“重演”。但是，与希特勒现在所设想的结局相比，第一次世界大战结束的方式似乎成为有同情心的典范。

有一些德国人，特别是那些直接遭遇了苏联红军的德国人，是赞同希特勒的观点的，他们认为宁可死也不能失败地活着。鲁道夫·埃舍里希就是其中之一。他在德国东部奥得河附近的空军中队服役。“我们都是年轻、有热情的飞行员，迫切渴望为拯救我们的祖国而战斗，即使这实际上是注定失败的。”[47]他和十二位同事一起加入了一项被称为

"自由特殊使命"的自杀式行动。在参加行动之前,他们都在一封信上签了字,这封信中写着:"我们自愿为我们的元首、为我们的祖国、为德国而牺牲。"他们的计划是驾驶着载有五百公斤炸弹的飞机撞向奥得河上的桥梁。但是,他们的任务失败了,埃舍里希在浓雾中迷失了方向,在红军快速渡过奥得河后,他们放弃了这次行动。

有意思的是这些飞行员的动机。埃舍里希说,他"肯定不会"驾驶飞机针对西方盟国执行这样的自杀式任务。"在西方,人们是文明的,他们对待战俘的方式还是有一定的人道色彩的,你可以期待他们或多或少地体面对待战败的德国人民。但是,俄国人和他们不一样。"当有人提醒埃舍里希德国人在苏联领土上犯下的惊人暴行,提醒他这一定是苏联人行为动机的一部分时,埃舍里希说:"在现在的形势下,你不要问自己这些问题。现在,俄罗斯人正在击败我们,击败全体德国人。你不要问自己以前发生过什么,也不要问我们是否曾经对他们做过不公正的事。"

但是,正如鲁道夫·埃舍里希可能已经预料到的那样,在西线,有许多德国人并不准备"为我们的元首、为我们的祖国、为德国"牺牲自己。1945年3月,也就是埃舍里希试图执行自杀式任务的前一个月,希特勒对西线的许多德国士兵甘愿被俘表示了愤慨。希特勒说:"在某些地方,根本就没有抵抗,很快就轻易地向美国人投降了。这是一种耻辱。"[48]希特勒忠于他的极端达尔文主义信仰,指责《日内瓦公约》的存在是让德国人甘愿投降的元凶。他认为,如果他"向所有人表明"他会"无情地对待敌方俘虏,完全不考虑可能会招致的报复",那么德国人就不会那么愿意被俘了。

与此同时,同盟国进一步加强了对德国的轰炸,其中最著名的就是1945年2月13日对德累斯顿的空袭。戈培尔在1945年3月2日的日记中写道:"空战在当前形势下仍然是最具灾难性的。英、美两国再次对德国西部和东南部进行了非常猛烈的空袭，造成的破坏完全无法详细描述。局势日益不堪，我们完全无力抵御这场灾难。”[49]

戈培尔写下这些话两周之后，同盟国对位于法兰克尼亚的德国中世纪城市维尔茨堡发动了毁灭性的空袭。1945年3月16日，226架英国皇家空军兰开斯特式轰炸机在维尔茨堡投下了近一千吨炸弹，其中大部分是燃烧弹，目的是制造一场暴烈大火。维尔茨堡市中心80%以上的地区被毁，遭受破坏的比例比德累斯顿的更大。经历了这场空袭的克里斯托·德姆说：“整个城镇都着火了，到处都有延时炸弹在爆炸。到处都充满了恐惧，受伤者发出的尖叫声不绝于耳，许多人被活活烧死，完全无法自救。真是可怕。”[50]

尽管轰炸的后果是可怕的，但值得记住的是战后美国战略轰炸调查团得出的一个结论：“德国人民对空袭的心理反应是值得注意的。在纳粹的残酷控制之下，他们表现出了惊人的抵抗力，抵抗着不断的空袭造成的恐怖和艰难，抵抗着家园和财产遭到的摧毁，抵抗着被迫生存的条件。他们的士气，他们对最终的胜利或是令人满意的妥协的信念，以及他们对其领导人的信心都下降了，但是，只要生产工具还在，他们就会继续高效地工作。”[51]

美国人的结论是，这种“抵抗”表明，“不能低估一个极权国家对其人民的控制力”。毫无疑问，害怕遭到政权的报复是德国人没有因为轰炸行动而公开不服从政府的一个原因。但是，因为苏联军队的推进而感受到的绝望和没有其他选择，也是其背后的重要原因。

2月24日，希特勒与纳粹的省党部头目们进行了最后一次会面，这些人本来都是他最狂热的追随者，可现在，他们也不再完全受制于希特勒了。目睹了这次会面的尼古劳斯·冯·贝洛说，希特勒“试图说服他的听众，让他们相信只有他自己能够正确地判断形势。但是，他已经无力再像过去那样迷住这些人了”[52]。然而，冯·贝洛没有注意到，在希特勒的这些核心信徒中，仍然还有一两个人残留着对他的信仰。讲话结束后，希特勒坐下来与省党部头目们一起吃饭，并发表了一段独白。听完他的独白后，马格德堡—安哈尔特的省党部头目鲁道夫·约尔丹觉得压抑的情绪“消失了”，“过去的希特勒”又回来了。[53]

然而，随着苏联人日益逼近柏林，仍然相信阿道夫·希特勒的人越来越少。希特勒认为，当第三帝国的火焰熄灭的时候，个人有必要毁灭自己的生命，但就连许多与他最为亲近的人都不赞同这个观点。被希特勒称为“忠诚的海因里希”的海因里希·希姆莱，肯定已经想象过同盟国获胜后世界的样子。曾经帮助希特勒实施灭绝犹太人计划的他，现在想要拯救一些犹太人。1945年2月5日，一列载有一千二百名犹太人的火车从捷克斯洛伐克境内的特雷津集中营出发开往瑞士。希姆莱已经与美国正统派拉比协会达成协议，用犹太人换取现金，他计划每两周发出一班这样的列车。[54]希特勒得知这个消息后大发雷霆，他命令希姆莱不要再继续这种冒险。但是，这并没能阻止希姆莱与世界犹太人大会密使诺伯特·马舒尔在4月21日的会面，他们讨论了移交拉文斯布吕克集中营中一千多名妇女的问题。会面在希姆莱的按摩师费利克斯·克斯滕的家中举行。克斯滕说，希姆莱在会面前告诉他：“我希望我们和犹太人言归于好。如果我有我自己的方式，很多事情都会有不同的做法。”[55]

在希特勒五十六岁生日的前一天，希姆莱同包括赫尔曼·戈林在内的第三帝国的一些重要人物一起从柏林的元首地堡离开了希特勒。多年以来，他们和其他一些著名的纳粹分子一直互为竞争对手，为了取悦他们的元首而彼此分裂。现在，他们团结一心，只想逃离他。正如教授伊恩·克肖爵士所说的，这是非常罕见的，他们“没有与希特勒共患难”[56]。

4月23日，希姆莱会见了瑞典外交官福尔克·贝纳多特伯爵。希姆莱认为，希特勒即使现在还没有自杀，也会在不久后这样做。他让贝纳多特告诉西方盟国，德国将无条件向它们投降，但不会向红军投降。当英国广播公司于4月26日播发了这条新闻时，希特勒几乎无法相信这种“背叛”。在地堡中坚持到最后的德国军官之一贝恩德·弗赖赫尔·弗赖塔格·冯·洛林豪芬说：“当然，希特勒愤怒到了极点。军事上已经没有希望了，而现在这个举动是他可能最为信任的人做出的。这个人已经抛弃了他，已经与同盟国接洽了。结果，第二天晚上，希特勒迈出了合乎逻辑的一步，他口述了自己的个人和政治意愿，并在两天后，他就死了。”[57]

在所有之前曾经表示相信希特勒的克里斯玛的纳粹精英中，只有宣传部长约瑟夫·戈培尔一个人选择了带着自己的妻子和六个孩子与希特勒一起死在地堡里。戈培尔的妻子玛格达可能是为数不多的直到最后仍然对希特勒充满信心的人之一，但她的丈夫是否直到最后也一直深信希特勒的克里斯玛式领导却是个疑问。最有可能的是，戈培尔已经设想过关于自己未来的种种可能，并认为与希特勒一起死是最为明智的。戈培尔知道，如果被同盟国俘获（一个身形如此独特的人怎么可能不被发现呢？），他几乎肯定会被处死。但是，如果和希特勒在一起，他认为自己能成为一个英雄。在几天前的4月17日，在与宣传部成员的一次会面上，他解释说，他们之所以不应该试图逃离柏林，是因为在“一百年后”，将有一部电影重现这一史诗般的时期，这意味着他们将会“复活”。因此，“现在每个人都有机会选择他将在一百年后的电影中扮演的角色。我可以向你们保证，那将是一部美好且令人振奋的影片。这一前景值得我们坚持下去”。[58]

据希特勒的秘书特劳德·容格所说，当戈培尔试图用“电影式”

的结局为自己的生命画上句号时，希特勒正在帝国总理府花园下的地堡里“不安地徘徊”[59]，过着幽暗的生活。贝恩德·弗赖赫尔·弗赖塔格·冯·洛林豪芬也证实说：“地堡里的气氛绝对令人毛骨悚然，里面的人没有任何事情可做。他们在走廊里徘徊，等待着消息。敌人已经近在眼前。所以，人们在地堡里谈论的主要话题就是‘我该怎么自杀？’”[60]

在4月28日到来之前的午夜，希特勒口述了一份政治遗嘱，其中的内容与他最初于1919年9月应卡尔·迈尔的要求所写的那封信中所表达的信仰非常一致。两份文件中都流露着他对犹太人的仇恨。希特勒在他的政治遗嘱中指责犹太人导致了第二次世界大战的爆发，并在最后说道：“最重要的是，我要求这个国家的领导人和他们手下的人严格遵从种族法则，无情地反对世界上所有民族的毒害者，反对国际犹太人。”[61]这两份文件都丝毫没有人性，都显示出了一种坚定的信念。希特勒至死都没有怪罪自己给这个世界带来的所有灾难。相反，他声称：“在这三十年里，我所有的思想、行为和生活，都完全是被我对人民的爱和忠诚所驱动的。”

希特勒并没有改变，使他成为一个克里斯玛型领导者的所有要素在其生命的最后一刻都仍然存在着。改变了的是其他人对他的看法。由于个人与受众之间的互动是克里斯玛的唯一源泉，一再的失败和未能兑现承诺严重地损害了希特勒对广大德国民众和许多核心支持者的吸引力。

1945年4月30日下午三时三十分左右，阿道夫·希特勒自杀身亡。他咬着希姆莱之前给他的一粒毒药，朝自己的头部开了一枪。临终前的希特勒对“忠诚的海因里希”已经极度不信任，为了确保希姆莱没有欺骗他并让他被同盟国活捉，他自己在服药之前坚持先让他的狗布隆迪试验了药效。[62]

注　释

导　言

1. 希特勒向莱妮·里芬施塔尔承认这一点，引自*A Memoir* by Leni Riefenstahl, Picador, 1992, p178。
2. Konrad Heiden, *The Fuehrer*, Robinson Publishing, 1999, first published 1944, p35.
3. 1942年1月18日希特勒的讲话，见*Hitler's Table Talk*, p221。
4. Max Weber, *Essays in Sociology*, Routledge, 1998, p245.
5. Weber, *Essays*, 尤其是pp245–264。
6. Laurence Rees, *Their Darkest Hour*, Ebury Press, 2007, ppviii–x.

第一章　发现使命

1. August Kubizek, *The Young Hitler I Knew*, Greenhill Books, 2006, pp157–159.
2. 出处同上，pp126–127。
3. Hitler, *Mein Kampf*, pp154–155.
4. 引自Konrad Heiden, *The Fuehrer*, pp70–72。亦见Eberhard Jäckel, *Hitler: Sämtliche Aufzeichnungen* 1905–1924, Stuttgart, 1980, pp64–69。
5. 引自Robert G. L. Waite, *Vanguard of Nazism, the Free Corps Movement in Postwar Germany 1918 to 1923*, Harvard University Press, 1952, p22。
6. *Mein Kampf*, p165.
7. Thomas Weber, *Hitler's First War*, Oxford University Press, 2010.
8. 出处同上，p215。
9. Balthasar Brandmayer, *Meldegänger Hitler 1914–1918*, Munich/Kolbermoor 1933, pp71–72.
10. 例如见马克斯·阿曼在纽伦堡接受的讯问，5 November 1947 NARA RG238–M1019–2, and Balthasar Brandmayer, *Meldegänger Hitler*, pp72 and 105。

11. BArch, N 28/6 Ludwig Beck to Frau Wilhelm Beck, 28 November 1918, 引自 Klaus-Jürgen Müller, *General Ludwig Beck*, Boppard am Rhein, 1980, pp323–328。
12. Laurence Rees, *The Nazis: A Warning from History*, BBC Books, 2005, p15.
13. 此前未出版的证词。
14. Weber, p221.
15. *Mein Kampf*, p202.
16. Anton Joachimsthaler, *Korrektur einer Biographie: Adolf Hitler 1908–1920*, Munich 1989, pp201–213. 原始文件存于巴伐利亚州档案馆, Batl. Anordnung des Demob. Batl, vom 3.4.1919. 2 Inf. Regt., Bund 19 BayrischesHauptstaatsarchiv (BayHStA), Abt. IV. 约阿希姆塞勒还评论道,在卡尔·李卜克内西的犹太/共产主义革命之后,希特勒的团重新命名了他们的营房, p209。
17. Joachimsthaler, p213.
18. Anton Joachimsthaler, *The Making of Adolf Hitler*, 制片人 Tilman Remme, 执行制片人 Laurence Rees, BBC 2, 2002。
19. Ian Kershaw, *Hitler: Hubris*, Allen Lane, 2002, p119.
20. Weber, *Hitler's First War*, p252.
21. Karl Mayr (writing as 'Anon'), 'I Was Hitler's Boss', *Current History*, Vol. 1, No 3 (November 1941), 193.
22. BayHStA, Abt. II Gruppen Kdo. 4 Bd. 50/6, 引自 Ernst Deuerlein, *Hitler's Eintritt in die Politik und die Reichswehr*, *Vierteljahreshefte für Zeitgeschichte* (VfZ), Vol. 7, 1959, No 2, pp191–192。
23. 此前未出版的证词。
24. 引自 Deuerlein, *Hitler's Eintritt*, p200。原始文件存于巴伐利亚州档案馆。*Auszüge aus den Berichten der zum Aufklärungskommando Beyschlag befohlenen Soldaten*, Bay HStA. Ab II Gruppen Kdo 4 Bd 50/5. Handschriftlich.
25. BayHStA, RWGrKdo 4/314. 引自 Eberhard Jäckel, *Hitler: Sämtliche Aufzeichnungen* 1905–1924, Stuttgart, 1980, pp88–90。
26. 出处同上。

第二章 建立联系

1. Kurt Lüdecke, *I Knew Hitler*, Jarrolds, 1938, pp22–25.
2. Kubizek, *Young Hitler*, p33.
3. 出处同上, p157。
4. 此前未出版的证词。
5. 此前未出版的证词。
6. 1922年4月12日希特勒的演讲, N. H. Baynes (Editor), *Speeches of Adolf Hitler: Early speeches, 1922–1924, and Other Selections*, Howard Fertig, 2006, p5。

7. 1922年7月28日希特勒的演讲，出处同上，p29。Eberhard Jaeckel，Jäckel，*Hitler: Sämtliche Aufzeichnungen* 1905–1924. 首次发表于 *Völkischer Beobachter*，16 August 1922。
8. 首次发表于 *Völkischer Beobachter*，22 April 1922。
9. 作者访谈，见WW2History.com。
10. 1922年4月12日希特勒的演讲，Baynes，p6。
11. Baynes，pp15–16.
12. 此前未出版的证词。
13. 此前未出版的证词。
14. Hans Frank，*Im Angesicht des Galgens*，Munich/Grafelfing，1953，pp39–42.
15. Roger Manvell and Heinrich Fraenkel，*Göring*，Greenhill Books，2005，pp36–37.
16. *Trial of the German War Criminals: Proceedings of the International Military Tribunal* (British edition)，IX，pp64–65.
17. Sándor Ferenczi，*First Contributions to Psycho-Analysis*［首次发表于Hungarian，1909］，Ernest Jones MD译，The Hogarth Press and the Institute of Psychoanalysis，1952，pp59–71。
18. Kubizek，*Young Hitler*，p182.
19. 1922年4月12日希特勒的演讲，Baynes，p12。
20. 亦见以埃米尔·涂尔干为代表的"集体理论家"的著作。E. Durkheim，*The Elementary Forms of Religious Life*，Simon and Schuster，1995.
21. Konrad Heiden，*The Fuehrer*，Robinson Publishing，1999，pp91–92.
22. Otto Strasser，*Hitler and I*，Jonathan Cape 1940，pp76–77.
23. Sir Nevile Henderson，*Failure of a Mission*，Hodder and Stoughton，1940，p179.
24. 此前未出版的证词。
25. Rees，*The Nazis: A Warning from History*，pp32–33.
26. Weber，*Hitler's First War*，p257.
27. Ernst H. Posse，*Die politischen Kampfbünde Deutschlands*，Berlin，1931，pp46–47. 引自 Robert G.L. Waite，*Vanguard of Nazism，the Free Corps Movement in Postwar Germany 1918–1923*，Harvard University Press，1952，p266。
28. Ernst H. Posse，*Die politischen Kampfbünde Deutschlands*，Berlin，1931，p46.
29. 此前未出版的证词。
30. Heinrich Hoffmann，*Hitler Was My Friend*，London，1955，p46.
31. Karl Mayr (writing as 'Anon')，'I Was Hitler's Boss'，*Current History*，Vol. 1，No 3，November 1941.
32. 出处同上。
33. Kubizek，*Young Hitler*，p42.
34. Charles de Gaulle，*The Edge of the Sword*，Greenwood Press，1960，p58.
35. 出处同上，p65–66。

第三章 寻找英雄

1. Weber, *Essays in Sociology*, p262.
2. Rees, *Nazis: A Warning from History*, p26.
3. Friedrich Nietzsche, *The Birth of Tragedy and The Genealogy of Morals*, Francis Golffing 译, Doubleday Anchor Books, 1956, p186。
4. Peter Viereck, 'Stefan George's Cosmic Circle', *Decision*, October 1941, p49.
5. 此前未出版的证词。
6. 此前未出版的证词。
7. Kubizek, *Young Hitler*, p185.
8. 出处同上, p83。
9. 此前未出版的证词。
10. Ludwig Gengler, *Kampfflieger Rudolf Berthold*, Germany, 1934, 引自 p178。
11. Joachim C. Fest, *Hitler*, Harcourt Brace Jovanovich, 1974, p132.
12. 出处同上, p133。
13. Margarate Plewnia, *Auf dem Weg zu Hitler*, Bremen, 1970, p67, 引自 Albert Zoller, *Hitler privat-Erlebnisbericht seiner Geheimsekretärin*, Droste, Düsseldorf, 1949, p118。
14. 出处同上, p55。
15. *IMT testimony* of Julius Streicher, Friday, 26 April, 1946.
16. Waite, *Vanguard of Nazism*, p267.
17. Otto Strasser, *Hitler and I*, p86.
18. Bruce Campbell, *The SA Generals and The Rise of Nazism*, University Press of Kentucky, 1998, pp18–20.
19. Werner Maser, *Der Sturm auf die Republik*, Frankfurt, Athenäum-Verlag, 1965, p356.
20. *Völkischer Beobachter*, 6 December, 1922.
21. Rees, *The Nazis: A Warning from History*, p25.
22. 此前未出版的证词。
23. Strasser, *Hitler and I*, p57.
24. Albrecht Tyrell, *Führer befiehl ... Selbstzeugnisse aus der 'Kampfzeit' der NSDAP, Dokumentation und Analyse*, Düsseldorf, 1969, pp281–283, 引自 *Der Hitler Prozess vor dem Volksgericht in München, Zweiter Teil*, München, 1924, 希特勒的结束语, pp85–91, 英文见 J. Noakes and G. Pridham, *Nazism 1919–1945 Vol. 1*, Exeter University Press, 1983, p35。
25. 此前未出版的证词。
26. Rees, *The Nazis: A Warning from History*, p28.
27. *The Times*, 2 April 1924.

第四章 规划愿景

1. Weber, *Essays*, p250.
2. Hitler, *Mein Kampf*, p288.
3. 出处同上, p306。
4. 出处同上, p138。
5. Ernest Becker, *The Denial of Death*, Free Press Paperbacks, 1997, p282.
6. 出处同上, p27。
7. Hitler, *Mein Kampf*, p290.
8. 出处同上, p305。
9. 出处同上, p679。
10. 出处同上, p654。
11. 出处同上, p661。
12. 此前未出版的证词。
13. Laurence Rees, *Their Darkest Hour*, Ebury Press, 2007, p206.
14. 此前未出版的证词。
15. Dennis Mack Smith, *Mussolini: A Biography*, Vintage Books, New York, 1983, p172.
16. 见布朗宁教授的观点, pp29–30。
17. Konrad Heiden, introduction to *Mein Kampf* by Adolf Hitler, pxx.
18. Hitler, *Mein Kampf*, p581.
19. Ian Kershaw, *Hitler: Hubris*, pp242–243.
20. Lüdecke, *I Knew Hitler*, pp217–218.
21. 戈培尔日记, entry for 15 February 1926。除特别注明, 戈培尔日记条目均引自 Elke Fröhlich (ed.), *Die Tagebücher von Joseph Goebbels. Teil I: Aufzeichnungen 1923–1941; Teil II: Diktate 1941–1945*, Munich 1993–2005。
22. 出处同上, entry for 13 April 1926。
23. 出处同上, entry for 19 April 1926。
24. Otto Strasser, *Hitler and I*, p100.
25. Uriel Tal, *Political Faith of Nazism prior to the Holocaust*, Tel Aviv University, 1978, p30.
26. John Whittam, 'Mussolini and The Cult of the Leader', *New Perspective*, Vol. 3, No. 3, March 1998.
27. 英文见Ian Kershaw, *The Hitler Myth*, Oxford University Press, 1987, p27。亦引自 Albrecht Tyrell, *Führer befiehl ... Dokumentation und Analyse*, Düsseldorf, 1969, p173。
28. Becker, *Denial of Death*, p193.
29. Joseph Goebbels, *Der Angriff* (Berlin, 30 April 1928). 见Joseph Goebbels, *Der Angriff. Aufsätze aus der Kampfzeit*, Munich, 1935, pp71–73。
30. Walter Frank, *Franz Ritter von Epp: Der Weg eines deutschen Soldaten*, Hamburg, 1934, pp141–142.

31. Adam Tooze, *The Wages of Destruction*, Penguin, 2007, p13.
32. 此前未出版的证词。

第五章 在危机中提供希望

1. 希特勒于1932年在埃伯斯瓦尔德的竞选演讲。存档于第一集, *The Nazis: A Warning from History*, BBC2, 1997。
2. Richard Bessel, 'The Potempa Murder', *Central European History*, 10, 1977, pp241–254.
3. 此前未出版的证词。
4. 此前未出版的证词。
5. Albert Speer, *Inside the Third Reich*, Phoenix, 1995, p46.
6. 出处同上, p46。
7. 出处同上, p66。
8. 出处同上, p44。
9. 此前未出版的证词。
10. 此前未出版的证词。
11. 此前未出版的证词。
12. Tal, *Political faith of Nazism prior to the Holocaust*, p28.
13. Thomas Ferguson and Peter Temin, 'Made in Germany: The German currency crisis of July 1931', *Research in Economic History*, 2003, Vol. 21, pp1–53.
14. 此前未出版的证词。
15. Weber, *Hitler's First War*, p272.
16. 此前未出版的证词。
17. Weber, p283.
18. Nathaniel Shaler, *The Individual: A Study of Life and Death*, D. Appleton and Company, New York, 1902, p199.
19. Ernst Hanfstaengl, *15 Jahre mit Hitler, Zwischen Weissem und Braunem Haus*, 1980, pp232–236, 以及 Heinrich Hoffman, *Hitler Was My Friend*, London, 1955, pp151–152。亦见 Walter C. Langer, *A Psychological Profile of Adolph Hitler. His Life and Legend*, Office of Strategic Services Washington, D.C. Online at: www.nizkor.org。关于所谓的希特勒性倒错的更多细节, 见 Robert Waite, *The Psychopathic God: Adolf Hitler*, Basic Books, 1977。关于希特勒是同性恋的新近研究, 见 Lothar Machtan, *The Hidden Hitler*, Basic Books, 2001。但这未必是可信的, 伊恩·克肖对该书的评论以及所提出的问题, 见 http://www.welt.de/print-welt/article481144/Der_ungerade_Weg.html。
20. Riefenstahl, *A Memoir*, p180.
21. 戈培尔日记, entry for 26 June 1930, p183f。
22. 此前未出版的证词。

23. 此前未出版的证词。
24. 此前未出版的证词。
25. Otto Meissner, *Aufzeichnung über die Besprechung des Herrn Reichspräsidenten mit Adolf Hitler am 13. August 1932 nachmittags 4.15.* 参见Walther Hubatsch, *Hindenburg und der Staat. Aus den Papieren des Generalfeldmarschalls und Reichspräsidenten von 1878 bis 1934*, Göttingen, 1955, p338。英文见Noakes and Pridham, Vol. 1, p104。

第六章 坚定不移

1. 戈培尔日记, entry for 13 August 1932。
2. Tal, *Political faith of Nazism prior to the Holocaust*, p7.
3. Franz von Papen, *Memoirs*, London, 1952, pp162–163. 德文见Franz von Papen, *Der Wahrheit eine Gasse*, Munich, 1952, p195。
4. Von Papen, *Memoirs*, p279.
5. Testimony of Göring from Day 80, Nuremberg Tribunal, 13 March 1946
6. Von Papen, *Memoirs*, p162.
7. 这段著名评论最早的出处，见Konrad Heiden, *Adolf Hitler. Das Zeitalter der Verantwortungslosigkeit. Eine Biographie*, Zürich, 1936, p278。
8. Hinrich Lohse, *Der Fall Strasser*, held in *Forschungsstelle für die Geschichte des Nationalsozialismus* in Hamburg. In English in Noakes and Pridham, Vol. 1, p111.
9. Peter D. Stachura, *Gregor Strasser and the Rise of Nazism*, George Allen & Unwin, 1983, p104.
10. Otto Strasser, *History in My Time*, Jonathan Cape, 1941, p240.
11. Stachura, *Gregor Strasser and the Rise of Nazism*, p116.
12. Hienrich Lohse, *Der Fall Strasser*. In English in Noakes and Pridham, Vol. 1, p113.
13. Strasser, *History in My Time*, p236. Also, von Papen, *Memoirs* for a reproduction of the gift, facing p279.
14. Notes made on 2 December 1933 by Lutz Graf von Schwerin von Krosigk, Reichs Finance Minister, 引自Wolfram Pyta, *Vorbereitungen für den militärischen Ausnahmezustand unter Papen/Schleicher*, Militärgeschichtliche Mitteilungen, 51, 1992, pp385–428。
15. 此前未出版的证词。
16. 此前未出版的证词。
17. Rees, *The Nazis: A Warning from History*, p43.
18. Von Papen, *Memoirs*, p251.
19. 此前未出版的证词。

第七章 众所期待之人

1. Manvell, *Göring*, p95.

2. 出处同上，p97。
3. 此前未出版的证词。
4. 此前未出版的证词。
5. Walther Hofer, *Der Nationalsozialismus: Dokumente 1933–1945*, Frankfurt am Main, 1957, p55. 1933年3月10日希特勒的演讲，首次发表于Reichsgesetzblatt RGBl 1933, Teil I, Nr. 17, p83。
6. *Völkischer Beobachter*, 13 March 1933.
7. 此前未出版的证词。
8. 此前未出版的证词。
9. *Völkischer Beobachter*, 24 March 1933.
10. Alan Bullock, *Hitler: A Study in Tyranny*, London, 1967, pp128–129.
11. Max Domarus, *Hitler: Speeches and Proclamations 1932–1945 Volume One: 1932 to 1934*, Bolchazy-Carducci Publishers, 1990, Hitler statement 23 March 1933, p273.
12. 出处同上，pp292–293。
13. 此前未出版的证词。
14. *Völkischer Beobachter*, 29 March 1933.
15. *Völkischer Beobachter*, 28 July 1934，英文引自 Domarus, Vol. 1, 1990, p317。
16. Joseph Goebbels, *My Part in Germany's Fight*, London, 1938, p248.
17. 此前未出版的证词。
18. Klaus Hildebrand, *The Foreign Policy of the Third Reich*, Batsford, London, 1973, pp31–32.
19. 作者访谈，见WW2History.com。
20. 引自 Hans-Adolf Jacobsen and Werner Jochmann (editors), *Ausgewaehlte Dokumente zur Geschichte des Nationalsozialismus 1933–1945*, Band II. Bielefeld, 1961。首次发表于 *NSDAP: Nationalsozialistische Monatshefte*, 4 June, 1933。
21. 此前未出版的证词。
22. 此前未出版的证词。
23. 源自魏克斯元帅的讲述，引自 Robert J. O' Neill, *The German Army and the Nazi Party 1933–1939*, Corgi Books, 1968, p67。
24. 出处同上。
25. Kurt Gossweiler, *Die Röhm-Affäre. Hintergründe–Zusammenhänge–Auswirkungen*, Köln, 1983, p68.
26. 引自 Hans-Adolf Jacobsen and Werner Jochmann (eds.), *Dokumente zur Geschichte des Nationalsozialismus 1933–1945*, Band II, Bielefeld, 1961。
27. Tooze, *Wages of Destruction*, p67.
28. Kershaw, *Hubris*, p511.
29. Rudolf Diels, *Lucifer ante Portas*, Stuttgart 1950, pp379–382. 亦见 Kershaw, *Hubris*, p505。
30. 源自 Kempka, 'Hitler's Chauffeur'，引自 Noakes and Pridham, Vol. 1, pp178–179。

31. *Deutsche Allgemeine Zeitung* (DAZ) ,No. 302,2 July 1934.
32. *Völkischer Beobachter*, 3 July 1934.
33. 此前未出版的证词。
34. *Völkischer Beobachter*, 1 July 1934.
35. 此前未出版的证词。
36. 此前未出版的证词。
37. 此前未出版的证词。
38. 诺伯特·弗赖教授关于纳粹的“现代性”和“野蛮”的观点，见作者与他的访谈，WW2History.com。
39. Rudolf Semmler, *Goebbels, The Man Next to Hitler*, London, 1947, 见1941年12月12日的日记。
40. 此前未出版的证词。
41. Hermann Göring, *Aufbau einer Nation*, Berlin, 1934, pp51–52. (稍许不同的翻译，见Arthur Schweitzer, *The Age of Charisma*, Nelson Hall, Chicago, 1984, p83。)
42. David Welch, *Propaganda and the German Cinema 1933–1945*, Oxford University Press, 1983, p147.
43. Riefenstahl, *Memoirs*, p101.
44. William L. Shirer, *Berlin Diary 1934–1941*, John Hopkins, 2002, p21.
45. George Orwell, *The Collected Essays, Journalism and Letters of George Orwell*, Volume 2, Eds. Sonia Orwell and Ian Angus, Harcourt Brace Jovanovich, 1968.
46. 出处同上。
47. 1935年11月8日希特勒的演讲，p727，Domarus，*Vol. 2*。
48. Max Domarus, *Hitler–Reden und Proklamationen 1932–1945–kommentiert von einem deutschen Zeitgenossen*, Band 1, Würzburg, 1962, p641.
49. Shirer, *Berlin Diary*, pp17–18.
50. 出处同上，p29。
51. W. Breucker (鲁登道夫的副官), *Die Tragik Ludendorffs*, Oldenburg, 1953, p107；亦见J. C. R. Wright, *Above Parties: The Political Attitudes of the German Protestant Church Leadership 1918–1933*, Oxford, 1974, p78。
52. Speer, *Inside The Third Reich*, p150.
53. Hans-Jochen Gamm., *Der braune Kult* (Hamburg, 1962) , pp213–214, 英文引自Robert G. L. Waite, *The Psychopathic God: Adolf Hitler*, Basic Books, New York, 1977, p29。
54. 此前未出版的证词。
55. Domarus, *Vol 2*, p790.
56. Hitler speech 23 November 1937, 引自Arthur Schweitzer, *The Age of Charisma*, Nelson Hall, Chicago, 1984, p75。
57. Richard Steigmann-Gall, *The Holy Reich–Nazi conceptions of Christianity*, Cambridge University Press, 2003, p2.

58. 戈培尔日记,entry for 8 April 1941。
59. Entry for 13 December 1941, *Hitler's Table Talk*, pp142–145.
60. Laurence Rees, *Selling Politics*, BBC Books, 1992, p50.
61. Wilfred von Oven, 访谈, 见 *Goebbels: Master of Propaganda*, 编剧与制片人 Laurence Rees, BBC 2, 1992。
62. *Völkischer Beobachter* 1 February 1934.
63. Rees, *Selling Politics*, p21.
64. *Die zukünftige Arbeit und Gestaltung des deutschen Rundfunks.* Ansprache Goebbels an die Intendanten und Direktoren der Rundfunkgesellschaften, Berlin, Haus des Rundfunks, 25.3.1933, 见 Helmut Heiber (ed.), *Goebbels Reden. Band 1: 1932–1939.* Düsseldorf, 1971, p94。
65. Welch, *Propaganda and the German Cinema*, p158.
66. 出处同上, p170。
67. Rees, *Selling Politics*, p51.
68. Weber, *Essays*, p248.
69. 戈培尔日记, entry for 5 July 1941。
70. Weber, *Essays*, p248.
71. Tooze, *Wages of Destruction*, pp37–166.
72. 作者访谈, 见 WW2History.com。
73. Rees, *Their Darkest Hour*, p196.

第八章　敌人的重要性

1. Hitler, *Mein Kampf*, pp118–119.
2. J. R. C. Wright, *Above Parties-the Political Attitudes of the German Protestant Church Leadership 1918–1933*, OUP, 1974, p54.
3. 此前未出版的证词。
4. Wolfgang Ruge, Wolfgang Schumann (eds.), *Dokumente zur Deutschen Geschichte*, Berlin, 1977, p116.
5. 此前未出版的证词。
6. Domarus, *Vol. 2*, p938.
7. Jonathan Glover, *Humanity-a Moral History of the Twentieth Century*, Pimlico, 2000, pp361–362.
8. 此前未出版的证词。
9. 此前未出版的证词。
10. *Aufzeichnung ohne Unterschrift* (August 1936), 见 *Akten zur Deutschen Auswärtigen Politik 1918–1945.* Göttingen, 1977. Serie C: 1933–1936. 'Das Dritte Reich: Die Ersten Jahre', Band V, 2, 26. Mai bis 31. Oktober 1936. Dokumentnummer 490, pp793–801。

11. Rees, *Selling Politics*, p81.
12. International Military Tribunal (IMT), *Der Prozess gegen die Hauptkriegsverbrecher vor dem Internationalen Militärgerichtshof Nürnberg*, 1. November 1945–1. Oktober 1946, Band XXXVI, Nürnberg, 1948, p489ff.
13. 出处同上。
14. Henderson, *Failure of a Mission*, p159.
15. 戈林一到经济部就宣布了,正如威廉·特尔一尼登所听到的。
16. Tooze, *Wages of Destruction*, p198.
17. 此前未出版的证词。
18 BArch N 28/4. 引自 Klaus-Jürgen Müller, *General Ludwig Beck*, Boppard am Rhein, 1980, pp497–498。
19. 此前未出版的证词。
20. Nicholas Reynolds, *Treason Was No Crime: Ludwig Beck, Chief of the German General Staff*, William Kimber, 1976, pp73–74.
21. BArch N 81/2 and OKW 898.

第九章 激进派的诱惑

1. BArch NS 10/550.
2. Henderson, *Failure of a Mission*, p282.
3. 此前未出版的证词。
4. 此前未出版的证词。
5. O'Neill, *German Army*, pp190–191.
6. Friedrich Hossbach, *Zwischen Wehrmacht und Hitler 1934–1938*, Göttingen, 1965, p191.
7. O'Neil, *German Army*, p201.
8. Karl-Heinz Janssen, *Der Sturz der Generäle: Hitler und die Blomberg-Fritsch Krise 1938*, Munich, 1994, p55.
9. Simon Sebag Montefiore, *Stalin: The Court of the Red Tsar*, Phoenix, 2007, pp221–222.
10. Robert Service, *Stalin–A Biography*, Macmillan, 2004, p348.
11. BArch N 28/4. 德文引自 Müller, *General Ludwig Beck*, pp498–501。
12. Reynolds, *Treason Was No Crime*, p128.
13. Harold C. Deutsch, *The Conspiracy Against Hitler in the Twilight War*, University of Minnesota, 1968, p34.
14. Reynolds, *Treason Was No Crime*, p138.
15. 此前未出版的证词。
16. Walter Görlitz, *Generalfeldmarschall Keitel, Verbrecher oder Offizier? Erinnerungen, Briefe, Dokumente des Chefs OKW*, Göttingen, 1961, p179.
17. 此前未出版的证词。

18. 此前未出版的证词。
19. 此前未出版的证词。
20. 此前未出版的证词。
21. *The Nazis: A Warning from History*,第三集,'The Wrong War',BBC2,1997。
22. Domarus, *Vol. 2*, p1050.
23. 出处同上,p1057。
24. Von Papen, *Memoirs*, p438.
25. Rees, *Nazis: A Warning from History*, p100.
26. Reynolds, *Treason Was No Crime*, p144.

第十章 解脱的兴奋

1. Albert Speer, *Inside the Third Reich*, p100.
2. 阿尔贝特・施佩尔的评论,据他的哥哥赫尔曼所说,引自 Michael Thad Allen, *The Business of Genocide–the SS, Slave Labor, and the Concentration Camps*, University of North Carolina Press, 2002, p59。
3. M. J. Drake, I.W. Mills and D. Cranston, 'The chequered history of vasectomy', *British Journal of Urology*, pp475–481, September 1999.
4. 此前未出版的证词。
5. 作者访谈,见 WW2History.com。
6. Ernst Klee, *'Euthanasie' im NS-Staat: Die 'Vernichtung lebensunwerten Lebens,'* Frankfurt/M., S. Fischer, 1983, p86.
7. Hitler, *Mein Kampf*, p688.
8. Robert Jay Lifton, *The Nazi Doctors*, Basic Books, 2000, 该经典研究确认,他所采访的"大多数"医生"赞成当时的绝育法",p29。
9. *Völkischer Beobachter*, 2 August 1929.
10. Karl Binding, Alfred Hoche, *Die Freigabe der Vernichtung lebensunwerten Lebens. Ihr Maß und ihre Form*, Leipzig, 1920, p56f.
11. 此前未出版的证词。
12. Rudolf Ramm, *Aerztliche Rechts–und Standeskunde: Der Arzt als Gesundheitserzieher*, Berlin: W deGruyter, 1943, pp79–80.
13. Welch, *Propaganda*, p123.
14. E. Klee (ed.), *Dokumente zur 'Euthansie'*, Frankfurt, 1985, p63.
15. 此前未出版的证词。
16. 希特勒自己的医生卡尔・勃兰特偶然听到的,后来他的回忆被作为1947年纽伦堡医生审判的证据,见 *USMT Nuremberg, Case I (Medical Case). Transcript of Proceedings*, p2482。
17. *Völkischer Beobachter*, 2 August 1929.

18. Ian Kershaw, *Hitler 1889–1936: Hubris*, pp527–591.
19. *Rede Hitlers vor Kreisleitern auf der Ordensburg Vogelsang am 29. April 1937*, 见 Hildegard von Kotze and Helmut Krausnick (eds.), *Es spricht der Führer. 7 exemplarische Hitler-Reden*, Gütersloh, 1966, pp123–177。
20. 引自 Reinhard Spitzy, Rees, *Nazis: A Warning from History*, p94。
21. 出处同上, pp100–101。
22. Ronnie S. Landau, *The Nazi Holocaust*, London, I. B. Tauris, 2006, pp137–140. 见 *New York Times*, 27 March 1938, p25。
23. *Manchester Guardian*, 23 May 1936.
24. Golda Meir, *My Life*, Weidenfeld and Nicolson, 1975, p127.
25. *Völkischer Beobachter*, 13 July 1938.
26. 1938年9月12日希特勒的演讲, Domarus, *Vol. 2*, p1153。
27. 作者访谈, 见 WW2History.com。
28. 此前未出版的证词。
29. 此前未出版的证词。
30. *Dieses Pack ist schlimmer!* (This bunch is worse!), *Das Schwarze Korps, Zeitung der Schutzstaffeln der NSDAP*, Organ der Reichsführung SS, Berlin, 17 November 1938, No. 46, Vol. 4, front page.
31. *Damit wir uns recht verstehen* (Let us be quite honest), *Das Schwarze Korps, Zeitung der Schutzstaffeln der NSDAP*, Organ der Reichsführung SS, Berlin, 1 December 1938, No. 48, Vol. 4, p2.
32. *Juden, was nun?* (Jews, what now?), *Das Schwarze Korps. Zeitung der Schutzstaffeln der NSDAP*, Organ der Reichsführung SS, Berlin, 24 November 1938, No. 47, Vol. 4, front page.

第十一章 实现愿景

1. William L. Shirer, *Berlin Diary* 1934–1939, The John Hopkins University Press, 2002, entry for 31 August 1939, p191.
2. BArch RW 19/41, p56, Wehrwirtschaftsinspektion [War Economy Inspection] VII (Munich), Wirtschaftsbericht [economic report] August 1938, 9. 9. 1938.
3. BArch RW 19/41, p35, Wehrwirtschaftsinspektion [War Economy Inspection] VII (Munich), Wirtschaftsbericht [economic report], October 1938, 18. 11. 1938.
4. Leonidas E. Hill, *Die Weizsäcker Papiere 1933–1950*, Frankfurt a. M./Berlin/Wien, 1974, p142.
5. Douglass, Frederick, speech at Canandaigua, New York, August 3, 1857. 全本见 John W. Blassingame (ed.), *The Frederick Douglass Papers*, Vol. 3: 1855–1863. Yale University Press, 1979, p204。

6. 此前未出版的证词。
7. F. Wiedemann, *Der Mann der Feldherr werden wollte*, Kettwig, 1964, pp127–128.
8. 出处同上。
9. Klaus-Jürgen Müller, *General Ludwig Beck, Studien und Dokumente zur politisch-militärischen Vorstellungswelt und Tätigkeit des Generalstabschefs des deutschen Heeres 1933–1938*, Boppard am Rhein, 1980, pp502–512.
10. Müller, *General Ludwig Beck*, pp521ff. 原始文件见 BArch (Freiburg) , N28/3。
11. Reynolds, *Treason Was No Crime*, pp119–120.
12. Müller, *General Ludwig Beck. Studien und Dokumente zur politisch-militärischen Vorstellungswelt und Tätigkeit des Generalstabschefs des deutschen Heeres 1933–1938*, Boppard am Rhein 1980, pp554–556. 原始文件见 BArch N 28/4。
13. 此前未出版的证词。
14. Müller, *General Ludwig Beck*, pp521–528. 原始文件见 BArch N 28/3。
15. 1933年11月6日的演讲，引自 William L. Shirer, *The Rise and Fall of the Third Reich*, Crest, 1962, p343。
16. Edgar Röhricht, *Pflicht und Gewissen. Erinnerungen eines deutschen Generals 1932 bis 1944*, Stuttgart, 1965, pp119ff.
17. 引自 Müller, *General Ludwig Beck*, pp542–550。
18. 引自 Müller, *General Ludwig Beck*, pp554–556. 原始文件见 BArch N 28/4。
19. 作者访谈，见 WW2History.com。
20. BArch N 19/6, Nachlass von Weichs, Erinnerungen, Bd. 2: Weimar und Nürnberg–Anschluß Österreichs, Besetzung Sudetenland und Böhmen-Mähren–1. Teil, 1937–1939 (estate von Weichs, memoirs, Vol. 2: Weimar and Nuremberg-Anschluss of Austria, occupation of Sudetenland and Böhmen-Mähren–part 1, 1937–1939) .
21. Sir Ian Kershaw, *Hitler 1936–1945: Nemesis*, Penguin, 2001, p103.
22. Fritz Redl, 'Group Emotion and Leadership', *Psychiatry*, 1942, Vol. V, pp573–596.
23. 弗朗克·罗伯茨爵士的证词，见 *The Nazis: A Warning from History*, 1997。
24. 1938年9月12日希特勒的演讲，Domarus, *Vol. 2*, p1153。
25. Meeting on 30 August, 1938, Cabinet Office Papers (National Archive, Kew) , CAB 23/94.
26. David Reynolds, *Summits: Six Meetings that shaped the Twentieth Century*, Allen Lane, 2007, p37.
27. 1938年9月19日张伯伦写给其妹妹伊达的信，见 Reynolds, *Summits*, p55。
28. John Julius Norwich (editor) , *The Duff Cooper Diaries*, Phoenix, 2006, entry for 17 September 1938, p260.
29. Ivone Kirkpatrick, *The Inner Circle*, Macmillan, 1959, pp94–97.
30. Lloyd George, *Daily Express*, 17 September 1936.
31. *The Duff Cooper Diaries*, entry for 17 September 1938, p260.

32. David Dilks (ed.) , *The Diaries of Sir Alexander Cadogan* (1938–1945) , Cassel, 1971. Entry for Saturday 24 September 1938, p103.
33. Reynolds, *Summits*, p60.
34. 正如1939年8月对比格尔·达勒鲁斯说的, Birger Dahlerus, *The Last Attempt*, Hutchinson, 1947, p73。
35. Reynolds, *Summits*, p107.
36. 出处同上, p111。
37. 此前未出版的证词。
38. 作者访谈, 见WW2History.com。
39. 戈培尔日记, entry for 29 September 1938。
40. 引自魏茨泽克, 1938年9月9日的日记, Leonidas E. Hill, *Die Weizsäcker Papiere 1933–1950*, Frankfurt am M./Berlin/Wien 1974, p145。
41. Gerd Überschär, *Generaloberst Franz Halder*, Göttingen, 1991; Ian Kershaw, *Nemesis*; Reynolds, *Summits*.
42. Ben Pimlott (ed.) , *The Second World War Diaries of Hugh Dalton 1940–1945*, Jonathan Cape, 1986, entry for 23 February 1945, p836.
43. Laurence Rees, *World War Two. Behind Closed Doors: Stalin, the Nazis and the West*, BBC Books, 2008, pp345–411.
44. Besprechung bei Generalfeldmarschall Göring am 14.10.38, 10:00, im Reichsluftfahrtministerium, Dokument 1301–PS, 见 *Der Prozess gegen die Hauptkriegsverbrecher vor dem Internationalen Militärgerichtshof Nürnberg*, 1. November 1945–1. Oktober 1946, Band XXVII, Nürnberg, 1948, pp160–164。
45. 作者访谈, 见WW2History.com。
46. Tooze, *Wages*, p294.
47. Kershaw, *Nemesis*, p161.
48. Besprechung bei Generalfeldmarschall Göring am 14.10.38, 10:00, im Reichsluftfahrtministerium, Dokument 1301–PS, 见 *Der Prozess gegen die Hauptkriegsverbrecher vor dem Internationalen Militärgerichtshof Nürnberg*, 1. November 1945–1. Oktober 1946, Band XXVII, Nürnberg, 1948, pp160–164。
49. Domarus, *Vol. 2*, p1223.
50. 作者访谈, 见WW2History.com。
51. 此前未出版的证词。
52. 'Rede Hitlers vor der deutsche Presse (10 November 1938)', *Vierteljahrshefte für Zeitgeschichte*, Vol. 6 (1958) , No. 2, pp175–191.
53. 1938年11月16日拜访贝克。日期为1946年4月19日的霍尔茨曼的宣誓书, 并附有一封1946年6月8日罗伯特·霍尔茨曼致里卡达·胡赫的信, Institut für Zeitgeschichte (IfZ) Munich, ZS/A–26a/1, pp13f。
54. 1938年9月30日张伯伦在唐宁街10号外面的讲话。

55. CAB 27/624 32nd, 14 November 1938.
56. Peake Papers, 19 February 1957, 引自 Andrew Roberts, *The Holy Fox, The Life of Lord Halifax*, Phoenix, 1997, p128。
57. 出处同上, p128。
58. 见本书 pp147–148。
59. Domarus, *Vol. 3*, p1449.
60. Rees, *The Nazis: A Warning from History*, p109.
61. 此前未出版的证词。
62. 见本书 pp138–139。
63. 1938年12月18日军队最高指挥官冯·布劳希奇将军关于军官教育的秘密指令。引自 Klaus-Jürgen Müller, *Armee und Drittes Reich 1933–1939. Darstellung und Dokumentation*, unter Mitarbeit von Ernst Willi Hansen, Paderborn, 1987, pp180–182；以及 *Offiziere im Bild von Dokumenten aus drei Jahrhunderten*, Militärgeschichtliches Forschungsamt, Stuttgart, 1964。原始文件见 Militärgeschichtliches Forschungsamt (MGFA), H 7/30, Sammelheft zu Oberkommando des Heeres Nr. 300/40g PA (2) Ia vom 25.10.1940。
64. 约德尔1938年9月13日的日记。'Aus den Tagebüchern des Chefs der Abteilung Landesverteidigung, dann Wehrmachtsführungsamt im OKW, Oberst d. G. Jodl', 引自 Jacobsen and Jochmann (eds.), *Ausgewählte Dokumente zur Geschichte des Nationalsozialismus 1933–1945.* 约德尔的日记，亦见 *Der Prozess gegen die Hauptkriegsverbrecher vor dem Internationalen Militärgerichtshof Nürnberg*, 1. November 194–1. Oktober 1946, Volume XXVIII, Nürnberg, 1948, Dokument 1780-PS, pp345–393。原始文件见 BArch N 69 (estate Jodl)。
65. Speer, *Inside the Third Reich*, p172.
66. 有关证词，见 *The Nazis: A Warning from History*。
67. 卡多根日记, entry for 20 March 1938, p161。
68. Speer, *Inside the Third Reich*, p239.
69. 作者访谈，见 WW2History.com。
70. 1939年8月22日元首对军队高层指挥官的讲话，见 *Akten zur deutschen auswärtigen Politik 1918–1945* (ADAP), aus dem Archiv des Deutschen Auswärtigen Amts, Serie D, 1937–1945, Band VII, Göttingen u. a., 1953, pp167–170, pp171–172。
71. Kershaw, *Nemesis*, p120.
72. Domarus, *Vol. 3*, p1459.
73. 1939年5月23日的会面，见 *Akten zur deutschen auswärtigen Politik 1918–1945* (ADAP), aus dem Archiv des Deutschen Auswärtigen Amts, Serie D, 1937–1945, Band VI, Göttingen u. a., 1956, pp477–483。这份文件也是纽伦堡审判的一部分证据, document 79–L, 参见 *Der Prozess gegen die Hauptkriegsverbrecher vor dem Internationalen Militärgerichtshof Nürnberg*, 1. November 1945–1. Oktober 1946, Volume XXXVII, Nürnberg, 1946。
74. 卡多根日记, entry for 30 August 1939, p205。

75. Dahlerus, *The Last Attempt*, p60.
76. 出处同上，p62。
77. 出处同上，p70。
78. 此前未出版的证词。
79. Kershaw, *Nemesis*, p92.
80. Rees, *Their Darkest Hour*, p210.
81. Speer, *Inside the Third Reich*, p235.
82. Henderson, *Failure of a Mission*, p39.
83. 出处同上，p73。
84. 20 December 1938, *Diary of Ulrich von Hassell.* Ulrich von Hassell, *Die Hassell-Tagebücher. Aufzeichnungen vom Andern Deutschland.* Nach der Handschrift revidierte und erweiterte Ausgabe unter Mitarbeit von Klaus Peter Reiß, ed. Friedrich Freiherr Hiller von Gaertringen, Siedler Verlag, Berlin, 1988, pp67–72.
85. 此前未出版的证词。
86. 此前未出版的证词。

第十二章 大冒险

1. 事实上，即使现在用计算机模拟这些战役，盟军也总是取胜。Ernest R. May, *Strange Victory, Hitler's conquest of France*, I. B. Tauris, 2000, p6.
2. Memorandum Brief of the Prosecution, Crimes against Peace: Counts one and four; Planning, Preparing, Initiating and Waging Wars of Aggression and Invasions, the Common Plan or Conspiracy, 26 August 1948, Records of the United States Nuremberg War Crimes Trials Interrogations, 1946–1949. 898, Roll 58, 30.
3. 此前未出版的证词。
4. 作者访谈，见WW2History.com。
5. Rees, *The Nazis: A Warning from History*, p114.
6. Martin Kitchen, *The Third Reich, Charisma and Community*, Longman, 2008, p306.
7. 出处同上，p307。
8. Kershaw, *Nemesis*, p245.
9. 冯·布劳希奇将军给军队指挥官的命令，Berlin 25.10.1939, BArch N 104/3。见 Helmuth Groscurth, *Tagebücher eines Abwehroffiziers 1938–1940. Mit weiteren Dokumenten zur Militäropposition gegen Hitler*, hrsg. von Helmut Krausnick und Harold C. Deutsch unter Mitarbeit von Hildegard von Kotze, Deutsche Verlags-Anstalt, Stuttgart, 1970, p386。
10. Richard Hargreaves, *Blitzkrieg Unleashed*, Stackpole Books (USA), 2010, p158.
11. Richard Giziowski, *The Enigma of General Blaskowitz*, Hippocrene Books, New York, and Leo Cooper Books, London 1997, p143.

12. Charles Burdick and Hans-Adolf Jacobson (editors) , *The Halder War Diary 1939–1942*, Greenhill Books, 1988, entry for 19 September 1939, p57.
13. Bogdan Musial, *Deutsche Zivilverwaltung und Judenverfolgung im Generalgouvernement*, Wiesbaden, 1999, p106; 这个数字亦引自 Christopher Browning, *The Origins of the Final Solution*, Heinemann, 2004, p35。
14. *Halder War Diary*, entry for 18 October 1939, p73.
15. 戈培尔日记, entry for 2 November 1939, 引自 Giziowski, *Enigma*, p162。
16. Letter of 21 November 1939, Ausgewählte Briefe von Generalmajor Helmuth Stieff (hingerichtet am 8 August 1944) , 见 *Vierteljahreshefte für Zeitgeschichte* (VfZ) , Vol. 2, 1954, No 3, pp291–305。书信部分的英文版, 见 Giziowski, *Enigma*, p164。
17. *Heeresadjutant bei Hitler 1938–1943. Aufzeichnungen des Majors Engel*, hrsg. und kommentiert von Hildegard von Kotze, Stuttgart, 1974, p67f. 日记的副本存于 Institut für Zeitgeschichte (IfZ) Munich, ED 53。
18. *Halder War Diary*, entry for 27 September 1939.
19. 作者访谈, 见 WW2History.com。
20. *Kriegstagebuch des Oberkommandos der Wehrmacht* (Wehrmachtführungsstab) , Band I: 1 August 1940–31 Dezember 1941, geführt von Helmuth Greiner, Bernard & Graefe Verlag für Wehrwesen, Frankfurt am Main 1965, p950.
21. May, *Strange Victory*, p287.
22. *Halder War Diary*, entry for 14 October 1939, p72.
23. 出处同上。
24. 出处同上, entry for 3 November 1939, p76。
25. Institut für Zeitgeschichte (IfZ) Munich, ZS 603 (von Dohnanyi) , *Protokoll der Besprechung mit Frau von Dohnanyi am 1.12.52*, p14f.
26. Kershaw, *Hubris*, pp269–270.
27. 此前未出版的证词。
28. Bericht zur innenpolitischen Lage (Nr. 15) 13. November 1939, 见 *Meldungen aus dem Reich 1938–1945. Die geheimen Lageberichte des Sicherheitsdienstes der SS.* Hrsg. u. eingel. von Heinz Boberach. Band 3, Herrsching, 1984, pp449–456。
29. Meldungen aus dem Reich (Nr. 28) 13. Dezember 1939, 见 *Meldungen aus dem Reich 1938–1945. Die geheimen Lageberichte des Sicherheitsdienstes der SS.* Hrsg. u. eingel. von Heinz Boberach. Band 3, Herrsching, 1984, pp563–573。
30. Georg Mayer (ed.) , Generalfeldmarschall Wilhelm Ritter von Leeb, entry for 9 October 1939, *Tagebuchaufzeichnungen und Lagebeurteilungen aus zwei Weltkriegen*, Deutsche Verlags-Anstalt, Stuttgart, 1976, pp187–188.
31. 威廉·里特尔·冯·勒布 1939 年 12 月 19 日给弗朗茨·哈尔德的书信打字稿, 见 *Tagebuchaufzeichnungen und Lagebeurteilungen aus zwei Weltkriegen*, Stuttgart, 1976, pp473–474。打字稿的副本存于巴伐利亚州主档案馆, BayHStA, Abt. IV Kriegsarchiv,

Nachlass Wilhelm Ritter von Leeb。

32. Helmuth Groscurth, *Tagebücher eines Abwehroffiziers 1938–1940.* Mit weiteren Dokumenten zur Militäropposition gegen Hitler, hrsg. von Helmut Krausnick und Harold C. Deutsch unter Mitarbeit von Hildegard von Kotze, Stuttgart, 1970, p222.
33. 瓦尔特·内林在1967年10月26日写给盖尔·冯·施韦彭伯格的信中讲了［内林的］军队是否本应反对希特勒，该文件存于Institut für Zeitgeschichte (IfZ) Munich, ED 91/16。
34. 1939年11月23日希特勒的演讲, Domarus, *Vol. 3*, p1887。
35. Hugh Trevor-Roper, *The Mind of Adolf Hitler*, in *Hitler's Table Talk*, Phoenix Press, 2002, pxxxvii.
36. *Halder War Diary* 23 November, p80.
37. 源自布劳希奇在纽伦堡法庭的证词, IMT Vol. XX, p628。
38. 作者访谈，见WW2History.com。
39. *Halder War Diary*, 14 August 1939, p20.
40. *Hitler's Table Talk*, 17 September 1941, p32.
41. Klaus Gerbet (ed.), *Generalfeldmarschall Fedor von Bock. Zwischen Pflicht und Verweigerung. Das Kriegstagebuch*, Herbig Verlag, München/Berlin, 1995, p67f.
42. 爱德华·雷奎因将军见证了甘末林的这个评论，引自Claude Paillat, *Desastre, Les Dossiers secrets de la France contemporaine*, Vol. 4, Part 2, Laffont, 1985, p185。
43. *Halder War Diary*, entry for 17 March 1940, p106.
44. 出处同上, p99。
45. 出处同上, p103。
46. General Andrew Beaufre, *La Drame de 1940, translated in English as The Fall of France*, Cassell, 1965, p180.
47. May, *Strange Victory*, p413.
48. Winston Churchill, *Their Finest Hour, The Second World War Vol II*, Penguin Books, 2005, p38.
49. Paul-Emile Caton, *Une Guerre perdu en 4 Jours*, L'Amitie par le Livre, 1969.
50. B. H. Liddell-Hart (ed.), *The Rommel Papers*, New York: Harcourt, Brace and Co., 1953. [www.eyewitnesstohistory.com, Blitzkrieg, 1940'].
51. 作者访谈，见WW2History.com。
52. Erich von Manstein, *Lost Victories*, Presidio Press, 1982, p383.
53. *Hitler's Table Talk*, 16 August 1942, p635.
54. 爱德华·奥茨的访谈，见WW2History.com的证词部分。
55. 见本书p63。
56. Kershaw, *Nemesis*, p289, Walter Warlimont, *Inside Hitler's Headquarters*, London, Weidenfeld and Nicolson, 1964, pp76, 79–80.
57. 出处同上, 17 May 1940, p149。

58. 出处同上，18 May 1940，pp150–151。
59. *Halder War Diary*，6 June 1940，p182.
60. *Hitler's Table Talk*，17 September 1941，p31.
61. 作者访谈，见WW2History.com。
62. 作者访谈，见WW2History.com。
63. Tooze，*Wages*，p370.

第十三章 克里斯玛与过度自信

1. 1940年6月23日希特勒访问巴黎，详见Speer，*Inside the Third Reich*，pp248–249。
2. *Halder War Diary*，22 July 1940，p230.
3. 1940年7月9日希特勒的演讲，Domarus，*Vol. 3*，p2062。
4. 1940年5月27日战时内阁备忘录，Public Record Office Cab 65/13 and Cab 66/7.
5. 会面于1940年7月11日在贝格霍夫。
6. 作者访谈，见WW2History.com。
7. 作者访谈，见WW2History.com。
8. *Halder War Diary*，22 July 1940，p230.
9. 此前未出版的证词。
10. *Halder War Diary*，13 July 1940，p227.
11. Lord Halifax，BBC Radio broadcast，22 July 1940.
12. Winston Churchill，BBC Radio broadcast，31 March 1940.
13. 作者访谈，见WW2History.com。
14. Alun Chalfont，*Montgomery of Alamein*，Weidenfeld and Nicolson，1976，p318.
15. Halder，*Spruchkammeraussage*，20 September 1948，Institut für Zeitgeschichte (IfZ) Munich，ZS 240/6，p446.
16. *Halder War Diary*，3 July 1940，p220.
17. Vejas Gabriel Liulevicius，*War Land on the Eastern Front: Culture, National Identity and German Occupation in World War I*，University of Cambridge Press，2004，p249.
18. *Halder War Diary*，31 July 1940，pp241–246.
19. 戈培尔日记，entry for 10 July 1937。
20. 此前未出版的证词。
21. 1937年9月13日纽伦堡纳粹党集会上希特勒的演讲。
22. 此前未出版的证词。
23. Winston Churchill，BBC Radio broadcast，31 March 1940.
24. Warren F. Kimball，*Churchill and Roosevelt: The Complete Correspondence*：Vol I，William Collins，1984，WSC to FDR 20 May 1940，C–11x，p40.
25. 作者访谈，见WW2History.com。
26. Tooze，*Wages*，p405.

27. 出处同上,p399。
28. *Halder War Diary*, 31 July 1940, pp241–246.
29. Ian Kershaw, *The Hitler Myth*, p157, 引自 Meldungen aus dem Reich (Nr. 141), 14 November 1940, 见 Heinz Boberach (ed.), *Meldungen aus dem Reich 1938–1945. Die geheimen Lageberichte des Sicherheitsdienstes der SS*, Vol. 5, Herrsching, 1984, pp1762–1774。
30. Meldungen aus dem Reich (Nr. 107) 22 Juli 1940, 见 Heinz Boberach (ed.), *Meldungen aus dem Reich 1938–1945*, pp1402–1412。
31. 此前未出版的玛利亚·毛特的证词。
32. Liulevicius, *War Land*, p278.
33. 出处同上。
34. BArch RM 41/40.
35. 1944年8月9日斯大林在莫斯科克里姆林宫会见波兰代表团。Documents of Polish-Soviet relations 1939–1945, Vol 2, 1943–1945, General Sikorski Historical Institute, p334, doc 189.
36. 作者访谈, 见 WW2History.com。
37. 1940年4月5日戈培尔邀请德国媒体代表的秘密声明, 见 Hans-Adolf Jacobsen, *Der zweite Weltkrieg. Grundzüge der Politik und Strategie in Dokumenten*, Fischer Bücherei, Frankfurt am Main/Hamburg, 1965, pp180–181。
38. Rees, *The Nazis: A Warning from History*, p112.
39. 1940年2月29日希姆莱对省党部负责人和其他党代表的讲话, 引自 Bradley F. Smith and Agnes F. Petersen (ed.), *Heinrich Himmler. Geheimreden 1933 bis 1945 und andere Ansprachen*, Frankfurt/M., Berlin, Wien, Propyläen Verlag, 1974, pp115–144。
40. 戈培尔日记, entry for 24 January 1940。
41. Peter Longerich, *Heinrich Himmler, Biographie*, Munich, 2010, pp86. 797.
42. Heinrich Himmler, 'Some thoughts on the treatment of the alien population in the East', 15 May 1940, 见 Wolfgang Michalka (ed.), *Das Dritte Reich. Dokumente zur Innen- und Außenpolitik, Vol. 2: Weltmachtsanspruch und nationaler Zusammenbruch 1939–1945*, München, 1985, pp163–166。
43. 引自 Rees, *The Nazis: A Warning from History*, p133。
44. Rudolf Höss, *Commandant of Auschwitz*, London, Phoenix Press, 2000, p390; 以及霍斯接受扬·塞恩的讯问, Höss Krakow, 7–8 November 1946, Instytut Pamieci Narodowej, Warsaw NTN 103。
45. 莱因哈德·海德里希1939年9月21日关于"犹太人问题最终解决方案"的步骤和方法的信件, 见 *Der Prozess gegen die Hauptkriegsverbrecher vor dem Internationalen Militärgerichtshof Nürnberg*, 1 November 1945–1. Oktober 1946, Band XXXII, Nürnberg, 1948。
46. Noakes and Pridham, *Vol. III*, p1053.
47. Christopher Browning, *The Origins of the Final Solution*, London, William Heinemann,

2004, pp36–43.

48. Götz Aly and Susanne Heim, *Architects of Annihilation*, London, Weidenfeld and Nicolson, 2002, p21.
49. 此前未出版的证词。
50. 斯坦尼斯拉夫・罗津斯基的日记，见Landau, *The Nazi Holocaust*, p158。
51. 汉斯・弗朗克1939年11月25日关于波兰犹太人和犹太人集中居住计划的演讲，见*Faschismus-Getto-Massenmord. Dokumentation über Ausrottung und Widerstand der Juden in Polen während des zweiten Weltkrieges*, hrsg. vom Jüdischen Historischen Institut Warschau, ausgewählt, bearbeitet und eingeleitet von Tatiana Berenstein u.a., Rütten & Löning, Berlin, 1960, p46。原始文件见Archive of the Jewish Historical Institute in Warsaw (Zydowski Instytut Historyczny), Varia I, Nr. 33。
52. Fritz Stern, *The Politics of Cultural Despair*, University of California, 1974, pxix.
53. 关于保罗・德・拉加德的想法更全面的讨论，见Stern, *Politics of Cultural Despair*, Chapter 1, pp3–83。
54. Kershaw, *Nemesis*, p321.
55. 戈培尔日记, entry for 17 August 1940。
56. 此前未出版的证词。
57. Browning, *Origins of the Final Solution*, p82.
58. Aly and Heim, *Architects of Annihilation*, p58.
59. Service, *Stalin*, p312.
60. Aly and Heim, *Architects*, p118.
61. 作者访谈，见WW2History.com。
62. *Halder War Diary*, entry for 30 March 1941, p346.
63. 以前未出版的伯恩哈德・贝希勒的证词。
64. Alex J.Kay, *Germany's Staatssekretäre, Mass Starvation and the Meeting of 2 May 1941*, Journal of Contemporary History, Vol 41 (4), p685. 亦见Christian Gerlach, *Kalkulierte Morde: Die deutsche Wirtschafts- und Vernichtungspolitik in Weissrussland 1941 bis 1944*, Hamburg, 2000。
65. Kay, p689.
66. 罗森贝格日记, 1 and 6 May 1941，发表于Frankfurter Rundschau no 140, 22.6.1971，引自Kay, *JCH*, p692。
67. Mark Roseman, *The Villa, the Lake, the Meeting, Wannand the Final Solution*, Allen Lane, 2002, p57；亦见Kay, *JCH*, p688。
68. 作者访谈，见WW2History.com。
69. 戈培尔日记, entry for 16 June 1941。
70. 1943年2月，苏联红军基本控制了这座城市，而德国军队在3月又重新控制了它。
71. 此前未出版的证词。

72. 此前未出版的证词。
73. Laurence Rees, *War of the Century*, BBC Books, 1999, p99.
74. 此前未出版的证词。
75. 弗朗克的官方日记, 25 March 1941［克拉科夫, 内阁会议和讨论］Werner Präg and Wolfgang Jacobmeyer (eds.), *Das Diensttagebuch des deutschen Generalgouverneurs in Polen 1939–1945*, Stuttgart, Deutsche Verlags-Anstalt, 1975, pp335–338。
76. Peter Longerich, *The Unwritten Order*, Stroud, Tempus, 2001, pp57–62.
77. 出处同上, p63。
78. 1941年7月12日的命令, 引自H. Buchheim, M. Broszat, H. Krausnick, H-A. Jacobsen, *Anatomy of the SS State*, London, Collins, 1968, p62。
79. Barry A. Leach, *German Strategy Against Russia 1939–1941*, Oxford University Press, 1973, pp140–145.
80. 1941年6月22日希特勒的声明, Domarus, *Vol. 4*, p2451。
81. 1941年6月22日丘吉尔的演讲。
82. 希特勒1941年10月3日对东线士兵的声明, 见Domarus, *Vol. 4*, p2491。

第十四章　错误的希望和对数百万人的谋杀

1. 作者访谈, 见WW2History.com。
2. 引自*New York Times*, 24 June 1941, p7。
3. 亨利・鲍威尔将军的话, 引自Joan Beaumont, *Comrades in Arms: British Aid to Russia, 1941–1945*, London, Davis-Poynter, 1980, p26。
4. 此前未出版的证词。
5. 此前未出版的证词。
6. 此前未出版的证词。
7. *Halder War Diary*, 3 July 1941, p446.
8. 1941年6月26日, 战争经济和军备办公室参谋长关于空军的军备计划, 见BArch RW 19/559, p43–46 (Der Chef des Stabes des Wehrwirtschafts- und Rüstungsamts betr. Rüstungsprogramm der Luftwaffe, 26. 6. 1941)。亦引自Georg Thomas, *Geschichte der deutschen Wehr- und Rüstungswirtschaft (1918–1943/1945)*, Harald Boldt Verlag, Boppard am Rhein, 1966, pp448–451。
9. *Halder War Diary*, 11 August 1941, p506.
10. Ludolf Herbst, *Das nationalsozialistische Deutschland 1933–1945. Die Entfesselung der Gewalt: Rassismus und Krieg*, Suhrkamp Verlag, Frankfurt am Main, 1996, p360ff. 原始文献是哈尔德的战争日记, 见Generaloberst Halder. Kriegstagebuch, Band III: Der Rußlandfeldzug bis zum Marsch auf Stalingrad (22.6.1941–24.9.1942), bearb. von Hans-Adolf Jacobsen, Stuttgart, 1964, pp199, 213。
11. Walter Warlimont, *Inside Hitler's Headquarters*, 1939–1941, Presido, 1964, p189.

12. *Halder War Diary*, 22 August 1941, p514.
13. Heinz Guderian, *Panzer Leader*, Penguin, 2009, p200.
14. Tagebucheintrag vom 19. August 1941，见Joseph Goebbels, *Die Tagebücher von Joseph Goebbels.* Im Auftrag des Instituts für Zeitgeschichte und mit Unterstützung des Staatlichen Archivdienstes Rußlands hrsg. von Elke Fröhlich. Teil II：Diktate 1941–1945. Band 1：Juli–September 1941, München [u.a.] 1996, pp255–272。
15. *Hitler's Table Talk*, 19–20 August 1941, p28.
16. 出处同上, 23 September 1941, p38。
17. Ernst Deuerlein (ed.)，*Der Aufstieg der NSDAP in Augenzeugenberichten*, Düsseldorf, Karl Rauch Verlag, 1968, pp108–112.
18. *Hitler's Table Talk*, night of 27 January 1942, p257.
19. *Hitler's Table Talk*, night of 25/26 September 1941.
20. 海军办公室与北方集团军群的沟通, 见Domarus, *Vol. 4*, p2483。
21. Domarus, *Vol. 3*, p2491.
22. 出处同上, p2497。
23. 第一集, *War of the Century*, 编剧与制片人Laurence Rees, BBC2, 1999。
24. Weber, *Essays*, p248.
25. *Halder War diary*, pp529–530.
26. *Table Talk*, 17 October 1941, p69.
27. 出处同上, 17/18 October, p71。
28. 出处同上, 25 October, p87。
29. 出处同上, 10 October, p51。
30. 出处同上, 19 October, p74。
31. 出处同上, 25 October, p90。
32. Hugh Trevor-Roper, '*The Mind of Adolf Hitler*'，见*Table Talk*, pxxxix。
33. *Table Talk*, 13/14 October, p58.
34. 作者访谈, 见WW2History.com。
35. 作者访谈, 见WW2History.com。
36. 作者访谈, 见WW2History.com。
37. 此前未出版的证词。
38. 战争日记, 国防军军事经济和军备/人员办公室, 13 October 1941。BArch RW 19/165, p274/554.
39. Kershaw, *Nemesis*, pp440–441.
40. *Halder War Diary*, 10 November 1941, p555.
41. Guderian, *Panzer Leader*, p264.
42. 出处同上, pp265–266。
43. 1941年12月12日希特勒给中央集团军群的命令(Weisung Hitlers für die Heeresgruppe Mitte, 20.12.1941)，引自Wolfgang Michalka (ed.)，*Das Dritte Reich. Dokumente zur Innen- und*

Außenpolitik, Vol. 2: Weltmachtsanspruch und nationaler Zusammenbruch 1939–1945, Deutscher Taschenbuch Verlag, München, 1985, pp66–67, 原始文件见Institut für Zeitgeschichte (IfZ) Munich, Dok. NOKW–539。

44. 有关里宾特洛甫1941年12月11日在柏林的会面，见德国外交政策文件，Series D, *Vol. XIII*, pp999–1000。
45. Alexander Mitscherlich and Frederick Mielke (eds.), *Medizin ohne Menschlichkeit Dokumente des Nürnberger Ärzteprozesses*, Frankfurt am Main, Fischer Bücherie, 1960, p187.
46. E. Klee, *'Euthanasie' im NS Staat. Die Vernichtung 'lebensunwerten Lebens'*, Frankfurt, S. Fischer Verlag, 1983, p51.
47. 1941年10月来自拉姆绍的手写匿名信，见Staatsarchiv München (StAM), LRA 31933。
48. 玛丽亚·艾格纳1941年9月17日写给学校检查员的信，见StAM, LRA 48235。
49. *Table Talk*, 14 October 1941, p59.
50. 作者的访谈，见WW2History.com。
51. Longerich, *Unwritten Order*, p60.
52. 此前未出版的证词。
53. 1941年7月16日希特勒在元首指挥部会议上的评论，见Czesław Madajczyk, (ed.), *Generalny Plan Wschodni: Zbiór dokumentów*, Warszawa, Glówna Komisja Badania Zbrodni Hitlerowskich w Polsce, 1990, pp61–64。亦引自Nuremberg Trial Documents: IMT, Vol 38, p92 (221–L)。
54. 关于《东方总计划》更详细的分析，见Tooze, *Wages of Destruction*, pp466–476。
55. Goebbels' diary, 19 August 1941.
56. 乌维·斯托尔约翰的证词访谈，见Laurence Rees, *Auschwitz: The Nazis and the 'Final Solution'*, BBC Books, 2005, p76。
57. 厄纳·克兰茨的证词，见Rees, *Darkest Hour*, p195。
58. Goebbels' diary, entry for 16 December 1941.
59. Präg and Jacobmeyer (eds.), *Das Diensttagebuch des deutschen Generalgouverneurs in Polen 1939–1945*, pp452–459.
60. 托维·布拉特的证词访谈，见WW2History.com，亦见Rees, *Auschwitz*, pp208–210。
61. 作者的访谈，见WW2History.com。
62. Longerich, *Unwritten Order*, p109.
63. Goebbels' diary, entry for 27 March 1942.
64. 见本书pp206–207。
65. Rees, *Auschwitz*, p78.
66. David Cesarani, *Eichmann, His Life and Crimes*, London, Heinemann, 2004, p197.
67. 汉斯·弗里德里希的证词，第一集，*Auschwitz: the Nazis and the 'Final Solution'*，编剧与制片人Laurence Rees, BBC, January 2005。

68. Ulrich Herbert, *Hitler's Foreign Workers*, Cambridge University Press, 1997, pp389–390.

第十五章　最后的机会

1. 此前未出版的证词。
2. 戈培尔日记, entry for 20 March 1942, *The Goebbels Diary*, 翻译与编辑Louis P. Lochner, Hamish Hamilton, 1948, p92。
3. Winston S. Churchill, *The Grand Alliance*, *The Second World War Vol III*, Penguin Classics, 2005, p539.
4. 此前未出版的证词。
5. 此前未出版的证词。
6. 此前未出版的证词。
7. 此前未出版的证词。
8. Kershaw, *The Hitler Myth*, p188.
9. 出处同上, p187。
10. 1942年4月26日希特勒的演讲, Domarus, *Vol. 4*, p2623。
11. 出处同上, p2628。
12. 戈培尔日记, entry for 27 April 1942, p141。
13. 戈培尔日记, entry for 29 April 1942, p144。
14. *The Ciano Diaries*, Hugh Gibson (ed.), Simon Publications, 2001, entry for 29 April 1942, p477.
15. 出处同上, entry for 30 April 1942, pp478–479。
16. 出处同上, entry for 30 April, p478。
17. 见本书p114–115。
18. *Halder War Diary*, 23 July 1942, p646.
19. Léon Poliakov and Joseph Wulf, *Das Dritte Reich und seine Diener*, Frankfurt am Main/Berlin/Wien, Ullstein Verlag, 1983, pp471ff. 亦见Document 170–USSR, *Der Prozess gegen die Hauptkriegsverbrecher vor dem Internationalen Militärgerichtshof Nürnberg*, 1 November 1945–1 Oktober 1946, Band XXIX, Nürnberg, 1949, pp385ff。
20. Tooze, *Wages*, pp573–574.
21. 作为A集团军的指挥官, 希特勒向作为军队总指挥官的自己汇报, 并向作为德国总理和国家首脑的自己汇报。
22. *Halder War Diary*, 24 September 1942, p670.
23. Tooze, *Wages*, p587.
24. 作者访谈, 见WW2History.com。
25. 此前未出版的证词。
26. 1942年9月30日希特勒的演讲, Domarus, *Vol. 4*, p2675。
27. 此前未出版的证词。

28. 作者访谈，见WW2History.com。
29. Rees, *The Nazis, A Warning from History*, p256.
30. Chris Bellamy, *Absolute War, Soviet Russia in the Second World War*, Macmillan, 2007, p533.
31. 此前未出版的证词。
32. Rees, *The Nazis: A Warning from History*, p276.
33. 1943年2月1日的形势会议, Helmut Heiber and David M. Glantz (eds.), *Hitler and his Generals, Military Conferences 1942–1945*, Enigma Books, 2004, p61。
34. 出处同上，p62。
35. 出处同上，p66。
36. 出处同上，p59。

第十六章 克里斯玛之死

1. 1943年1月30日戈林在帝国航空部荣誉大厅的演讲, Domarus, *Vol. 4*, pp2745–2746。
2. 1943年1月24日给第6集团军的命令, Domarus, *Vol. 4*, p2743。
3. 此前未出版的证词。
4. 第六集的证词，BBC TV, *Nazis: A Warning from History*。
5. 此前未出版的证词。
6. 本段及接下来的一段均是此前未出版的证词。
7. Nicolaus von Below, *At Hitler's Side, The Memoirs of Hitler's Luftwaffe Adjutant 1937–1945*, Frontline Books, 2010, pp162–163.
8. 此前未出版的证词。
9. 此前未出版的证词。
10. 此前未出版的证词。
11. 10月6日的波兹南会议, Heinrich Himmler, *Geheimreden 1933 bis 1945*, Bradley Smith and Agnes F. Peterson (eds.), Frankfurt am Main, Propyläen Verlag, 1974, pp169–170。
12. 此前未出版的证词。
13. von Below, *At Hitler's Side*, p189.
14. 第4集的证词，BBC TV, *War of the Century*。
15. Michael Balfour, *Withstanding Hitler*, Routledge, 1988, p126.
16. Fabian von Schlabrendorff, *The Secret War against Hitler*, Westview Press, 1994, p231.
17. Schlabrendorff, *Secret War*, p233.
18. 出处同上，p231。
19. 此前未出版的证词。
20. Schlabrendorff, *Secret War*, p269.

21. 出处同上，pp268–269。
22. 出处同上，pp271–272。
23. Kershaw, *Nemesis*, p670.
24. Hans Bernd Gisevius, *Valkyrie, An Insider's Account of the Plot to Kill Hitler*, Da Capo Press, 2009, p67.
25. 出处同上，p182。
26. 出处同上，p200。
27. Richard Holmes, *The World At War, the Landmark Oral History*, Ebury Press, 2007, p419.
28. 此前未出版的证词。
29. Karl Heinrich Peter, *Spiegelbild einer Verschwörung. Die Kaltenbrunner Berichte an Bormann und Hitler über das Attentat vom 20. Juli 1944. Geheime Dokumente aus dem ehemaligen Reichssicherheitshauptamt*, Seewald, Stuttgart, 1961, pp1–10，一些摘要，见Kershaw, *Hitler Myth*, pp215–216。
30. Guderian, *Panzer Leader*, p341.
31. 出处同上，p342。
32. 作者访谈，见WW2History.com。
33. Guderian, *Panzer Leader*, p340.
34. 正如乌尔里希・德・梅齐埃所讲述的。
35. Ian Kershaw, *The End, Hitler's Germany, 1944–1945*, Allen Lane, 2011, pp111–114.
36. 引自出处同上，p114。
37. Traudl Junge, *Until the Final Hour. Hitler's Last Secretary*, Weidenfeld and Nicolson, 2002, p145.
38. 第4集的证词，BBC TV, *War of the Century*。
39. Tooze, *Wages*, p639.
40. 出处同上，p653。
41. 戈培尔日记，entry for 2 December 1944。
42. von Below, *Hitler's Luftwaffe Adjutant*, p223.
43. Manfred Messerschmidt, 'Deserteure im Zweiten Weltkrieg'，见Wolfgang Wette (ed.), *Deserteure der Wehrmacht*, Essen, 1995, p61。
44. Klaus-Dietmar Henke, *Die Amerikanische Besetzung Deutschlands*, Munich, Oldenbourg, 1995, pp806 and n132.
45. 此前未出版的证词。
46. Speer, *Inside the Third Reich*, p588.
47. Testimony from Episode 4, BBC TV, *War of the Century*.
48. Midday Situation Report, 2 March 1945, Helmut Heiber and David M. Glantz, *Hitler and his Generals*, Enigma Books, 2003, p684.
49. Entry for 2 March 1945, Joseph Goebbels, Hugh Trevor-Roper (ed.), *Goebbels Diaries*,

The Last Days, Secker and Warburg, 1978, p24.

50. 证词, *Bombing Germany*, BBC 2001, 编剧与制片人Detlef Siebert, 执行制片人Laurence Rees。
51. *United States Strategic Bombing Survey, Summary Report,* (*European War*), 30 September 1945, 'Some Signposts', p23 point 4. 见 http://www.airforce-magazine.com/MagazineArchive/Pages/2009/October/202009/1009keeper.aspx 和 http://www.anesi.com/ussbs02.htm。
52. von Below, *Hitler's Luftwaffe Adjutant*, p228.
53. Rudolf Jordan, *Erlebt und erlitten: Weg eines Gauleiters von München bis Moskau*, Leoni am Starnberger See, 1973, pp251–258. 引自 Kershaw, *The End*, p245。
54. Yehuda Bauer, *American Jewry and the Holocaust: The American Jewish Joint Distribution Committee, 1939–1945*, Detroit, Wayne State University Press, 1981, pp429–430.
55. Felix Kersten, *The Kersten Memoirs, 1940–1945*, London, Hutchinson, 1956, p286.
56. Professor Sir Ian Kershaw, *What is Hitler's place in history?* BBC lecture transmitted on BBC 4, 30 April 2005, 执行制片人, Laurence Rees。
57. 希姆莱的证词, *Hitler, and the End of the Reich*, BBC TV, 2001, 编剧与制片人Detlef Siebert, 执行制片人Laurence Rees。
58. Welch, *Propaganda*, p234.
59. Junge, *Last Secretary*, p177.
60. 证词, BBC TV, *Hitler, Himmler and the end of the Reich*。
61. United States, Office of United States Chief of Counsel for Prosecution of Axis Criminality, *Nazi Conspiracy and Aggression*, 8 vols. and 2 suppl. vols. (Government Printing Office, Washington, 1946–1948), VI, pp259–263, Doc. No. 3569–PS.
62. Junge, *Last Secretary*, p181.